風土記博物誌

風土記博物誌

神、くらし、自然

三浦佑之
Sukeyuki Miura

岩波書店

まえがき

不完全なものもいれて五か国、加えて後世の書物に引かれた逸文があるだけだとしても、八世紀以前の日本列島のあちらこちらのすがたを窺《うかが》い知ることができる文字記録を、われわれが持っているというのは、なんと幸運なことか。

五世紀から八世紀という「日本」が立ち上がってくるためのエポックメーキングな時代を知ることができる主要な文献が、古事記と日本書紀と万葉集の三つでしかなかったとすれば(もちろんそれ以外にもさまざまな文字資料はあるけれど)、古事記神話に描かれた出雲《いずも》だとか、家持《やかもち》の見た越中だとか、旅人《たびと》や憶良《おくら》たちが遊んだ大宰府近辺だとか、ごく限られた土地を除いて、われわれはこの列島のヤマト以外の世界を何も知ることはできなかった。そこに風土記《ふどき》を加えることができるおかげで、常陸《ひたち》の果ての磨崖仏《まがいぶつ》から、播磨《はりま》の土地の肥沃度やサービス精神旺盛な笑い、出雲に張りめぐらされた神がみのネットワークと山野河海《さんやかかい》のさまざまな生命、豊後《ぶんご》での地震や肥前《ひぜん》の島の海民の暮らしまで、何らかのフィルターはかかっているとしても、それぞれの土地の人やものが生きてあるさまを、今に生きるわれわれは思い描くことができるのである。

天皇が四方八方を支配しているという、その中心のヤマトではないところに立って、日本列島の人と自然とその営みをみつめることによって、はじめて、今わたしたちが住む「ここ」を相対化できるのだと思う。この国は、もっと別のところに向かうことはできなかったのだろうか。今のようになるのがよかったのか、今とは違う選択肢があったとして、どこでどうすればよかったのか。たったひとつだけの「ここ」ではない、もっと違う「ここ」の入り口をおそるおそる覗いてみたい、そんなことを考えてきたわたしにとって、「稗史《はいし》」(「正史」ではない歴史的な読み物といった意味で用いている)としての古事記に語られる出雲の神がみの世界とともに、遺された風土記のもつ価値ははかり知れない深さを秘めている。

考古学的な遺物のほうがより正確ではないかと思われるかもしれないが、遺物は物でしかなくて、心を反映するのはむずかしい。ことばは、ゆがんでいるという点も含めて、古代の人びとのためらいや惑いまでをも生き返らせてくれる可能性をもつ。それゆえに生きてある古代なのである。

これもわたしの理解の上に立って述べれば、風土記は、律令国家の正史「日本書」の一部として古代国家の中枢を支えるはずであった。その点で、稗史としてあった古事記とはまるで別の方向を向いており、日本書紀とよく親和するのは承知している。そのように説明すると、どちらかといえば中心に引き寄せられて立つものではあるが、しかし、そうとは言いきれないところがいくつも詰め込まれているというのが、風土記が、朝廷への公式の報告文書「解《げ》」でありつつ、のちに「風土の記」と呼ばれ来ったゆえんだ。

風土記の編纂は国家の命令を受けて発動し、その具体的な作業は中央から派遣された国司《こくし》たちが主導しているわけだが、かれらの手足となって元になった情報を拾い集め書き記していったのは、郡司《ぐんじ》を中心とした根生《ねお》いの土地人たちであった。

出雲国風土記には、それぞれの郡ごとに担当した郡司たちの名前が列記されている。かれらは、自分の知っていること、一族の者たちや土地の古老たちが聞き知っていることがらをかき集め、文字に記録していったはずで、その作業は、まさに民族誌におけるインフォーマントへの聞き取りの、はじめての実践であったと位置づけていいのではないか。しかも、最終的な取りまとめはヤマトに服属して国造《くにのみやつこ》となった出雲臣が関与しているところに出雲国風土記の魅力はあるはずだ。そして、出雲国以外の風土記においては、土着の郡司たちが収集や採録を担当し、中央から派遣された国司らが取りまとめの作業を行いながら、それぞれの土地の伝承は拾いあげられていったのである。

もちろん、拾いあげる基準を作る段階ですでに律令王権は介入しているだろうし、せっかく拾いあげられた土地の伝えも、真名《まな》(純正漢文)による「解」として中央政府への報告書になる段階で、ヤマトが介入してすがたを変えていることを考慮しなければならない。しかし、それはそれでいいのだし、当然のことである。あらゆるものは、現場から切り取られたとたんに、色がついてしまうものなのだから。

そこから今、わたしができるのは、一三〇〇年を経て伝えられた風土記の伝承群の一つ一つを丹念に解きほぐしながら、編纂の先にあったところのはじまりの現場に、それぞれの話をもっていこうと試みることである。そのような作業をここで、してみたいのである。

むずかしそうなことを言っているようにみえるかもしれないが、現存する風土記のことばに分け入り、それぞれの記録をていねいに読み解いてみようというのが、この本の趣旨である。そのほかには何も求めてはいない。忘れてはならないのは、こまかな断片にしかみえない一つ一つの記事から、その文字数の何倍もの情報を聴きだすには、無心にではなく、わたしの今までの蓄積のすべてをはたらかせてことばに向きあう以外に方法はないということを自覚することである。

それはわたしにとってはいつもの、そして充実した時間なのだが、この本を通してみなさんにも、それって、案外たのしいことだねと思っていただけるように、精一杯に切り結んでいきたい。


この本では、風土記の成立とか、それぞれの風土記の概略とかを説明するつもりはない。その辺りのことは、すでに『風土記の世界』(岩波新書)で試みたからである。また、現存風土記に載せられたメジャーな伝承の多くについて、ここでは本文を引いて解読するということをしていない。それも『風土記の世界』ですませているからである。

ここで試みるのは、風土記の真髄ともいえる、取るに足りないようにみえるこまかな話の一つ一つに耳をすまし、まるで民族誌や博物誌を組み立てるように、何げない日常を拾いあげ並べてみることである。そのために、読み進めるうえで無駄な引っ掛かりをなくしたいと思って、資料はすべて現代語に訳して引用した。うしろに原文を添えたのは、読んでほしいからではなく、現代語に不審をおぼえた時に確認できるようにしたまでである。訳文が変だと思った時にだけみていただければいいので、通常は漢文の原文は読みとばしながら、さきに進んでいただいてかまわない。

それでは、古代日本列島のフィールドワークへとごいっしょに。

目次

V　神のはなし　169

出雲の神がみを訪ねて　219

＊本文中の写真はすべて著者の撮影による。

風土記関連地図

多珂郡
久慈郡
賀毘礼の峰（御岩山）
仏ヶ浜
助川の駅家
河内里
那賀郡
古々の邑
晡時臥山（朝房山）
新治郡
大櫛の岡（大串貝塚）
白壁郡
筑波山
筑波郡
茨城郡
行方郡
香島郡
角折浜
板来村
河内郡
信太郡
軽野里

常陸国

国埼郡
球珠郡
速見郡
赤湯の泉（血の池地獄）
日田郡
頸の峰
玖倍理湯の井（鉄輪温泉）
五馬山
大分郡
救覃の峰（九重山）
海部郡
直入郡
大野郡

豊後国

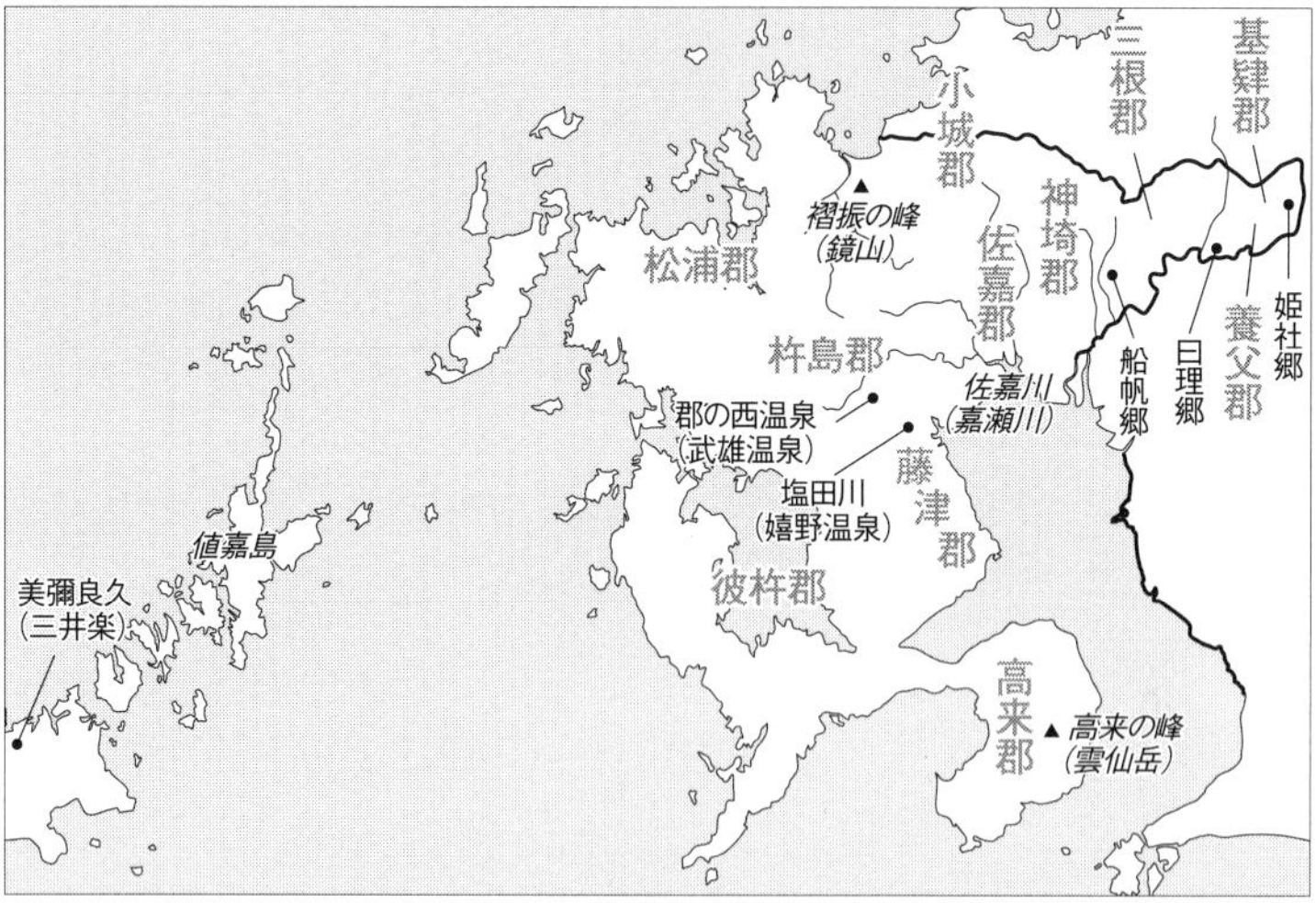

三根郡
基肄郡
小城郡
神埼郡
褶振の峰
(鏡山)
松浦郡
佐嘉郡
姫社郷
養父郡
日理郷
船帆郷
杵島郡
佐嘉川
(嘉瀬川)
郡の西温泉
(武雄温泉)
塩田川
(嬉野温泉)
藤津郡
値嘉島
美彌良久
(三井楽)
彼杵郡
高来郡
高来の峰
(雲仙岳)

肥前国

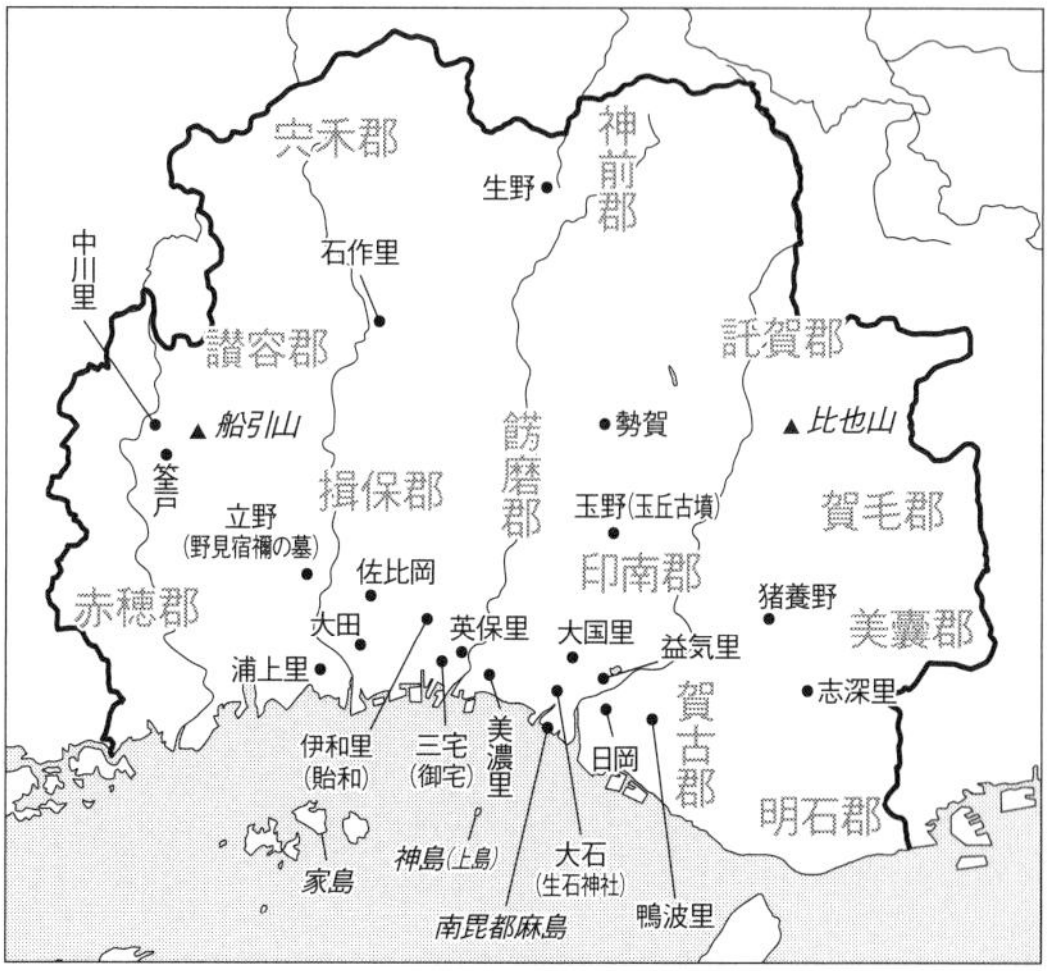

宍禾郡
神前郡
生野
石作里
中川里
讃容郡
託賀郡
船引山
勢賀
比也山
釜戸
揖保郡
餝磨郡
玉野(玉丘古墳)
賀毛郡
立野
(野見宿禰の墓)
佐比岡
印南郡
猪養野
赤穂郡
大田
英保里
大国里
益気里
美嚢郡
浦上里
賀古郡
志深里
伊和里
(貽和)
三宅
(御宅)
美濃里
日岡
明石郡
家島
神島(上島)
大石
(生石神社)
南毘都麻島
鴨波里

播磨国

島根郡
美保神社
朝酌瀬戸
入海(中海)
粟島神社
揖夜神社
砥神島(十神山)
角田遺跡
意宇の杜
黄泉比良坂
(岩坂陵墓参考地)
神魂神社
毘売塚古墳
宗形神社
能義神社
火神岳(大山)
意宇郡
久米神社
稲田神社

出雲国

加賀の潜戸
手結
多久
佐太神社
脳の礒
(猪目洞窟)
秋鹿郡
法吉神社
業梨礒
十六島
楯縫郡
大野郷
杵築大社(出雲大社)
入海(宍道湖)
出雲郡
忌部の神戸
(玉造温泉)
出雲大川
(斐伊川)
熊野大社
長浜神社
神門水海
海潮郷
阿用郷
大原郡
鮭神社
神門郡
薬湯(出雲湯村温泉)
飯石郡
阿伊の村
鬼の舌震
佐比売山
(三瓶山)
仁多郡
琴引山

凡例

一、風土記本文は原則として現代語訳で掲げ、後ろに原文を添えた。それら本文は、日本古典文学大系『風土記』(秋本吉郎校注、岩波書店、一九五八年。略称は大系本風土記)、新編日本古典文学全集『風土記』(植垣節也校注・訳、小学館、一九九七年。略称は全集本風土記)、『風土記　常陸国・出雲国・播磨国・豊後国・肥前国』(沖森卓也・佐藤信・矢嶋泉編、山川出版社、二〇一六年。略称は山川本風土記)、その他を参照したが、私に改変した部分もある。

二、他の古典資料の引用に際しても、現代語に訳して引用するのを原則とし、歌は、必要に応じて訓読本文に訳を添えた。現代語にしない引用は、読みやすさを考慮して漢字をふやしたり送りがなや句読点・濁点を加えたり、カタカナの本文をひらがなに改めたりした。参照した本文は、巻末の「参考文献一覧」に掲げた。

三、各国風土記および古事記・日本書紀など頻出する書名は、煩雑さを避けて『　』を省いた。

四、神名および古代の人名は、現代語訳の振りがなもカタカナ表記の本文も、原則として旧かな遣いで統一した(原意を復元しやすくするため)。氏の名と姓《かばね》は新かな遣いを用いた。

五、引用文における原文の漢字は新字体とし、異体字は通用字体に統一した。たとえば、毗→毘、旱→日下など。また、原文「嶋」は現代語訳や本文ではすべて「島」に統一した。

風土記博物誌

I

地震・火山、磐根

なゐふる

まず取りあげるのは、豊後国風土記《ぶんごのくにふどき》に載せられた地震記事である。

五馬山《いつまやま》［郡《こおり》の南にあり］　昔、この山に土蜘蛛《つちぐも》がおり、名を五馬媛《いつまひめ》といった。そこで五馬山という。

飛鳥浄御原《あすかきよみはら》の宮で天下をお治めになった天皇の御世《みよ》、戊寅《ぼいん》の年に、大きな地震があり、山や岡は裂け崩れた。五馬山の谷のひとつが崩れ落ちて、「慍《いか》れる泉」があちこちから噴いた。はげしい湯気は熱く、ご飯を炊くのも早かった。ただ、一か所の湯は、その穴が井戸に似て口径が一丈あまりもあり、深いのか浅いのかはわからなかった。水の色は紺《はなだ》のようでいつもは流れず、人の声を聞くと、驚き慍《いか》って一丈(約三メートル)あまりも泥を吹き上げることがある。今、「慍《いか》り湯」と呼んでいるのが、これである。

(日田郡)

(五馬山［在郡南］　昔者、此山有土蜘蛛、名曰五馬媛。因曰五馬山。飛鳥浄御原宮御宇天皇御世、戊寅年、大有地震山崗裂崩。此山一峡崩落、慍湯泉、処々而出。湯気熾熱、炊飯早熟。但、一処之湯、其穴似井口径丈余、無知深浅。水色如紺常不流、聞人之声、驚慍騰涅一丈余許。今、

謂慍湯、是也)

今、大分県日田《ひた》市天瀬町《あまがせまち》に五馬市《いつまいち》の字《あざ》があり、五馬山はその近辺の山(あるいは山塊)をいうらしいが、具体的な所在は未詳。この山には五馬媛という女性首長がいたとある。九州の風土記に同様の記事がいくつかあり、その点については『風土記の世界』で論じたが(一九八頁以下)、女性がムラを治めるというのはとくにめずらしいことではなかったらしい。

この五馬山が天武天皇の時代、戊寅の年(六七八年)に起きた大地震によって崩壊し、温泉が噴き出したという。もちろん五馬山だけが地震の被害で崩れたとは考えられず、周辺に被害は広がっていたはずだが、「慍湯」と呼ばれる神秘的な間歇泉の湧出があったためにこの記事が遺されたのであろう。風土記にみられる温泉については次節で取りあげることにして、ここで注目したいのは地震である。

地震は、元は、地面・大地をいう「ナ」に、雲居の「居《ゐ》」のようにどっしり動かないものをいう「ヰ」がついた「なゐ」に「ふ(振/震)る」や「ゆ(揺)る」が接続して、「なゐふる」「なゐゆる」と言っていたが、のちには地盤を意味する「なゐ」だけでも地震を表すようになった。ここの原文「大(有)地震」も「大きなる地震《なゐ》(有り)」と訓んでいいのだと思う。

ところで、この地震が興味深いのは、対応する記事が日本書紀に載せられているところだ。戊寅の年は天武七年にあたるが、日本書紀には次のようにある。一二月のことである。

この月に、筑紫《ちくし》の国、大きに地動《ないふ》る。地面が裂けた、その幅は二丈、長さは三千余丈。村々の百姓の家屋が数多く倒壊したり壊れたりした。この時に、一軒の百姓家が岡の上にあり、地震によって岡が崩れて家が流され移動した。しかし、家はそのままで壊れなかった。家人は岡が崩れて家が動いたのを知らず、夜が明けて事実を知り、大いに驚いた。
(是月、筑紫国、大地動之。地裂、広二丈、長三千余丈。百姓舎屋毎村多仆壊。是時、百姓一家有岡上、当于地動夕、以岡崩処遷。然、家既全而無破壊。家人不知岡崩家避、但会明後、知以大驚焉)

天武七年は先に西暦六七八年と注記したが、「この月」は一二月なので(日付けは不明)、すでに六七九年になっている(ユリウス暦では、戊寅年一二月は六七九年一月一八日から二月一五日に相当)。その報せは筑紫の国からもたらされているが、被害は豊後の国も含めて広範囲にわたったらしい。地震の規模はマグニチュード六・五〜七・五と推定されている(山賀進『科学の目で見る　日本列島の地震・津波・噴火の歴史』二九頁)。

幅六メートル(二丈)、長さ九キロ(三千余丈)にも及んだという地割れの数値が正確かどうかはわからないとしても、家屋の倒壊や地滑りの発生など大きな被害が出たのは疑いようがない。大系本風土記の頭注は「阿蘇山の爆発による地震」とするが(三六〇頁)、根拠は不明。それよりもわたしなどは、二〇一六年四月一四日に発生し、その後も熊本・大分で断続的に続いた熊本地震を重ねてしまう。また、記事の後半に伝えられた、夜間に生じた地震による地滑りで家もろとも流されながら、住人は寝込んでいて気づかず、夜が明けて驚いたという幸運な逸話が興味深い。このエピソードを読むと、明治三陸大津波(一八九六年)のあとに被災地を歩いた柳田国男が書き留めた文章のなかの、次の一節を思い出すからである。

時刻はちやうど旧五月五日の、月がおはいりやつたばかりだつた。怖ろしい大雨ではあつたが、其でも節句の晩なので、人の家に往つて飲む者が多く、酔ひ倒れて還られぬ為に助かつたのも有れば、其為に助からなかつた者もあつた。総体に何を不幸の原因とも決めてしまふことが出来なかつた。例へば山の麓に押潰されて居た家で、馬まで無事であつたのもある。二階に子供を寝させて置いて湯に入つて居た母親が、風呂桶のまゝ海に流されて裸で命を全うし、三日目に屋根を破つて入つて見ると、其児が疵も無く活きて居たと云ふやうな珍らしい話もある。

(「二十五箇年後」)

こうした話を承けて柳田は、「大体に於て、話になるやうな話だけが、繰返されて濃厚に語り伝へられ」るけれども、一般的にいえば口頭伝承というのは消えやすいものだと述べている。この説明に説得力があるのは、七世紀に起きた地震のあとにも同じような話が語られているところに、ある種の法則性(伝承されるためのかたち)が窺えるからである。

また、地震にはさまざまな言い伝えが付随するが、その一端はすでに伯耆国風土記《ほうきのくにふどき》(逸文)にみられる。『塵袋《ちりぶくろ》』(鎌倉時代中期に書かれた類書)に引用されたもので、そこには、「雷鳴と地震とには雉《キジ》なく事あり、その心如何」という問いのあとに、「地震にはかならず鳴く。是はおそれ驚くか」と記したうえで、次のように伯耆国風土記を引用する(わかりやすく訳した)。

伯耆国の風土記に云うことには、地震があった時(震動之時)、ニワトリとキジは怖がって鳴きたて(悚《しょう》懼《く》、則鳴)、ヤマドリは嶺谷を越え、羽を樹《た》てて踊りまわると云う。(『塵袋』第三)

ここに記された鳥たちの習性と、民俗のなかで全国的に広がる「雉子《きじ》が騒ぐと地震が起こる」(野本寛一『自然災害と民俗』三九頁)という言い伝えの地平はひとつだ。そこに、消えやすいはずの口頭伝承の持続力が窺えるとともに、いつの時代にあっても変わらない地震への畏れも実感させられる。

日本列島に住む者にとって、地震は避けることのできない恐怖だが、古代の文献では、天武朝に地震記事が集中していることに驚かされた。地震は、日本書紀では「地震」「地動」と表記され「なゐふる」と訓読され、わたしの検索によれば、日本書紀全体で一二三回の地震が記録されているが(武烈紀の歌謡を除く)、そのうちの一八回(津波記事一回含む)が天武天皇の在位期間(六七二〜六八六年)に発生している(三浦『増補　日本古代文学入門』三九一頁以下)。

日本書紀の記事は、時代が新しくなるほど信憑性は高くなる傾向にあることを考慮すれば、実際に天武朝に地震が多かったのは疑いようがない。しかも、前後の天皇紀に地震記事がほとんどみられないことからして、天武の時代というのは、運が悪いことに地震の大活動期にぶつかっていたらしいのだが、それにしてもこの偏在は尋常ではない。

ちなみに、古事記には地震記事といえるものはなく、スサノヲ(須佐之男命)が高天《たかま》の原に昇るさまを「山川ことごとく動《とよ》み、国土《くにつち》みな震《ゆ》りき」と比喩するのが地震を思わせるだけで、とくに地震を描くことはない。日本書紀でも、允恭《いんぎょう》五年七月の先帝(反正天皇《はんぜい》)の殯宮《もがりのみや》と重ねて地震を伝える記事を除くと、推古期以降にしか地震・地動が生じたという記事は出てこない。

日本書紀に記されている記事のほとんどは、日付けとともに「地震る《なゐふ》」とあるだけで規模や詳細は不明だが、先に引いた天武七年の筑紫大地震のあと、八年一〇月一一日、九年九月二三日、一〇年には六月二四日、一〇月一八日、一一月二日、一一年に入ると正月一九日、三月七日、七月一七日と地震が続いて起こる。そして、それらが前触れであったかのようにして、天武一三(六八四)年一〇月一四日夜、巨大地震が列島を襲う。

人が寝静まる時刻になったころ、大きな地震があった。国中の男も女も、叫びながら逃げまどった。そして、山が崩れ、川の水は逆巻き、諸国の郡役所や人びとの家や倉、寺塔や神社など、倒壊した建物は数えることもできないほどであった。そのために、人民や家畜がたくさん死んだり傷ついたりした。

(逮于人定、大地震。挙国男女叫唱、不知東西。則、山崩河涌、諸国郡官舎及百姓倉屋、寺塔、神社、破壊之類、不可勝数。由是、人民及六畜多死傷之)

人が寝静まった午後一〇時頃(人定《にんじょう》)に発生した地震により、家屋が倒壊し多数の死傷者が出た。

この地震により伊予の湯泉《ゆ》は埋没し、土左の国では「田菀《たはたけ》五十余万頃、没《しろ》れて海《うも》となる（田菀五十余万頃、没為海）」とあり、高知平野に津波が押し寄せたと日本書紀は記している。ちなみに、五〇万頃は「令制の一千町歩、約千二百ヘクタール」（大系本日本書紀、頭注）に相当する面積である。

この惨状に対して古老は、「かくのごとく地が動《ゆ》れるなど、未だかつてなかった（若是地動、未曽有也）」と嘆いたという。また、この日の夜、鼓のような音が東のほうから聞こえたが、人伝てに、「伊豆の島の西と北の二つの面が自然に三百余丈も広がり、のちには一つの島になった（伊豆嶋西北二面、自然増益三百余丈、更為一嶋）」と言っているので、あの鼓のような音は、「神が、この島を造る響きだったのだ（神、造是嶋響也）」という真偽不明の、それゆえに不穏な噂が流れたとも日本書紀は伝えている。伊豆大島が噴火したらしい。

そして一一月に入ると土左の国から、「大潮が高く上がって、陸地に海水が流れ込んだ。このために、運調船《みつきはこぶふね》が多く流れ出して失ってしまった（大潮高騰、海水飄蕩。由是、運調船多放失焉）」ことを理由に、「調」の猶予を嘆願する書面が届く。先にもあった高知平野への津波の襲来にかかわる記事だが、津波は高知平野にかぎったものではなく、他の諸国も甚大な被害を被ったはずだ。引用文中の「河涌」は、津波が各地の河川を逆流したことをいうのであろう。

伊勢湾岸の四か国（伊賀・伊勢・美濃・尾張）に税の優遇がなされたのも（一三年是の年条）、大系本日本書紀の頭注では「優遇は、壬申の乱の関係によるものか」とするが、壬申《じんしん》の乱（六七二年）からは時代を経すぎており、地震・津波の被害に対する救済策ではなかったか。この地震の推定マグニチュードは八・二五とされる（山賀、前掲書、二九頁）。

津波や火山噴火をともなって太平洋沿岸を襲った白鳳《はくほう》の巨大地震は、貞観《じょうがん》地震ほどには注目されていないが、現在もっとも心配されている南海トラフを震源とする地震の最古の記録である。

それにしても、豊後国風土記や日本書紀の記事を読んでいると、巨大地震が立て続けに起こった天武の時代を、人びとはどのように受け取っていたか、大いに関心をそそられる。日本書紀にはそれを示すような記事は何も見つからないが、クーデターによって王権を簒奪《さんだつ》した天皇であることと、こうした地震の頻発とが結び付けられないわけがない。正史では消されてしまったとしても、不穏な空気が充満していたのは想像に難くない。おそらく、人びとのあいだでは数限りない流言や童謡《わざうた》が飛び交っていたはずだが、迂闊《うかつ》にも今まで考えもしなかった。

翌年、天武一四年になっても天変地異は収まらない。三月には「灰、信濃の国に零《ふ》り、草木皆枯れぬ」とある(焼岳《やけだけ》か浅間山の噴火とされる)。四月には、紀伊の国の司《つかさ》から、「牟婁温泉《むろのゆ》、没《うも》れて出でず」という知らせが届く。歴代天皇の湯治の場としてよく知られた、和歌山県西牟婁郡白浜町《にしむろぐんしらはまちょう》の白浜温泉であり、日本列島の太平洋側一帯に大きな被害が出ていたことを窺わせる。

これら自然災害の頻発が、天武の執政にどのような影響を与えたか、たいそう気になるところだ。壬申の乱と呼ばれるクーデターで皇位に就いたことに対して神が怒って地震を起こしたというかたちでの、天武に対する非難がなかったとはとうてい考えられない。正史がどこまで、何を記録できたかということを、考えさせる記事でもあるだろう。そうしたなかで、豊後国風土記に地震記事が遺されたというのは、とても貴重なことだと改めて感じる。

火神岳と神の湯

五馬山の地震記事を承け、ここでは火山と温泉を取りあげる。ただし、現存風土記に記載された火山は、それほど多くはない。というのも、日本列島の地底深くからマグマを噴き出す火山帯に沿った地域と、風土記が遺されている国とは、必ずしも一致しているわけではないからである。そのなかで、豊後国風土記をみると、前節でみた五馬山（日田郡、現、大分県日田市）の南方、直入《なおり》郡救覃《くたみ》郷（現、大分県竹田市直入町《なおいりまち》の辺り）に次の記事がある。

　救覃の峰［郡の北にあり］　この峰の頂上に、火がつねに燃えている。ふもとにはいくつもの川があり、名を神の河という。また別に二本の湯の河があり、流れて神の河に合流する。
　（救覃峯［在郡北］　此峯頂、火恒燎之。基有数川、名曰神河。亦有二湯河、流会神河）

五馬山は火を噴くという記述がないために火山とは決められないが、救覃の峰は火を噴く火山で、そのふもとには熱い湯が流れ出る川がある。井上通泰『豊後国風土記新考』によれば、救覃の峰は「朽網《クタミ》山」のことで、「久住《クヂユウ》山・大船《タイセム》山・黒岳等」の総称、そのうちの久住山の一峰「九重山《くじゅうさん》（一名星生山《ほっしょうざん》）は活火山」とある（六一頁）。気象庁ＨＰの「全国の活火山の活動履歴等」（https://www.data.jma.go.jp/vois/data/tokyo/STOCK/kaisetsu/vol_know.html#rireki）によれば、九重山の中岳（一七九一メートル）と星生山（一七六二メートル）は、ともに「常時観測火山」に指定され、霧島火山帯の北端に位置する活火山である。

朽網山は、万葉集に「朽網山夕居《ゆふゐ》る雲の薄れ行かばわれは恋ひむな君が目を欲《ほ》り（訳＝朽網山に夕方かかっている雲が薄れていったならば、わたしは恋《こ》うであろうことよ、あなたに逢いたくて）」（巻一一、二六七四番）とある。火山として歌われているわけではないが、朽網山が都にも知られた火山だという前提で読めば、「夕居る雲」を噴煙と理解することもできるかもしれない。

また、肥前国風土記《ひぜんのくにふどき》の高来郡《たかく》（長崎県の島原半島を中心とした地域）には雲仙岳《うんぜんだけ》の記事が載せられている。

峰の湯泉《ゆ》［郡の南にあり］　この湯泉の源は、郡の南、高来の峰の西南の峰から出て東に流れる。流れる勢いはたいそう多く、熱さは他の湯と違っている。そのために冷たい水を混ぜて沐浴《ゆあみ》することができる。その味は酸っぱい。

（峯湯泉［在郡南］　此湯泉之源、出郡南高来峯西南之峯流於東之。流勢甚多、熱異余湯。但和冷水乃得沐浴。其味酸）

酸性の熱湯が湧く「峰の湯泉」（雲仙温泉）の源となる高来の峰は、一九九一年に大火砕流を起こし

雲仙岳（長崎県）

た雲仙普賢岳を含む島原半島中央部の山塊（総称して雲仙岳）である。ちなみに、雲仙という語は、もとは「温泉《うんぜん》」と表記されており、井上通泰『肥前国風土記新考』にも、「高来峯は即温泉岳なり」とある（一五二〜一五三頁）。こちらは、白山火山帯の西端に位置する活火山である。

その、日本海沿いに延びる白山火山帯の中ほどにあるのが、佐《さ》比売山《ひめやま》（三瓶山《さんべさん》、島根県大田市など）と火神岳《ひのかみだけ》（大山《だいせん》、鳥取県大山町など）で、ともに、出雲国風土記意宇《おう》郡条に載せられた「国引き」詞章（詳細は、三浦『風土記の世界』一三三頁以下参照）において、引き寄せた土地をつなぎ止めておく「加志《かし》」（船をつなぐための杭）として描かれている。「火神岳」という呼称からみて、七、八世紀の人びとにとって大山は、火を噴く神の山であり畏怖し祀るべき対象として聳えていたと考えてよいのではないか。

ところが、気象庁ＨＰの「全国の活火山の活動履歴等」（前掲）には、三瓶山は今も定期的な観測が行われる火山に数えられているが、大山は火山リストに含まれていない。『鳥取県の地名』の「大山」の項をみると、「大山は大山系火山群を代表する死火山で、有史以来活動の記録はなく、現在は解体期に入っているとされる。（略）完新世の一万年前以降にはその活動を完全に終了させたと考えられている」（三七〜三八頁）とある。ただし、活動終了後も小噴火はあったという説もあり、噴火とまではいかずとも、噴煙などが続いていたために、人びとの記憶のなかでは「火神」岳であり続けたとも考えられる。ただし、出雲国風土記の「火神岳」は写本によっては「大神岳」ともあり、八世紀以降の修験《しゅげん》信仰の霊山となる大山は「大神山」と呼ばれているところから考えると、「火」は「大」の誤字の可能性も否定しきれないが、ひとまず通説に従って火神岳とみなしておく。

ちなみに、以降いくども登場ねがうはずのオホナムヂという神（古事記では大国主神の別名で大穴牟遅神と表記し、出雲国風土記では大穴持命、播磨国風土記では大汝命として頻出する）について、益田勝実は、「大きな穴を持つ神、それは噴火口を擁する火山そのものの姿の神格化以外ではない」（『火山列島の思想』五七頁）としてオホナムヂを火山神であるとみなし、それゆえに温泉の神にもなると述べる。

益田がそう考えるのは、出雲国風土記や『延喜式《えんぎしき》』に「大穴持」、古事記や新撰姓氏録《しんせんしょうじろく》に「大穴牟遅」と、その神名が漢字「穴」を用いて表記されているからだが、神名の漢字表記は書物によって相違があり、播磨国風土記に「大汝」、日本書紀に「大己貴」、延喜式には「大名持」や「於保奈牟智」の表記もある。しかも、その訓みも、オホナムヂ（チ）・オホアナモチ・オホナモチなど一定せず、オホナムヂ（チ）と訓んで「オホ（大）＋ナ（地）＋ムヂ（男神）」と解釈するのが通説である。ただ、ナをアナ（穴＝火口）の約音とみる益田説もわたしには捨てきれない魅力がある（益田も、神名の訓はオオナモチとしている）。

その大地の神、あるいは火山の神が温泉の神としても祀られていたというのは、伊予国風土記《いよのくにふどき》（逸文）「湯の郡」の伝承をみればわかる。オホナモチ（大穴持命）が死にそうになった時に、相棒のス

玉造湯神社（島根県松江市玉湯町，玉造温泉）

クナビコナ（宿奈毘古那命）が豊後国の「大分《おほきだ》の速見《はやみ》の湯」（今の別府温泉）から海の底に樋を通して、湯を運んで治療したという話であり、それが伊予の湯（道後温泉）の起源として語られている。その記事の最後に、「すべて湯の貴く奇《くす》しきことは神世の時のみにあらず。今の世にも疹痾《やまひ》に染《しつ》みし万生《あをひとくさ》の病を除き身を存《たも》たむがための要薬《くすり》なり」と記される通り、温泉は病を治す力をもつものとされた。この伝承のオホナモチは、スクナビコナの相棒として笑われ者になっているが、両神は、今も温泉の神として各地で祀られている。ゆえに温泉は「神の湯」と呼ばれた。たとえば、出雲国風土記意宇郡「忌部《いむべ》の神戸」に湧き出る温泉は次のように記される。

川のそばに湯が出る。湯の出る所は、海と陸との境になっている。そこで、男も女も老いも若きも、あるいは道に連なるようにして、あるいは海の中にできた洲を伝って、日々に集まり来て市をなし、入り交じって宴をして楽しむ。その湯を一たび浴びると、容姿はきらきらしくなり、ふたたび沐《ゆあみ》すれば、万病はことごとく癒される。古えから今に至るまで、効き目がなかったということはない。そこで、土地の人びとは神の湯と呼んでいる。

（即川辺出湯。出湯所在、兼海陸。仍、男女老少、或道路駱駅、或海中沿洲、日集成市、繽紛燕楽。一濯則形容端正、再沐則万病悉除。自古至、今無不得験。故、俗人曰神湯也）

今も名湯として名高い玉造温泉（島根県松江市玉湯町）である。「海の中にできた洲を伝って（海中沿洲）」というのは、宍道湖《しんじこ》畔を歩いてということであろうか。老若男女がこぞって集まり、交じりあって宴をするという。ひと昔前の湯治場の風景のようで、温泉が日常から解放された場、一種のアジールとして存在したことを示している。そして、美容と万病に効く温泉という謳い文句が、すでに決まり文句として風土記の時代からあり、人びとがそれを大いに楽しんでいたというのも火山列島ならではのすがたといえよう。

飯石《いいし》郡との境にある漆仁《しつに》川の辺りへ通うのには二八里ほど。その川のそばに薬湯《くすりゆ》が湧いている。一たび浴《ゆあみ》をすればすぐに体はほぐれ、ふたたび浴びるとすぐに万病も治る。男も女も老いも若きも、昼も夜も止むことなく人びとは道に連なって通ってくる。効き目を得られないということはない。そのために、土地の人びとは号《なづ》けて薬湯というのである。（出雲国風土記仁多《にた》郡）

（通飯石郡堺漆仁川辺廿八里。即川辺有薬湯。一浴則身体穆平、再濯則万病消除。男女老少、昼夜不息駱駅往来。無不得験。故、俗人号云薬湯也）

同じ出雲国風土記のなかの記事なので表記は統一されているとみてよく、似た表現になっている。ただ、こちらは体がやわらぎ万病も消えると「薬」の湯であることが強調されているのに対して、先の「神の湯」では美容と万病への効用が謳われているところに、温泉ごとの差異も認められておもしろい。これも現在の温泉と同じで、湯の効能を競っているようだ。「薬湯」は出雲湯村温泉（島根県雲南市木次町《きすきちょう》）のことで、今も川辺（漆仁川）に湯が湧き出し露天風呂が楽しめる。一方の玉造温泉では、川辺に湧いていたという「神の湯」は今は出なくなっている。

これら今も続く名のある温泉ばかりでなく、無名の温泉も出雲国には湧いていた。

郷の東北に位置する須我《すが》の小川の湯淵《ゆぶち》の村の川の中に温泉がある［名はない］。同じ川の上流の毛間《けま》の村の川中にも温泉が出る［名はない］。（大原郡海潮《うしお》郷）

（東北須我小川之湯淵村川中温泉［不用号］。同川上毛間村川中温泉出［不用号］）

湯淵村にあるというのは今の海潮温泉（雲南市大東町《だいとうちょう》）とされるが、その上流の毛間村の温泉は所在がわかっていない。また、播磨国風土記の「湯川」のように、「昔、湯、この川に出でき」（神前《かんざき》郡）とあって、風土記の編纂段階にはすでに湧出しなくなった温泉もある。

肥前国風土記には、先の「峰の湯泉」（雲仙温泉）のほかに、佐賀県の名湯・嬉野《うれしの》温泉（嬉野市）の記事も見つかる。

塩田川（略）東の辺りに湯の泉があり、よく人の病いを癒す。（藤津郡）

（塩田川（略）東辺有湯泉、能愈人病）

しかし一方で、人が近づくのを拒む温泉もあり、嬉野温泉とともに知られた武雄《たけお》温泉(佐賀県武雄市、旧名は柄崎《つかさき》温泉)は、

郡の西に、湯の泉が湧いている。ところが岩の崖が険しくて、人が訪れるのは罕《まれ》である。(肥前国風土記杵島《きしま》郡)

(郡西、有湯泉出之。巌岸峻極、人跡罕及也)

とあって、容易に近づくことができない温泉であった。今も秘湯は各地にあって、多くの人を惹きつけて止まない。そのような人を拒む温泉は、豊後国風土記速見郡の「玖倍理湯《くべりゆ》の井《ゐ》」として伝えられる間歇泉《かんけつせん》にも通じていよう。この湯は別府八湯の一つ鉄輪《かんなわ》温泉(大分県別府市)のこととされるが、その間歇泉の描写は次のごとし。

玖倍理湯の井[郡の西にあり] この湯の井は、郡の西の河直山《かわなおやま》の東岸にある。口の径《わたり》は一丈あまり(約三メートル)。湯の色は黒く、泥はいつもは流れない。人が、こっそり井の辺りに行き、声を挙げて叫ぶと、驚いて音をたて涌き騰《わあ》がって二丈あまりにもなる。そして蒸気を盛んに立ち上げ、とても熱いので、近づいていくことはできない。近辺の草木は、ことごとに枯れ萎んでいる。それで、「慍湯《いかりゆ》の井」と呼ぶ。土地の人のことばでは「玖倍理湯の井」という。

(玖倍理湯井[在郡西] 此湯井、在郡西河直山東岸。口径丈余。湯色黒、泥常不流。人、竊到

井辺、発声大言、驚鳴涌騰二丈余許。其気熾熱、不可向昵。縁辺草木、悉皆枯萎。因、曰慍湯井。俗語曰玖倍理湯井）

別府温泉に行って地獄巡りをした半世紀以上前の修学旅行を思い出すが、その時見た「血の池地獄」は風土記の時代から変わらず、血の泥を吐いている。

赤湯の泉　［郡の西北にある］この湯の穴は、郡の西北にある竈《かまど》門山にある。その周囲は一五丈ほどである。湯の色は赤く、泥がとれる。それを使って家屋の柱に塗ることができる。その泥が流れて外に出ると、色が変わって澄んだ水になり、東の方に流れ下っていく。それで赤湯の泉という。（豊後国風土記速見郡）

（赤湯泉　［在郡西北］此湯之穴、在郡西北竈門山。其周十五許丈。湯色赤而有涅。用足塗屋柱。涅流出外、変為清水、指東下流。因、曰赤湯泉）

大地から湧き出す湯に神秘性と畏れを抱き、それを建材にも利用する。酸化鉄の赤い湯の花は、魔除けの力を信じられたり防腐効果を期待されたりしたのであろう。

今と変わらず、古代の人も温泉好きだが、日本書紀によれば、天皇や皇子が湯治に出かける記事が舒明天皇（在位は六二九〜六四一年）の頃から現れる。舒明は、「有馬の温湯《ゆ》」（兵庫県、有馬温泉）や「伊予の温湯の宮」（愛媛県、道後温泉）に出かけ、孝徳天皇（在位は六四五〜六五四年）は「有馬の温湯」

へ、斉明天皇(在位は六五五〜六六一年)は「紀の温湯」(和歌山県、白浜温泉)へと向かう。身の危険を感じた有間皇子は、狂人のふりをして「牟婁《むろ》の温湯」に湯治に出かけたが(斉明三年九月)、のちに謀叛の嫌疑をかけられると、湯治のために「紀の温湯」に滞在していた斉明天皇のもとに送られて尋問を受ける(同四年一一月)。

こうした生々しい権力争いの背後には、七世紀に入って温泉が湯治場として見いだされて貴族たちのあいだに流行していたことが窺われる。そして、それが次第に一般の人びとのあいだにも広がり、それに呼応するように風土記の温泉記事がいくつも並べられることになったのであろう。もちろん、そうした流行とは別に、自然に湧きだす温泉に浸かって体を癒していた人は、この火山列島に人が住みついて以来、ずっといたはずである。

【添書き】 途中ですこしだけふれた伊予国風土記(逸文)に載せられた伊予の湯(道後温泉)の起源譚については『風土記の世界』で取りあげたので(一二四〜一二五頁)、ここには紹介しなかった。その旧著でわたしは、仮死状態になってしまった神をスクナビコナ(宿奈毘古那神)とする通説とは逆に、全集本風土記の解釈を参照し、「悔い恥じしめらえ」て仮死状態になったのは、大きな神オホナモチ(大穴持神)であり、それを小さな神スクナビコナが豊予海峡の下に樋を通して速見の湯を運び、その湯をオホナモチに浴びさせて治療したと解釈した。それは、オホナモチ(オホナムヂ)とスクナビコナとの関係は、どの話も小さ子のスクナビコナがオホナモチをやっつけたり助けたりするかたちで語られるところからの理解だが、本を読んでくださった温泉関係の方から、編集部を介して、従来の解釈と違うのは「日本の温泉とその伝説にとって極めて重大」な問題だがどうか、という手紙をいただいた。

たしかに通説とは違う解釈は混乱を生じさせるかもしれないが、かといって自説を引っ込めるのもむずかしい。第一の原因は伊予国風土記（逸文）の本文に問題があるからだが、関係者を混乱させようとしているわけではなく、わたしの読みを示したまでということでご了解いただきたい。なお、この点についてはわたしと同様の解釈をする方はほかにもいて、『温泉の日本史』など温泉関係の著作が多い温泉評論家、石川理夫《みちお》も同様の解釈をしていることを書き添えておく。石川は、『温泉の平和と戦争』においてこの伝説を紹介し（四八〜五一頁）、現在の通説は「神話世界でのそれぞれのキャラをねじまげ」ていると批判している。一度定着してしまった解釈は容易なことでは覆らないが、石川が言うように「より温泉神にふさわしいのは、（略）従と見られがちだった宿奈毗古那命（少彦名命）のほうである」とみたほうが効能も高まるのではなかろうか。

黄泉の坂・黄泉の穴

巨岩とか巨木とか、地面から生えているような大きなものには神秘的な力が籠もっているような感じがして、圧倒される。こう書くと即座に、岩は生えているのかと突っ込まれそうだ。そこで、こういう時には必見の『広辞苑』第七版をみると、生えるとは、「植物や毛などが、内部から外面に出て育つ」こととあり、成長という要素が必須だということがわかる。そこから万葉集に目を向けると、「高山の磐根《いはね》し枕《ま》きて」(巻二、八六番)や「石根《いはね》さくみてなづみ来《こ》し」(巻二、二一〇番)など、「いは根」ということばに出会う。注釈書的には「根」は接尾語とされて無視されるが、大きな岩には根＝「高等植物の体を支持する栄養器官」(同前、第七版)があって大地の力を吸い上げている、古代の人はそのように考えていたらしい。

木と同様、岩もまた大地から生えていた。そうであるからこそ、巨岩や不思議な形をした岩に神秘的な力を感じて祀る磐座《いわくら》信仰も生じたに違いない。そして、大地と交わろうとする時、地中に根を張った岩に穿たれた穴は、まさに異界とのつながりを実感し実現できる場所であった。

さて、北の海の浜には礒《いそ》があり、名は脳《なづき》の礒という。高さは一丈(約三メートル)ばかり、その

猪目洞窟(島根県出雲市猪目町)

上に生えている松は、よく繁って礒まで続いている。まるで村人が朝に夕に往来するさまであり、また、木の枝は人がよじり引いたようにねじれている。その礒から西にいったほうに窟《いわや》の入り口があり、高さと広さはそれぞれ六尺ほどである。その窟の内に穴があるが、人が入ることはできず、深いのか浅いのかはわからない。夢のなかでこの礒の窟の辺りに至ったならば、かならず死ぬ。ゆえに、土地の人は、古えから今に至るまで、黄泉《よみ》の坂・黄泉の穴と号けている。

(出雲国風土記出雲郡宇賀《うか》郷)

(即、北海浜有礒、名脳礒。高一丈許、上生松、芸至礒。里人之朝夕如往来、又、木枝人之如攀引。自礒西方有窟戸、高広各六尺許。窟内有穴、人不得入、不知深浅也。夢至此礒窟之辺者必死。故、俗人、自古至今、号黄泉之坂・黄泉之穴也)

この穴は、島根県出雲市猪目町《いのめちょう》、集落の西北方に位置する海岸に接した海蝕洞穴「猪目洞窟」のこととされる。イノメの呼称は、洞窟の入り口がイノシシの目に見えるところから名付けられたものか、本文に「夢至此礒窟」とあるイメ(古代では夢は「寝目《イメ》」)に由来するものか。古語ではヰ(猪)とイメのイとは別の音だが、通用しやすい。

この洞窟からは「一六体以上の人骨」をはじめ多数の遺物が発見されており、一部縄文時代のものも含め、「弥生前期から古墳時代の終りごろまで、ほぼ連続した遺跡」である。ただ、遺跡は、「昭和二三(一九四八)年の秋、この洞窟を利用して漁船置場にしようというので、入口の所の堆積丘を削除する工事」の途中に見つかったもので、きちんとした調査は行われていないようだ(山本清「出雲国風土記」)。おそらく、海蝕洞穴を利用した風葬の跡であり、そのために「窟の辺りに至ったならば、かならず死ぬ」という言い伝えも生じたのであろう。

風土記に記された洞窟の形状と実際の姿とのあいだには齟齬があるが(写真参照)、地形の変容などを考慮して、猪目洞窟を「黄泉の坂・黄泉の穴」とみるのが大方の見解である。洞窟の現状は、「洞口の幅一〇メートルばかり、口から奥へ二〇メートル余り漏斗《ろうと》状に狭くなり、幅三メートルばかりとなるが、穴はそこからさらに奥へ何十メートルか細く延びている」(山本、前掲論文)とある。しかし、実際に現場に行っても暗くて奥の様子はわからない。ただ、黄泉の国につながる穴が地中に延びているという雰囲気は感じられるし、多量の人骨が発掘されたという事実からみても、洞窟の奥には死者の魂を異界へと運ぶ通路があるという観念が、この穴を葬地として利用していた人びとのあいだに存したのは間違いなかろう。

付け加えれば、洞窟のある礒はナヅキ(脳)の礒と名付けられているが、ナヅキに漢字「脳」を用いるのは借訓で(平安朝の古辞書類が、脳・脳髄をナヅキと訓む)、水にひたった状態を意味するナヅクの名詞化とみられる(『時代別国語大辞典 上代編』三省堂)。そこから古橋信孝《のぶよし》は、古事記に出てくるヤマトタケルの葬送場面に描かれた、「なづき(那豆岐)田」で這い回るという所作や歌謡の表現をもとに、魂の復活儀礼である「タマフリ」と重ねながら「脳の礒」という場所とことばを説明した(「古代英雄物語と歌謡」)。そこからみれば、たんに水に漬かった状態の礒を表しているだけではなく、葬送儀礼をともなう場所と考えなければならない。

硬い岩に穿たれた穴を異界への入り口と考えるのは、古代的な観念としては理解しやすい。人を圧倒し拒絶する岩の向こうにある異界とつながることのできる空間が、洞窟だからである。そして、出雲国風土記にはもう一か所、よく知られた海蝕洞穴がある。猪目洞窟から島根半島を日本海沿いに東に行った加賀《かか》の潜戸《くけど》(松江市島根町加賀)がそれである。

海に突き出た潜戸鼻《くけどのはな》と呼ばれる岬の先端部にT字を逆にしたようなかたちで東西と北とに貫通した穴があり(東西の長さは約二〇〇メートル)、小さな観光船で通り抜けることができる。そしてそこは、出雲の神がみの「御祖《みおや》」とされるカムムスヒ(古事記では神産巣日命、出雲国風土記では神魂命)のむすめキサカヒメ(支[枳]佐加比売命、赤貝の女神)が祀られ、正体不明の男神(麻須羅《ますら》神)と交わって佐太《さだ》(佐田とも)大神を生んだところと伝えられている。この神話については、『風土記の世界』で紹介したが(一七〇~一七五頁)、そこは、「今の人、この窟《いわや》の辺りを行く時は、かならず声を轟かせて行く。もし、こっそりに行ったならば、神が現れて飄風《つむじかぜ》を起こし、行った船はかならず転覆してしまう(今人、是窟辺行時、必声磅礚而行。若密行者、神現而飄風起、行船者必覆)」と畏れられる場所であった(潜戸の写真は、本書二二一頁参照)。

そうした神への慎みが近代になっても受け継がれていたことを、ラフカディオ・ハーン(小泉八雲)の紀行文は教えてくれる。ハーンは、明治二四(一八九一)年に潜戸を訪れ、老いた漁師を頼んで手漕ぎの舟を出してもらった時の体験を、「舟が進む中、突然、船頭の婆さんが舟底から石を取り上げ、舳先《へさき》を強く叩《たた》き始める。虚《うつ》ろな音が、洞内中に雷鳴のごとく、木霊《こだま》を繰り返す。すると次の瞬間、一気に光の束が射しこんできた」と、驚きを込めて記している(池田雅之訳『新編 日本の面影』一六八頁)。この、船頭の妻である老婆の所作は、出雲国風土記に記されたのと同じで、神への畏敬であった。音を立てて行かなければならないというのは、間違いなく一二〇〇年以上前から受け継がれてきた、神の怒りに遭わないための掟だったのである。

切り立った断崖が続く島根半島の日本海沿岸には、いくつも海蝕洞穴があったことを出雲国風土記は伝えている。

勝間《かつま》の埼　二つの窟あり[一つは高さ一丈五尺、内周は一八歩《あし》。もう一つは高さ一丈五尺、内周は二〇歩]。（島根郡）

（勝間埼　有二窟[一高一丈五尺、裏周一十八歩。一高一丈五尺、裏周廿歩]）

手結《たえ》の埼　浜辺に窟あり[高さ一丈、内周は三〇歩]。（島根郡）

（手結埼　浜辺有窟[高一丈、裏周卅歩]）

楯縫《たてぬい》の郷　(略)さて、北の海の浜にある業梨礒《なりいそ》に窟あり。内部の方は一丈半《ひとつえなから》、高さと広さ《たてよこ》はそれぞれ七尺である。内部の南の壁に穴があり、入り口の周囲は六尺、直径は二尺ある。人が入ることはできず、深いのか浅いのかはわからない。

（楯縫郷 （略）即、北海浜業梨礒有窟。裏方一丈半、高広各七尺。裏南壁在穴、口周六尺、径二尺。人不得入、不知遠近）（楯縫郡）

これらの洞窟には、異界につながるような情報はない。おそらく、集落との関係や利用のしかた、あるいは形状などによって、人の洞窟への接し方は違うのだろうが、岩に穿たれた穴が、何らかの神秘性をもっていたからこそ、こうして書き留められたはずだ。もちろん、海岸に穿たれた洞窟だけが神秘的なのではない。山中にある洞窟もまた、神のいます場所であった。

琴引山《ことひきやま》 （略）古老が伝えて云うことには、この山の峰に窟がある。内部に天《あめ》の下《した》造らしし大神の御琴《みこと》がある。長さ七尺、広さ三尺、厚さ一尺五寸である。べつに石神がある。高さ二丈、周囲四丈である。そこで、琴引山と云う。（飯石郡）

（琴引山 （略）古老伝云、此山峯有窟。裏所造天下大神之御琴。長七尺、広三尺、厚一尺五寸。又在石神。高二丈、周四丈。故、云琴引山）

琴引山は広島県と境を接した島根県飯石郡飯南町《いいしぐんいいなんちょう》にあるが、「大神の御琴」の所在については諸説あって定かではない。しかし、たしかに窟の中には、大神の琴があったのである。

こうした出雲国風土記にみられる洞窟の記事は、他の風土記にはどのように存在するか。当然、同様の事例があるはずだと思い、網羅的に浚ってみて驚いた。先に取りあげた「なゐふる」で紹介した豊後国風土記の五馬山の「慍《いか》り湯」のところに、「人の声を聞くと、驚き慍《いか》って一丈あまりも泥を吹き上げることがある」とあるのが、神威を感じさせる数少ない穴の例として指摘できる程度である。これは、同じ豊後国風土記の速見郡条に出てくる「赤湯の泉」の「湯の穴」も同じものとみてよかろう。

あるいは、「欟折山《つきおれやま》（略）この山の南に石の穴がある。穴の中に蒲《かま》が生えている。そこで、蒲阜《かまおか》と号けた。今はもう生えていない（欟折山（略）此山南有石穴。穴中生蒲。故、号蒲阜。至今不生）」（播磨国風土記揖保《いぼ》郡）とある、蒲が穴の中に生えているというのが、めずらしい出来事を紹介しているだけか、特別の力を感じているのかは判断できない。同様に、肥前国風土記の松浦《まつら》郡大家郷の、「郷《さと》の南に窟があり、鐘乳《いしのち》や木蘭《もくらに》がある（郷南有窟、有鐘乳及木蘭）」という記事も、特別な神威を感じているのか否かを判断できないので保留する。ちなみに、「いしのち」は石の乳《ち》の意で鍾乳石をさすが、洞窟に花のモクレンは考えにくく、「木蘭」が何をさすかは未詳。

それらを除いた窟や穴はどうかというと、どれも類型的で、「古《いにし》え、山賊がいた。名を油置売《あぶらおきめ》命《みこと》と称《い》う。今も社《もり》の中に石屋《いわや》がある（古、有山賊。名称油置売命。今社中在石屋）」（常陸国風土記新治《にいはり》郡）とか、「鼠の石窟《いわや》の土蜘蛛《つちくも》を誅伐しようとして（欲誅鼠石窟土蜘蛛）」（豊後国風土記大野郡）というような討伐伝承なのである。いうまでもなく、窟（石屋）に棲んでいるのはまつろわぬ野蛮な者どもであり、それゆえにヤマト王権の列島支配に組み込まれたのだと説明する。穴居を未開・野蛮の象徴とするこれらの伝承が、日本書紀の影響を受けた九州の風土記と蝦夷《えみし》制圧の前線基地でもあった常陸国の風土記にみられるというのは、単純明快で説明する必要はない。

それに対して、出雲国風土記の洞窟伝承は何に由来するのか。出雲国風土記が出雲国造によって勘造（編纂）され、その性格が日本書紀的だということは『風土記の世界』で論じたところである（一一八頁以下）。ところが一方で、出雲国風土記には、土着的な性格が濃厚に残留しており、ここに紹介した異界につながる洞窟伝承もそうした出雲に固有にみられる伝承群の一類ということができる。ただし、現存する風土記がわずか五か国だということもあって、ここで述べてきたような在りかたが出雲に固有のものか、他の地域にもみられるものであるかは、にわかには判断できない。

おそらく出雲だけのというよりは、日本海沿岸における海民的な習俗や信仰とつながる可能性が大きいのではないかというのが、藤田富士夫『古代の日本海文化』をはじめ、瀬川拓郎『縄文の思想』、斎藤成也《なるや》『核DNA解析でたどる日本人の源流』などによって得た知識からの、わたしなりの見通しである。たとえば藤田は、風葬跡とされる猪目洞窟と同様の洞窟遺跡が能登半島東海岸の大境《おおざかい》洞窟（富山県氷見市）をはじめ日本海沿岸にみられることを指摘し、「日本海域に海食洞遺跡を墓域として残した海人集団」が存在した可能性について言及している（前掲書、三三〜四〇頁）。

数年前の一一月に見学した佐太神社（松江市鹿島町）の神在祭《かみありさい》（音読してジンザイサイとも）最終日に行われる神送り（神等去出《からさで》神事という）において、神は、山にある聖地の池（水のない窪み）から、海へと送られていった。これは、山の池と海とをつなぐ地下通路があるとみなすところから可能となる発想だが、アイヌにも動物神の魂の移動を似たかたちで認識しているところがあり、興味をそそられた（詳細は、三浦『出雲神話論』一五三〜一七二頁参照）。共通する認識が存在したに違いない。

石神の涙

世界遺産に指定されて誰も足を踏み入れることができなくなるずっと前、二〇〇五年五月の大祭の折、玄界灘の海中から生えて聳《そび》える沖ノ島に上陸させてもらったことがある。その島は、五百日もの船旅ののちにようやく辿り着いたと語るくらもちの皇子の嘘話に出てくる「蓬萊の山」(竹取物語)にそっくりだと思った。外から眺める沖ノ島は、樹木に覆われて大きな神籬《ひもろぎ》(神を迎えるために設えられた神域)のようで、「亜熱帯植物をふくむ暖帯林相」の島には、常緑広葉樹を中心とした「七十二科、百八十種」もの植物が繁茂している(毎日新聞西武本社学芸部「沖ノ島の素顔」)。そして、その断崖に囲まれた神籬の島に上陸すると、島のなかは巨岩が至るところに立ち並び、その岩上や岩陰には四世紀から九世紀にかけての祭祀遺跡が遺されていた。二〇一七年にユネスコの世界遺産に認定されたことで、沖ノ島は改めて脚光をあびている。

祭祀の場となった巨石群は、神そのものとして祀られていたのではなく、神を迎えるための、ということは神につながるための装置、いわゆる磐座《いわくら》であった。勾玉《まがたま》に加工した石玉でも、奇岩や巨大な岩石でも、それらは、神に寄りついてもらう場所であって、石や岩が神そのものとして祀られるというのとは元来は違っていたはずである。ところが、その磐座と神そのものとが、いつのまに

宗像大社沖津宮の巨岩（福岡県宗像市大島沖ノ島）

やら一体化してしまい、岩石そのものを神として祀るという信仰も生じてくる。

風土記を探してみると、「石神《いしがみ》」と呼ばれ、神として祀られる岩や石にはしばしば出会うが、本来的なはずの、神の依代《よりしろ》とみなせる岩は意外と少ない。

石坐《いわくら》の神山と呼ぶのは、この山が石《いわ》を戴いているからである。また、豊穂命《とよほのみこと》という神がいますゆえに、石坐の神山という。　（播磨国風土記神前郡）

（云石坐神山者、此山戴石。又、在豊穂命神、故曰石坐神山）

名前の通りに神の寄りつく磐座が、石坐の神山の頂上にはあった。いや、磐座があったから石坐の神山と呼ばれた。そこに寄りつく神がトヨホと呼ばれる神か、別の神かは判断できないが、神を迎えるための磐座であったことは明らかだ。

それに対して、オキナガタラシヒメ（気長足姫尊）が新羅《しらき》遠征の成否を占ったという次の伝えはどのように読めるだろうか。肥前国風土記松浦郡の伝承である。すでに『風土記の世界』で取りあげたことがあるので（二〇三～二一三頁）、ここでは磐座にかかわる部分だけを引く。

皇后《おおきさき》は、針を勾げて鉤《つりばり》とし、ご飯粒を餌にして、裳《も》の糸を釣り糸として、河の中の石《いわ》に登り、鉤を捧げ持って祝《うけ》いをなさることには、（略）（郡名由来）

（皇后、勾針為鉤、飯粒為餌、裳糸為緡、登河中之石、捧鉤祝曰、（略））

古事記にも日本書紀にも似た伝えをもつ伝承で、オキナガタラシヒメは神の意志をうかがう占い（ウケイ）として「年魚《あゆ》」釣りをしたのであり、河の中の岩に神を寄せているわけではない。とすれば、この岩は、オキナガタラシヒメが登ってアユ釣りをしたと言い伝えられている名所旧跡あるいは聖跡としての岩とみなすのがよかろう。それは、播磨国風土記揖保郡条に載せられた次の伝承も同じである。

大見山《おおみやま》　大見と名づけたゆえは、品太《ほむだ》の天皇がこの山の嶺に登り、四方を望んでおおせになった。そこで、大見と云う。お立ちになったところには盤石《いわ》がある。高さは三尺ほど、長さは三丈ばかり、広さは二丈ばかりである。その石の表面には、あちこちに、窪んだ跡がある。これを名づけて御沓《みくつ》と御杖《みつえ》のところと伝えている。

（大見山　所以名大見者、品太天皇登此山嶺、望覧四方。故、曰大見。御立之処有盤石。高三尺許、長三丈許、広二丈許。其石面、往々有窪跡。此名曰御沓及御杖之処）

播磨国風土記ではもっとも登場回数の多いホムダの天皇（ホムダワケ、応神天皇のこと）が国見《くにみ》をしたという話で、台形の大岩にある窪みは、その証拠の聖跡ということになる。もちろん、ヤマトの王の巡行伝承が語られる以前に、この岩が磐座（神の依代）として存在したという可能性を留保しておく必要はあろうが、こうした証拠の品をともなうのは、民間伝承においては、偉人や神の事績を語る際の常套手段であり、播磨国風土記にも例が多い。たとえば、オホナムヂ（大汝命）とスクナヒコネ（小比古尼命）との我慢比べ競争にみられる、聖《はに》（赤土）と屎《くそ》とが石になって今もあるという伝承（神前郡聖岡《はにおか》里、三浦『風土記の世界』一八二～一八六頁）は、その典型的な一例である。

岩石信仰については、柳田国男以来、民俗学・考古学・宗教学などさまざまな分野による研究が蓄積されている。そしてそれら先行研究を踏まえて岩石信仰の種類を分類整理したのが、吉川宗明の労作『岩石を信仰していた日本人』である。この本のなかで吉川は、対象となる岩石を次の五類型に分け、それぞれの事例数を掲げている（七七～一三六頁）。ここに示された数量は可変的なものと考えたほうがよさそうだが、おおよその傾向は把握できよう。

信仰対象（二八〇事例）
媒体（九三四事例）
聖跡（三四四事例）
痕跡（八事例）
祭祀に至らなかったもの（三六二事例）

この五類のなかでも、「信仰対象が宿る施設」や「願いを叶える道具」あるいは「テリトリー表示施設」などを総括した第二類の「媒体」が圧倒的に多い。ところが先ほど述べたように、風土記には依代（「信仰対象が宿る施設」）とみなせる事例はほとんど出てこないのである。あるいはそれは、表立って存在を明示すべきものではないという意識があるので秘められて出てこないのかもしれない。また、出雲国風土記の場合、神社名が列挙されているが（総数は三九九社）、それらの神社が祀っている対象が依代であったとしても表には出てこないというような場合もあるだろう。

それに対して、第一類「信仰対象」に分類される石神は、前節で取りあげた琴引山（出雲国風土記飯石郡）にもあった。そこで神は「高さ二丈、周囲四丈」と記されていて、具象的な姿をしているというよりは、巨大な自然石を神と呼んでいるようにみえる。同様の石神は楯縫郡の神名樋《かむなび》山にも伝えられ、「頂上の西に石神がある。高さ一丈、周囲一丈。道のほとりに小さな石神が百余りある（嵬西在石神。高一丈、周一丈。往側在小石神百余許）」とあって、大きな岩のそばにたくさんの石が並んでいる。そして、この石神については、土地の古老による次のような言い伝えが遺されている。

古老が伝えて云うには、阿遅須枳《あぢすき》高日子《たかひこ》命の后、天御梶日女《あめのみかぢひめ》命、多久《たく》の村に来まして、多伎都《たきつ》比古《ひこ》命をお生みになった。その時、教えて詔《の》ることには、「あなたの祖神《おやがみ》さまがいます方を向いて子を生みたいと思っていましたところ、此処《ここ》がよろしい」と。いわゆる石神というのは、まさに多伎都比古命の依代である。旱《ひでり》に際して雨を乞う時には、かならず雨を降らせてくださる。（出雲国風土記楯縫郡）

（古老伝云、阿遅須枳高日子命之后、天御梶日女命、来坐多久村、産給多伎都比古命。爾時教

詔、汝命之御祖之向位欲生、此処宜也。所謂石神者、即是多伎都比古命之御託。当旱乞雨時、必令零也)

本文に揺れがあって訓読が一定しないところがあるのだが、アメノミカヂヒメがタキツヒコを生む時、お前の父(つまり自分の配偶者)アヂスキタカヒコのいるほうを向いて生もうとして、そのもっともふさわしい場所だというので、タキツヒコを生んだところであり、石神にはタキツヒコが寄りついているのだというふうに解釈した。「祖神」は古事記の用例では母神に限定されるが、出雲国風土記では父神も祖神と呼んでおり、ここもそのように解した。そして、その神が宿る岩は、霊験あらたかな雨乞い石としても信仰されていたのである。

播磨国風土記揖保郡の「神島」にも石神がいて、その姿は「仏のみ像《かた》」に似ているという。かなり具象的に神の姿をした自然石であったらしい。そして、その神の顔には「五つの色の玉」があり、胸に流れている涙もまた、その色は五色だという。なぜ石神は泣いているのか。

品太の天皇のみ世、新羅《しらき》の使者がやって来た。そして、この石神の神々しい姿を見て、ほかにはないめずらしい玉だと思い、その顔面を彫って、片方の瞳《まなこ》を抉りだした。神は、そのために泣いているのである。

(品太天皇之世、新羅之客来朝。仍、見此神之奇偉、以為非常之珍玉、屠其面色、堀其一瞳。神、由泣之)

海彼《かいひ》から使節が来訪するという、ホムダワケ（応神天皇）の時代らしい話で、その使節（船人たち）が神を冒すというのも、説話としてはありそうな設定である。もちろん、この伝えの背景に何らかの事件があったかどうかは定かではない。

神島というのは、兵庫県姫路市の沖にある家島《いえしま》群島のなかの上島のこととされている。以前近くを船で通った時に、あの岩がそうだと教えられたことがあったが、どこが顔やらさっぱり判断できなかったのをぼんやりと思い出す。もちろん、昔はきれいだったが、ある出来事によって今の姿になったのだというのが、起源譚（この伝承でいえば、なぜ今のような姿になったかを語る話）のパターンなのである。したがって、元の整った姿を事実とみる必要はないが、近辺にある他の岩々と区別されるためには、伝えの根拠になる何かがあったと考えることは必要であろう。

この話には後日譚があり、怒った神が暴風を起こして新羅の船を打ち砕き、乗っていた人はすべて死んでしまった。その死者を高島の南の浜に埋めたのが韓浜《からはま》で、今もそこを通過する者は、心を固く慎んで通過しなければならないと伝えている。おそらく、流れが速く航海の際の難所の一つだったのではないかと思われる。

この川の上流に石神がある。名を世田姫《よたひめ》という。海の神［鰐魚《わに》をいう］が年ごとに、流れに逆らって遡上し、この神のもとを訪れるときに、海の底の小魚《こうお》が数多くついてくる。人が、あるいはその魚をおそれ慎めば禍《まが》はなく、あるいは捕って食うようなことがあると死んでしまう。おおよそ、この魚どもは、二日か三日ほど女神のもとに留まってのち、海に還っていく。

（此川上有石神。名曰世田姫。海神［謂鰐魚］年常、逆流潜上、到此神所、海底小魚多相従之。或人、畏其魚者無殃、或人、捕食者有死。凡、此魚等、住二三日、還而入海）

（肥前国風土記佐嘉《さか》郡）

この川とは「佐嘉川」のことで、現在は嘉瀬川《かせがわ》という名で佐賀県中東部を南に流れ有明海に注ぎ込む一級河川である。その川の上流にヨタヒメという石神がおり、毎年、ワニが海の魚どもを引き連れて女神のもとに通い、そのあいだ人びとは慎んでいなければ命を落とすことさえあるという。東北地方では、秋になってはじめて川を遡るサケの頭領「鮭の大助《おおすけ》」に対して同様のタブーを伝えているところが多いが、佐嘉川を遡るのはワニ（鰐魚）である。

ちなみにヨタヒメというのは、ヨド（淀）ヒメの訛りかもしれない。というのは、佐賀市大和町《やまとちょう》の嘉瀬川が淀になったところに与止日売《よどひめ》神社（別名、河上神社）があり、この神社は『延喜式』神名帳《しんめいちょう》（巻一〇神名・下）に、肥前国佐嘉郡でただ一社登録された古社である。

古代のワニはサメ類をさす語で、ワタツミ（海の神）が人の前に現れる時の姿がワニだ。佐嘉川を遡って上流のヨタヒメに会いに行くというのには、神婚的な性格が秘められているだろう。神がワニの姿で女神のもとを訪れるというのは、三輪山《みわやま》の神がヘビや矢になって女のもとを訪れると語る丹塗矢《にぬりや》型神婚神話と同様、神と人との神婚幻想が背景にあり、それがこの伝承を支えている。訪れた神が二、三日女神のもとに留まると語るのは、訪れる神と迎える側との関係が、いまだ壊れてはいないということを示している。

その神婚が、同類の伝承とみなせる出雲国風土記仁多郡条の恋山《したいやま》の伝承では、両者の関係が破綻したあとの出来事として語られている。それゆえに、川を遡ってきた和爾《わに》は、玉日女命《たまひめのみこと》に拒否され、「石《いわ》を以《も》ちて川を塞《せ》き」止められて会うことができない（本書二五四頁「玉日女神社」参照）。

神と人との関係性は、風土記の伝承のいくつかを眺めただけでも変容しており、そうしたなかで新しい神も現れる。

与止日売神社（佐賀県佐賀市大和町）

ヤマトから遣わされた国宰《くにのみこともち》、川原宿禰黒麻呂《かわらのすくねくろまろ》の時、大海のほとりの岸壁に、観世音菩薩のみ像《かた》を彫り造った。それが今も遺っている。そこで仏の浜と号けた。　（常陸国風土記多珂《たか》郡）

（国宰、川原宿禰黒麻呂時、大海之辺石壁、彫造観世音菩薩像。今存矣。因号仏浜）

海岸の岩肌に彫られた磨崖仏かと思われるが、茨城県教育委員会では日立市田尻町の度支《どし》観音をそれとして県の史跡「仏ケ浜」に指定しているという。しかし、現地を調査した増田寧《やすし》によれば、地形的に「大海のほとり」とする風土記の記事とは合わないとし、そこから浜街道を北に行き「東蓮津川を渡ったところで、正面山裾の岸壁に彫り出されている十体ほどの仏像」が「仏の浜」の石仏ではないかとしている（『常陸国風土記』入門ノート』五六三〜五六七頁）。地名は日立市小木津町である。

岩の崖に彫られた仏像をはじめて見た人は目を擦ったのではないか。そして、端正な今来《いまき》の神が岩肌に彫られるようになるとともに、それまで崇められてきた石神の姿もおのずと変わってゆくはずだ。それゆえに、神島の石神も、昔の麗しい姿を語る必要が生じたのかもしれない。

Ⅱ

天皇の失敗

石室に隠れる少年

洞窟が、異界への入り口あるいは神のいます場所であるとともに、まつろわぬ野蛮な者どもの棲み家として語られるということを前に紹介した(二九頁参照)。ところがもう一つ、身の危険を感じて逃げ延びた高貴な少年が隠れ棲んだという洞窟があることに気づいた。播磨国(兵庫県南部)を舞台にした話である。

於奚《おけ》・袁奚《をけ》の天皇たちが、位に就く以前この土《くに》にいましたわけというのは、ふたりの父である市辺《いちのへ》の天皇命《すめらみこと》が、近江国の摧綿野《くたわたの》で殺されなさった時に、日下部連意美《くさかべのむらじおみ》をお連れになって逃れ来て、この村の石室《いわむろ》にお隠れになった。そののちに、意美は、自らが重罪を犯していることに気づき、乗ってきた馬らは足の筋《すじ》を切断して追い放ち、桉《くら》などの持ち物はことごとく焼き捨てるとすぐに、自らは首を括って死んだ。そこで、遺された二人の御子たちは、あちらこちらに身を寄せ、東に西に迷い歩いたすえに、志深《しじみ》の村首《むらおさ》である伊等尾《いとみ》の家に使われなさった。

(播磨国風土記美嚢《みなぎ》郡志深里)

(於奚・袁奚天皇等、所以坐於此土者、汝父市辺天皇命、所殺於近江国摧綿野之時、率日下部連意美而逃来、隠於惟村石室。然後、意美、自知重罪、乗馬等切断其筋、逐放之、亦持物桉等尽焼廃之即、経死之。爾、二人子等、隠於彼此迷、於東西仍、志深村首伊等尾之家所役也）

高貴な血を引く兄弟オケとヲケが身をやつして落ちのび、臥薪嘗胆《がしんしょうたん》ののちに都に凱旋《がいせん》して天皇になる、苦難と栄光の物語である。二人の父をここでは「市辺の天皇命」とするが、古事記や日本書紀では即位したとは記さない。時代は五世紀後半、アナホ（穴穂命、第二〇代安康天皇）が后の連れ子であるマヨワ（目弱王）に殺され、そのマヨワとマヨワを匿った葛城氏は、アナホの弟オホハツセワカタケル（大長谷若建命、のちの雄略天皇）に殺される。そして、次の天皇が決まる前、第一七代天皇オホエノイザホワケ（大江之伊邪本和気命、履中天皇）の御子イチノヘノオシハ（市辺忍歯王）は、オホハツセワカタケルの謀略にかかって惨殺されてしまった。

古事記によれば、オホハツセワカタケルが、対抗馬であったイチノヘノオシハを「淡海《おうみ》の久多綿《くたわた》の蚊屋野《かやの》」に狩りに誘い出して射殺し、その死体を斬り刻んで飼い葉桶に入れて埋めてしまったとある。そのために身の危険を感じたイチノヘノオシハの二人の子オケ・ヲケは、家を出て西へと逃げる。風土記に伝えられているのはその場面であるが、古事記には日下部連意美という臣下は出てこず、山代《やましろ》の苅羽井《かりはい》というところで、食べていた携帯食「御粮《みかれひ》」を猪甘《いかい》の老人に奪われるなどの苦難を経て、「玖須婆《くすば》の河を逃げ渡りて、針間《はりま》国に至り、その国の人、名は志自牟《しじむ》の家に入りて、身をお隠しになり、馬甘牛甘《うまかひうしかひ》に役《つか》われなさった」と語られる。ところが風土記は、忠臣とともに逃げた兄弟が、石室に隠れ棲むなどして追手から逃れるさまを具体的に語っているのである。

意美が「自らが重罪を犯していることに気づき」というのは、王権に仕える者として板挟みになった苦衷《くちゅう》を語ろうとしているように読める。まさに忠臣であり、悩んだ末に御子の逃亡を助けるという筋書きである。そして、逃げる兄弟の痕跡を消そうとして自らの命を断ってしまうのである。馬の筋を切って放したというのも、たとえ追手に馬を発見されたとしても、それを利用して兄弟を追ったり探したりできないようにしたのだろう。そうした犠牲ののちに、遺された二人の貴種は身をやつし、志深の村長、イトミの使用人として生活することになる。

志深村のイトミと、古事記にある針間国のシジムとは同一人物とみなしてよいはずだが、こうした違いが生じるのは、二つの書物の背後に音声による語りが介在していたからである。音声の世界では、新旧や正否は問題にならず、いくつもの伝えが併存する。事実、日本書紀にも伝えはあって、父イチノヘノオシハ(市辺押磐皇子)の殺害は雄略即位前紀条に、オケ・ヲケの逃亡生活については顕宗《けんぞう》即位前紀条に載せられている。それらによれば、二人の兄弟は、父イチノヘノオシハの帳内《とねり》であった日下部連使主《おみ》とその子吾田彦《あたひこ》に連れられて丹波《たには》国を経て播磨国へと逃げる。途中、誅伐されるのを恐れたオミは「縮見《しじみ》山の石室《いわや》」で首を括り、兄弟は「丹波少子《たにはのわらわ》」と名を変えて、縮見屯倉《しじみのみやけ》首《おびと》の職にあった忍海部造細目《おしぬみべのみやつこほそめ》の邸に仕えることになる。その際、アタヒコは最後まで臣下として従ったと伝えている。

播磨国風土記は撰録命令が出た和銅六(七一三)年から二、三年後には完成していたと考えてよいが(三浦『風土記の世界』四八頁)、その時、日本書紀はまだ編まれていなかった。したがって、播磨国風土記に載せられた都の貴種の物語は、国家の正史・日本書紀を参照して記述されているわけではない。逆に、「日本書」地理志を編むための材料として差し出された「解《げ》」（朝廷への報告文書）である播磨国風土記の記事が、「日本書」紀の編纂に際して参照されたという可能性は否定できない。そのことを考えるために、この伝承に登場する人物の名を簡略な表にしてみた。そこからわかることは、この話の核となる兄弟の名は三書ともに異同はないが、その他の部分をみると、風土記と日本書紀には近似性があり、古事記は他の二書とは離れている上に固有名詞の語り方が、かなりあいまいになっていることである。

	主人公の名	臣下の名	隠れ棲む家
風土記	オケ・ヲケ	日下部連オミ	志深村の首イトミ
古事記	オケ・ヲケ	（登場しない）	針間国人シジム
日本書紀	オケ・ヲケ	日下部連オミと子アタヒコ	忍海部造ホソメ（屯倉の首）

たとえば兄弟が隠れ棲む家について、古事記には、針間国の人「名は志《し》自《じ》牟《む》の家」とあるのみで、それがいかなる人物かを判断することはできない。一方、風土記には「志深の村首である伊等尾の家」とあり、律令制における行政村でいえば美嚢郡志深里の里長に任命されるであろう家だということが示される。それが日本書紀になると、ヤマト王権によって設置された縮見屯倉の「首」を拝命し、忍海部造という氏姓を与えられた家とされることで、兄弟が隠れ棲んだのは王権と近しい関係にある人物のもとであったことが明らかになるのである。

そこから言えば、二人の兄弟は身をやつして扱《こ》き使われているというよりも、匿われているとでも言えそうな境遇にあったのではないかと思わせる。それに対して古事記の伝承は、お話の世界では定番として語られる「馬甘牛甘」という下層の労働に従事して隠れ棲むことを強調し、苦難の物語を盛り上げている。たとえば、古事記では逃れた場所は針間国としか語られておらず、風土記の志深村とおなじ土地だということは、シジムという人名によって想像するしかなくなっているが、これは、伝承が王権とは離れて民間のなかで語られ、流れ動いていた可能性を裏付けているように読める。一方、日本書紀や播磨国風土記の伝承では、王権内部の権力簒奪の争いという範囲を出ていない。

王権が血族継承の危機に陥ったところに、まさにシンデレラ・ボーイの兄弟が登場してその危機を救うという物語をもっとも詳細に伝えるのは、当然のこととして正史・日本書紀だが、その日本書紀の記述はどのように組み立てられていったものか、具体的な道筋は確かめようがない。しかしその一端は、先に成立していた風土記の伝承との照合によって見いだせる。日下部連という兄弟につき従う臣下や屯倉とその管理者など、兄弟の周辺にいる人物は、いずれも王権と地方とをつなぐ存在であり、そこから考えても、日本書紀と風土記との二つが一方通行のかたちで存したわけではないということを窺わせる。ましてや、漢籍を借りて創ったというわけでもない。

中央の伝承が地方に流れただけではないし、地方の伝承が拾いあげられたというだけでもないということである。それに対して古事記の場合は、その両者からは少し距離をとっているような印象を受ける。かといって、まったく切れているとは考えられない。つながりながら一定の距離を置いて離れたところを巡っているとでも言えそうな、微妙な距離感をもって貴種の苦難が描かれている。

志染の石室（兵庫県三木市）

それは、おそらく介在する伝承者の違いに起因するのではないかと思う。

この物語は、隠れ棲んでいた二人が、偶然の機会、新築の宴において身分を明かすことで都へと凱旋し、弟ヲケ（第二三代顕宗天皇）が先に、その後を継いで兄オケ（第二四代仁賢《にんけん》天皇）が即位するという栄光が語られる。その場面に関しても、三つの伝承は近づいたり離れたりしながら個別の物語を紡いでゆく。その具体的な内容については、直接本文にあたるとともに、拙稿「オケとヲケ」をお読みいただきたい。

最後に、風土記の記事に描かれている石室について。この伝承の舞台になっている志深里は、「現三木市志《し》深町吉田《じみちょうよしだ》以東、現神戸市北区淡河《おうご》町地区にわたる志深川とその上流淡河川の流域」（『兵庫県の地名Ⅱ』八五頁、現在の地名表示は志染町・志染川）で、志染の石室と伝えられる場所も存在する（志染町窟屋）。しかし、今そこは湧き水が溜まった天井の低い岩穴で（地元ではひかり藻の繁殖地として知られている）、とても少年たちが隠れ棲めるような場所ではない（写真参照）。また、日本書紀にいう「縮見山の石室」が、風土記に出てくる石室

久米の石室（和歌山県日高郡美浜町）

と同じところかどうかは不明で、場所を特定することはできない。ただ、故あって逃げる貴種の物語には、石室（洞窟）での隠棲がお決まりの語り口であったということは指摘できそうだ。

万葉集に、「博通《はくつう》法師の紀《き》伊国に往きて、三穂《みほ》の石室《いはや》を見て作れる歌三首」と題する歌がある。

はだ薄《すすき》久米《くめ》の若子《わくご》がいましける三穂《みほ》の石室《いはや》は見
れど飽《あ》かぬかも
常磐《ときは》なる石室《いはや》は今もありけれど住みける人そ常《つね》
なかりける
石室戸《いはやど》に立てる松の樹《き》汝《な》を見れば昔の人を相《あひ》見
るごとし
（巻三、三〇七〜三〇九番）

どのような事情があったかはわからないが、その昔、久米の若子という少年が石室に隠れ棲んでいた。その三穂の石室は、和歌山県日高郡美浜町三尾《みお》の海岸に空いた海蝕洞穴のこととされており、土地の人は「クメのイワヤ」と呼んでいる（写真参照）。そして興味深いことには、日本書紀が、オケ・

ヲケ兄弟の弟ヲケに関して、顕宗紀の冒頭部分に、「更《また》の名は来目稚子《くめのわくご》」という伝えを割注で載せているのである。三穂の石室にいた久米の若子と志深村の石室に隠れていたという来目稚子(ヲケ)が同一人物かどうかは別にして、クメのワクゴと呼ばれる少年が石室に隠れるという物語は、広く語られていたらしい。そして、そこに久米部という集団の伝える流竄《りゅうざん》する若子の語りを想定したのは中西進であった(『古事記を読む4　河内王家の伝承』一九七頁以下)。

オケ・ヲケ兄弟はめでたく都に凱旋するが、万葉集に歌われた久米の若子はどのような物語を伝えていたものか。なぜか悲劇的な末路を思い浮かべてしまうのは、折口信夫の名付けた貴種流離にしろ、柳田国男のいう流され王にしろ、そこで語られる物語には、輝かしき栄光に向かうための放浪や漂泊は似合わないと思ってしまうからである。語りとはそういうものではなかろうか。

風土記の天皇たち

父を殺された兄弟が身の危険を感じて逃げ延び、隠れ棲んだのちに都に凱旋して天皇になるという、前節で紹介した夢物語の主人公オケ・ヲケ兄弟は謙譲(互譲)の精神に溢れていた。古事記や日本書紀によれば、身分を明かす機会が訪れて宴で舞う際にも、即位の順序を決める際にも、二人は互いに譲り合ってみせる。オホハツセワカタケル(雄略天皇)が何人もの競争相手を惨殺したあとだけに、儒教的な徳目としての謙譲は意味があったのだろう。

ただしオケ・ヲケの前にも、オホサザキ(大雀命/大鷦鷯尊)とウヂノワキイラツコ(宇遅能和紀郎子/菟道稚郎子)の兄弟が天皇の位を譲り合うという逸話があり、謙譲は必ずしもオケ・ヲケ兄弟の専売ではない。ところが播磨国風土記は、この兄弟に譲り合いは欠かせないと考えたか、婚姻譚のなかに謙譲の美徳を取り込み、そのために伝承は、いささか奇妙な方向へと展開してしまう。

玉野という村がある。その名の由来は、意奚《おけ》と袁奚《をけ》の二《ふた》はしらの皇子たちが、美囊《みなぎ》郡の志深《しじみ》の里の高野の宮にいまして、山部《やまべ》の小楯《をたて》を遣わし、国造《くにのみやつこ》の許麻《こま》の女《むすめ》、根日女命《ねひめのみこと》に求婚なさった。そこで根日女は、すぐに求婚を承諾した。その時、二はしらの皇子は、おたがいに辞退して結婚しようとしなかった。そのまま日が過ぎて、根日女は年老いて亡くなってしまった。それで皇子たちは大いに哀しび、すぐさま小立《をたて》（小楯）を遣わして仰せになることには、「朝日も夕日も隠れないところに墓を造ってその骨を埋葬し、玉で墓を飾ろう」と。ゆえに、この墓にちなんで玉丘《たまおか》と号け、村を玉野と号けたのである。

（播磨国風土記賀毛《かも》郡）

（有玉野村。所以者、意奚袁奚二皇子等、坐於美嚢郡志深里高野宮、遣山部小楯誂国造許麻之女、根日女命。於是根日女、已依命訖。爾時、二皇子、相辞不娶。至于日間、根日女老長逝。于時皇子等大哀、即遣小立勅云、朝日夕日不隠之地造墓蔵其骨、以玉餝墓。故、縁此墓号玉丘、其村号玉野）

語られているのは艱難辛苦《かんなんしんく》の末に貴種であることが判明したあとの出来事で、ここにも出てくる山部連小楯という役人が、急ぎ上京して発見した兄弟のことを報告したと語られており（古事記や日本書紀にも急ぎの使いを派遣したとある）、兄弟が都に上る前には幾ばくかの時間があったらしい。ゆえに土地の豪族のむすめに求婚することはあっていい。しかし、使者を遣わして求婚しておきながら、相手も喜んで承諾したというのに「おたがいに辞退して結婚しようとしなかった（相辞不娶）」というのはいかがなものか。

この「相辞」という表現は、たんに断ったというのではなく兄弟で譲り合ったということを語ろうとしているはずだ。そして、この兄弟の美徳はそこにあるのだが、それにしてもネヒメだけが老いさらばえて死ぬというのは腑に落ちない。ここの原文「至于日間」には疑義があり、訓も一定しないが（「日を逕《ふ》る間に（逕干日間）」とか「日《ひ》間《かず》に至《な》りぬ（至日間）」など）、話の理解にはあまり支障はないと思うので、話題を先に進める。

こうした不老の天皇と老いる女という関係は、よく知られた例としては、オホハツセワカタケルが三輪川のほとりで出会った「アカヰの子（赤猪子）」に求婚し、待つように言っておきながら八〇年も放置したために、アカヰの子は老婆になってしまうという笑話的な逸話が、古事記に語られているのを思い出す。そこでも天皇のほうは若いままで老いていないのだが、おそらく、天皇の身体は老いないという観念（「神聖」観とでも言おうか）があったのかもしれない。それゆえに、老いたアカヰの子の申し出を聴いたオホハツセは情だけは通わせ、兄弟も老いて死んだ女に慈悲をたれて立派な墓を造り、その死を悼むのである。

そもそも、風土記には天皇の求婚譚はあまり多くない。天皇の巡行や遠征を語る話はたくさん伝えられているので、土地の女に求婚する話も多いだろうと予想していたが、調べてみると、この話のほかには、あと一例が見いだせるだけである。それは、オホタラシヒコ（大帯日子命、景行《けいこう》天皇）による印南《いなみ》の別嬢《わきいらつめ》求婚譚である（播磨国風土記印南郡）。このワキイラツメが、「針間《はりま》の伊那毘能《いなびの》大郎女《おほいらつめ》」（古事記、日本書紀は「播磨の稲日大郎姫《いなびのおほいらつめ》」）と同一人物だとすれば、ヤマトタケルを生んだオホタラシヒコの后だということになる。ところが、播磨国風土記では、ワキイラツメは、都から訪れたオホタラシヒコの求婚を拒んで逃げ隠れ、結ばれたのちも播磨の地で暮らし、当地で没したと伝えている。

なぜそのような違いが生じてしまうのか。また、播磨国風土記に限らず風土記にはなぜ天皇の求婚譚がほとんど語られないのか。立ち止まって考えてみると、たいそう興味深いテーマではないかという気がする。しかし、そこへ論を展開するには考えを整理する時間が足りない。そこで婚姻譚は次節に持ち越すことにして、以下、風土記に出てくる天皇についてさらっておきたい。

風土記を読んだことがある者には、それぞれの風土記にはある何人かの天皇が出てきて、国によって出てくる天皇に違いがあるというのは自明のことである。しかし、それを文章で記述するとなると、とても面倒な感じがして扱うのをためらっていたが、一覧表にすれば一目瞭然だと気づいて数えてみた。ただし、話の単位をどのように認定するかという点で揺れが生じるので、示した数値は絶対的なものではない。また数え間違いもあろうし、本文の異同もないわけではない。したがって、ここに掲げた表に示したのは、おおよその数量だと考えてほしい。それでもだいたいの傾向はつかめるはずである。なお、表中の「巡行等」という項目は、巡行や遠征などを目的として天皇が各地を巡った際の、その行動や発言を地名の謂われとして語る、いわゆる地名起源譚と呼ばれる伝承群である。それとは別にもう一つ、「○○天皇のみ世に、……」というふうに、天皇の在位を時代の指標として用いた例がある。その分布は表中の項目「〜代」に示した。地方の国々にとって、それぞれの天皇が時代を認識する存在としてあるのは、ヤマトの秩序に組み込まれることで時間が刻まれることになったからである。

その上で表を眺めると、いろいろなことに気づかされる。

想像していた通り、天皇が登場する回数は播磨国風土記が他を圧して多く、そのなかでもホムダ（品太）天皇（応神天皇のこと）が半数以上を占めている。また、「纏向《まきむく》の檜《ひ》代《しろ》の宮に御宇《あめのしたしろしめ》しし天皇」

風土記に登場する天皇(準天皇)

1. 便宜的に漢風諡号《しごう》を用いた.「準天皇」とは古事記・日本書紀で天皇とは認めていない人物(＊印).
2. 「～代」は,「～天皇の世」「～天皇の時」など時代の表示として用いた事例.
3. カッコに入れた数字例は,「勅」とのみあって現地には出向いていない事例.
4. いずれの数字も数え方によって変動するので,絶対的なものではない.

天皇／準天皇	出雲国		常陸国		播磨国		豊後国		肥前国		計
	巡行等	～代	巡行等	～代	巡行等	～代	巡行等	～代	巡行等	～代	
崇神				6						1	7
垂仁				1							1
景行	(1)		2		6	2	14		22		47
＊倭武天皇			13	1							14
＊日本武尊									3		3
成務				1		1					2
仲哀					2						2
＊息長(天皇)				1	1						2
＊息長(皇后)					4	3			4		11
息長～応神				1							1
応神					36	10				1	47
＊宇治天皇						1					1
仁徳					1	5					6
履中					1						1
＊市辺天皇					1	1					2
雄略						1					1
意祁・袁祁					2						2
継体				1							1
安閑						1					1
宣化										1	1
欽明		2				2	1				5
推古									1		1
斉明						1					1
孝徳				6	(1)	2					9
天智				1		1					2
天武		1		2			1				4
計	0(1)	3	15	21	55(1)	31	16	0	30	3	175

とか「大帯日子天皇《おほたらしひこ》」と呼称される景行天皇は、唯一、五つの風土記のいずれにも登場する。それだけこの天皇の認知度が高いのには、何か理由があるはずだ。ただし、出雲国風土記のオホタラシヒコは「健部《たけるべ》」設置の勅を発した天皇として名が出てくるに過ぎず、出雲に出かけたわけではない。また、出雲国風土記にみえる他の天皇の三例は時代を示す指標として用いられており、この風土記だけは天皇の巡行が一つも語られていない。

出雲国風土記が天皇を登場させない理由も、播磨国風土記がこれだけ多くの天皇にかかわる伝承を伝える理由も、中央と地方との関係性を考えれば理解できよう。たとえば、中央の歴史では夭逝《ようせつ》するヤマトタケルが、常陸国風土記では各地を巡行する「倭武天皇《やまとたける》」として語られる。それは、中央の歴史が確定する以前、天皇の継承に関する伝えは流動的なかたちで存したことを窺わせるのである(三浦『風土記の世界』九四頁)。

その証拠に、中央の伝えと風土記の伝えとで天皇の継承に違いがある例はヤマトタケル以外にもあり、オキナガタラシヒメは、常陸国風土記筑波郡(「息長帯比売天皇の朝《みかど》」)や播磨国風土記讃容《さよ》郡(息長帯日売命をさして「天皇」と呼ぶ)では天皇と認識され、オケ・ヲケの父イチノヘノオシハも播磨国風土記美嚢郡では「市辺《いちのへ》の天皇命《すめらみこと》」と呼ばれている。一例しか出てこない「宇治天皇」(播磨国風土記揖保郡)は、ホムダワケ(応神天皇)の子で夭逝したウヂノワキイラツコをさす。そしてこれらの人物はいずれも、天皇であったか否かに関して揺れの生じそうな立場に置かれていたことを、古事記や日本書紀の伝承から想像できるというのはなかなか興味深いところだ。

また、もっとも時代を遡った天皇が、「美麻貴《みまき》天皇」(常陸国風土記新治郡など)と呼ばれるミマキイリヒコ（崇神《すじん》天皇）だというのは、初代天皇について考える時、示唆的ではないか。加えて、下限が「飛鳥浄御原《あすかきよみはら》の大宮に臨軒《あめのしたしろ》しめしし天皇」（天武天皇、常陸国風土記行方《なめかた》郡）であるという点については、歴史書編纂への関与という面から説明できそうである。

一般的にはあまり知名度のない「難波の長柄《ながら》の豊前《とよさき》の大宮に臨軒しめしし天皇」（孝徳天皇）がいくどか出てくるのは（常陸国風土記総記・行方郡など）、この天皇が「乙巳《いっし》の変」ののちに即位した天皇だからである。それが傀儡であろうとなかろうと、当時の歴史認識としては、新しい文化や制度をもたらした時代（まさに大化の改新）を象徴する天皇として、孝徳は認知されていたということだ。

【添書き】『風土記の世界』（二〇一六年、第一刷）では、「出雲国風土記は天皇の登場する伝承を一つも伝えていない」と述べたが（四五頁）、さきほど紹介したように、「健部」設置を命じた記事が一例ある。また、天皇の在位によって時代を示す事例として、旧著では「飛鳥浄御原の宮に御宇《あめのしたしろ》しめしし天皇の御世」だけを掲げたが、意宇郡舎人《とねり》郷と神門《かんど》郡日置《ひおき》郷に、「志貴（紀）島の宮に御宇しめしし天皇の御世」（欽明天皇の時代）が一例ずつ存することを補足して正確を期したい。いずれにしても、出雲国風土記だけが天皇の巡行記事をもたないというのは興味深いところである。

拒む女

現存する五か国の風土記には天皇の求婚譚が二つ語られており、そのどちらもが結婚は成立していないように読める。前節で紹介したオケ・ヲケ兄弟の場合は、求婚しながら譲り合っているうちに相手のネヒメが老いて死んでしまうという奇妙な話だった。そしてもう一つの求婚譚は、オホタラシヒコ（大帯日子命、景行天皇）が印南《いなみ》のワキイラツメ（別嬢）を求めて播磨国に出かけるという話だ。

播磨国風土記は冒頭部分が欠落しているほか、途中にも脱落が認められ、ここで取りあげるワキイラツメの求婚にかかわる伝承に関しても、その全体が賀古《かこ》郡に属すか（全集本風土記）、賀古郡と印南郡とにまたがって伝えられた伝承とみるか（大系本風土記）、本文校訂のしかたによって見解が分かれる。印南郡の建郡が播磨国風土記の撰録以前か以後かという点にもかかわるのだが、ひとまずここでは、井上通泰『播磨国風土記新考』（六三頁）以来の通説に従って、印南郡の存在を認めた上でワキイラツメの伝承を紹介する。舞台は、加古川を挟んだ兵庫県加古川市から高砂市にわたる地域である。賀古郡の伝えは比礼《ひれ》墓（褶墓《ひれ》）の由来として語られている（長い話なので、途中、要約したり省略したりしたところがいくつかある）。

①〔昔、オホタラシヒコが、印南の別嬢《わきいらつめ》を妻にしようとして、きらびやかに装い、賀毛郡の山直《やまのあたい》らの始祖である息長命《おきながのみこと》（別名、伊志治《いしぢ》）を仲立ちとして出かけた。〕ついに赤石《あかし》郡断《かしわで》の御《み》井《い》に到り、食事を奉った。それで断の御井という。その時、到来を聞いた印南の別嬢が驚き畏れ、すぐさま南毘都麻島《なびつましま》に逃げ渡った。すると天皇は、すぐに賀古の松原に行って探し求めた。その折、白き犬が海に向かって長く吠えた。そこで天皇が問うて、「これは誰の犬ぞ」というと、須受武良首《すずむらのおびと》が答えて、「これは別嬢が養《か》っている犬です」と言った。天皇は、「よく教えた」と仰せになった。それで、告首《つげのおびと》と号けた。そこで天皇は、この小島に別嬢がいることを知り、すぐに渡ろうと思った。（以下、地名起源譚など省略）ついに渡って逢うことができたので、「この島に隠《な》びたる愛妻《はしづま》よ」と仰せになった。そこで、南毘都麻と号けたのである。

（遂到赤石郡断御井、供進御食。故曰断御井。爾時、印南別嬢聞而驚畏之、即遁度於南毘都麻嶋。於是天皇、乃到賀古松原而覓訪之。於是、白犬向海長吠。天皇問云、是誰犬乎、須受武良首対曰、是別嬢所養之犬也。天皇勅云、好告哉。故号告首。乃天皇、知在於此少嶋、即欲度。（略）遂度相遇、勅云此嶋隠愛妻。仍号、南毘都麻）

②ここに、御舟と別嬢の舟といっしょに編合《むや》いて渡り、楫杪《かじとり》の伊志治《いしぢ》に、その名を大中の伊志治と号けなさった。天皇は印南の六継《むつぎ》村にもどってはじめて密事《むつびごと》をなさった。（以下、遷宮や地名起源譚など省略）また、城《き》を宮田村に遷し、そこではじめて昏《みあい》をなさった。（略）

（於是、御舟与別嬢舟同編合而度、楫杪伊志治、爾名号大中伊志治。還到印南六継村始成密事。（略）又、遷於城宮田村、仍始成昏也）

③年を経て、別嬢は、この宮でお亡くなりになった。すぐさま墓を日岡に作って葬った。その尸《かばね》を捧げて印南川（加古川のこと）を渡った時、激しい突風が川下から襲ってきて、その尸を川の中に引き込んでしまった。探したけれども見つからず、ただ匣《くしげ》（化粧箱）と褶《ひれ》（首にかける布）だけが見つかった。そこで、この二つの品を墓に葬った。ゆえに、褶墓と号けた。

（有年、別嬢、薨於此宮。即作墓於日岡而葬之。挙其尸度印南川之時、大飄自川下来、纏入其尸於川中。求而不得、但得匣与褶。即、以此二物葬於其墓。故、号褶墓）

あちこち省略した話をわかりやすく要約すると、およそ次のようになる。

①ヤマトから天皇が求婚に来たのを知ったワキイラツメは、南毘都麻島に逃げる。島に向かって吠える犬と犬養の告知によりワキイラツメの在り処を知った天皇は、島に渡って女に会い、喜んで「隠《な》びたる愛妻《はしづま》」と言ったので、島を南毘都麻島と呼ぶようになった。
②二つの舟を繋いで島からもどり、六継村で「密事」を果たす。宮田村で初めて結ばれたとも。
③年を経て、ワキイラツメが亡くなり墓を日岡に作った。棺を乗せて川を渡る時、突風で棺が川に巻き込まれ、遺体は見つからず匣と褶とを得て墓に納めた。それで褶墓という。

第一段では、天皇の求婚とそれを拒んで逃げる女性が語られる。この話には類話があり「隠《な》び妻」伝承と呼ばれ、民間における婚姻習俗とつなげて論じられることも多い（飯泉《いいいづみ》健司『播磨国風土記神話の研究』二九五頁以下)。同様に求婚を拒んで逃げる話は古事記や日本書紀にもあって、求婚する天皇や神を拒んで逃げ隠れる。おそらくこれもそうした類型の一つだったに違いないが、重要なことは、この伝承がナビツマという島の名から連想されていることである。

ナビ(ナブ)という音から連想されるのは、隠れるとか籠もるという意の「なぶ」であり、一方で、断る・辞退するという意の「いなぶ」である。このイナブ・ナブの語は、おそらくイナミ(印南)という地名と響き合っている。ちなみに、イナミのミとイナブ(イナビ)のブ(ビ)は交替する音(m音とb音)であり、音韻的にみてもほとんど区別のできない音である。それゆえに、地名イナミシマ(印南島)あるいはイナミツシマ(印南つ島)から「いな(辞)び妻」や「な(隠)び妻」の話を容易に引き出してくる。これは、音声によることばがもっとも得意とするところの連想であり、ごく自然なことば遊びであった。

そして、この逃げ隠れる女の伝承は、播磨国風土記の印南郡条(全集本風土記では賀古郡条の末尾)にも載せられており、次のように語られている。

郡の南の海中《わたなか》に小島がある。名を南毘都麻という。志我《しが》の高穴穂《たかあなほ》の宮で天下を支配なさった天皇(成務《せいむ》天皇)の時代、丸部臣《わにべのおみ》らの始祖である比古汝茅《ひこなむち》を遣わして、国の堺を定めさせた。その時、吉備比古《きびつひこ》と吉備比売《きびつひめ》の二人が遣いを迎えた。そこで、比古汝茅が吉備比売を娶って生んだ子が印南の別嬢《わきいらつめ》である。

この女の姿形のきらぎらしさは、並外れていた。その時、大帯日古《おほたらしひこ》天皇(景行天皇)が、この女を妻にしたいと思って、都からお下りになった。別嬢はそれを聞いて、すぐさまあの島に遁げ渡り隠れていた。ゆえに、南毘都麻という。

（郡南海中有小嶋。名曰南毘都麻。志我高穴穂宮御宇天皇御世、遣丸部臣等始祖比古汝茅、令定国堺。爾時、吉備比古吉備比売二人参迎。於是、比古汝茅娶帯吉備比売生児印南別嬢。此女端正、秀於当時。爾時、大帯日古天皇、欲娶此女、下幸行之。別嬢聞之、即遁度件嶋隠居之。故、曰南毘都麻）

どちらも求婚を拒んでナビツマ島に逃げるという伝承だが、こちらには、その前段にワキイラツメの出自が語られている。それによれば、ワカタラシヒコ（成務天皇）の時代に、都から来たヒコナムヂが土地の豪族のむすめキビツヒメと結婚して生まれた子が、ワキイラツメだという。とすると、これはずいぶん矛盾した話だということになる。ワカタラシヒコはオホタラシヒコ（景行天皇）の子であるのに、この伝承では世代が逆転しているからだ。ここは、オホタラシヒコの父イクメイリビコ（垂仁《すいにん》天皇）の時代とでもすべきだが、逆転した事情は定かではない。語られる伝承の歴史認識とはそうしたものとみるのがよいのだろう。ことに民間伝承においては、都の権力者の継承順位などどうでもいい情報に属しているのだから。

②だが、見つけたワキイラツメを連れて島からもどると（二つの舟を「編合い」という状態がどのようなさまをいうかについては次章「舟と道」で取りあげる）、六継村で結婚したとあり、結局オホタラシヒコはワキイラツメを后にしたのである。ムツギはムツミ（睦む）という語を連想させ、それがこうし

た地名起源譚を生じさせたのだろうが（「密事＝むつびごと」は「睦びごと」でもある）、宮田村でも二人の結婚を伝えるなど、オホタラシヒコとワキイラツメの婚姻譚は、拒む伝承とセットになったかたちで語られている。隠び妻伝承の類型には、いったん拒んだのちに首尾よく結婚するという話もあり、これもその一つだとは言える。しかし、そうであるならば、隠れ拒んだのちに結ばれたワキイラツメが、都に上ったと語られないのはなぜか。

続く③で語られるのは、ワキイラツメの唐突な死である。③の冒頭には「年を経て（原文は「有年」）」とあり、風土記には描かれていないが、ワキイラツメはオホタラシヒコとともに都に上り、そこで后としての生活を送ったのちに、没後、故郷にもどって葬られたというような理解も可能ではある。しかし、③で語られるのは亡骸《なきがら》の喪失であり、見つからない遺体に代えて「匣と褶」を墓に納めたという伝えである。それが墓の名「褶墓」の由来だという。

思い出すのは、古事記の伝承で、ヤマトタケル（倭建命）の妃オトタチバナヒメ（弟橘比売）が走水《はしりみず》で入水《じゅすい》し、対岸に流れ着いた櫛を墓に納めたという類話である。それは、荒れた海を鎮めるために自らを海峡の神に捧げたオトタチバナヒメの犠牲的な精神を讃える話になっているが、ワキイラツメの遺体が川に巻き込まれて喪失したという話には、犠牲的な入水といった印象はまったくない。

全体の話の流れに沿って読む限り、求婚を拒んで入水したというほうが受け入れやすいと感じてしまう。浮舟やオフィーリアを出すのはいかがかと思うが、男女関係のもつれによって死を選ぶ女性の最期は、入水によってこそ完結するというのが文学の世界の類型であるのはよく知られている。天皇（イクメイリビコ、垂仁天皇）に結婚を拒まれて里に送り返されたマトノヒメ（円野比売）の最期も、入水であった（古事記、日本書紀は竹野《たかの》媛《ひめ》）。

この水に入る印南のワキイラツメとどこまでつながっているのか、古事記や日本書紀に名が見え、ヤマトタケルの生母と伝えられる女性との関係には大きな謎が秘められている。

大帯日子《おほたらしひこ》淤《お》斯《し》呂《ろ》和《わ》気《け》天皇（景行天皇）、纏向《まきむく》の日代《ひしろの》宮に坐《ま》しまして、天の下治《し》らしめしき。この天皇、吉備臣《きびのおみ》らの祖、若建《わかたけ》吉《き》備《び》津《つ》日《ひ》子《こ》の女《むすめ》、名は針間《はりま》之《の》伊《い》那《な》毘《び》能《の》大郎女《おほいらつめ》を娶《めと》して、生みませる御子、（略）次に大碓《おほうす》命。次に小《を》碓《うす》命、亦の名は倭男具《やまとをぐ》那《な》命。（略）［五柱］　（古事記、中巻）

播磨の稲日大郎姫《いなびのおほいらつめ》［一《ある》に云はく、稲日稚郎姫《いなびのわきいらつめ》といふ］を立てて皇后《きさき》とす。后《きさき》、二《ふた》はしらの男《ひこみこ》を生《あ》れます。第一をば大碓皇子《おほうすのみこ》と曰《まう》す。第二をば小碓尊《をうすのみこと》と曰す。　（日本書紀、景行二年三月）

古事記でヤマトタケル（倭建命、小碓命の別名）を生むイナビノオホイラツメは、播磨国風土記で求婚される印南のワキイラツメとはおそらく別人であろう（あるいは姉と妹という関係か）。それが日本書紀では、イナビノオホイラツメは、別の伝えではイナビノワキイラツメとあって、両者を同一人物と伝えている。一方、播磨国風土記にいうヒコナムヂとキビツヒメとのあいだの子とするのと（本書、六〇頁参照）、古事記のワカタケキビツヒコの子とするのとでは、いささかの隔たりがあるようにみえる。ところが、古事記ではこのワカタケキビツヒコは孝霊天皇の子とされ（孝霊記には「若日子建吉備津日子命」とあるが、上の「日子」は混入であろう）、兄のオホキビツヒコ（大吉備津日子命）とともに吉備国に派遣され吉備国を治めたとあるので、播磨国風土記のヒコナムヂと古事記のワカタケキビツヒコとを同一人物とみなすことができれば、両方の伝えは重ねることもできるかもしれない。どうやら、古事記や日本書紀の伝えと、播磨国風土記の伝えとでは、どこかで捩れを生じて錯綜しているらしい。

中央に伝えられた伝承と地方の伝承とのあいだに見いだせる一致と不一致は、何をわれわれに伝えているか。この伝承に限らず、両者間の差異を安易に見逃すべきではない。違いがあるというところに大きな情報が秘められているかもしれないからである。

ここで取りあげた伝承では、天皇と結婚し天皇の子を生む女性に関する伝えと、天皇の求婚を拒んで逃げ隠れる(あるいは自死する)女性の伝承とが、きびすを接して存在しているのだということをわれわれは教えられる。そして、それこそが、風土記が遺されていることによって知りうる貴重な情報なのである。そのように言いながら明解を提示するのはむずかしいが、地方の女性に求婚する伝承が現存風土記には二つしか存在せず、しかもその二つともが成就しない求婚を伝えるというところに、地方の伝承がもつ大きなメッセージが隠されているのではないか。

大胆な物言いになるが、ヤマトの側から言えば、地方の女は貢がれる存在(采女《うねめ》など)であり、天皇自らが求婚する対象ではなかったのかもしれない。それを地方の側から言い換えれば、服属の証《あかし》としてむすめや妹は差し出される存在であり、求婚されて受諾するという、ある種対等な関係には置かれていなかったのではなかったか。それゆえに、天皇の求婚を拒もうとすれば、死以外にはなかった。しかもそれは、伝承のなかでだけ可能な意思表示だったのかもしれない。

渡し賃をとられた天皇

前節で取りあげたオホタラシヒコ（大帯日子命、景行天皇）の印南《いなみ》のワキイラツメ（別嬢）求婚譚には、冒頭に、求婚の途上、淀川を船で渡ろうとする場面が描かれている。

昔、大帯日子命《おほたらしひこのみこと》が、印南の別嬢に求婚なさった時のこと、お佩《は》きになっていた立派な剣《つるぎ》を腰に下げる上の紐には大きな勾玉《まがたま》を、下の紐には輝く鏡を掛けて、賀毛の郡の山直《やまのあたい》らの始祖である息長命《おきながのみこと》［またの名は伊志治《いしぢ》］を仲立ちとして、妻求めに下りいらっしゃった時、摂津《つ》の国の高瀬の済《わた》りにお着きになり、この河を渡ろうと請い願いなさった。そこにいた渡し守は紀伊《き》の国の人で、小玉《をたま》といったが、言うことには、「わたしは天皇の使用人などであろうか」と。すると天皇が仰せになって、「朕君《あぎ》よ、それはそうだがなんとか渡してくれないか」と。渡し守《もり》が応えて言うことには、「どうしても渡りたいのなら、渡り賃をお出しくだされ」と。そこですぐさま、道中の入り用として持っていた頭飾りの弟縵《おとかづら》を取って、舟の中に投げ入れなさると、辺りは縵の光に包まれて舟の中が輝いた。それで、渡し守は舟賃を得たと思い、すぐさまお渡しした。ゆえに、そこを「朕君《あぎ》の済り」というのである。

（播磨国風土記賀古郡）

（昔、大帯日子命、誂印南別嬢之時、御佩刀之八咫剣之上結爾八咫勾玉、下結爾麻布都鏡繋、賀毛郡山直等始祖息長命［一名伊志治］為媒而、誂下行之時、到摂津国高瀬之済、請欲度此河。度子紀伊国人、小玉、申曰、我為天皇贄人否。爾時勅云、朕公、雖然猶度。度子対曰、遂欲度者、宜賜度賃。於是即、取為道行儲之弟縵、投入舟中、則縵光明炳然満舟。度子得賃、乃度之。故、云朕君済）

播磨国風土記の伝えでありながら、ここに語られているのは摂津国での出来事である。こうした舞台の広がりからみると、ひとつの土地に定着して伝えられた話というよりは、いくつもの土地をつないで流れてゆく話のようにみえる。そしてそこには、巡り歩く伝承者集団を想定したほうがいいかもしれないと、見極めがつかないままに注記しておきたい。

このオホタラシヒコ（景行天皇）によるワキイラツメ求婚譚の発端は、人が集い留まり、そして離れてゆく大きな川の渡し場が舞台になっている。その「高瀬」についてみると、『大阪府の地名Ⅱ』によれば、「古代律令制下では茨田《まんだ》郡高瀬郷（略）。古くには淀川に臨む地であったと考えられ、近世にもこの辺りの淀川を高瀬川と称した（略）。当地は難波《なにわ》津や難波宮（跡地は現東区）と大和を結ぶ交通の要所であり、また淀川舟運の拠点として古くから開けた」（九〇四頁）という解説があり、そのあとに播磨国風土記の当該記事を紹介している。

ワキイラツメに求婚しようとして出かけたオホタラシヒコは、摂津国の高瀬の渡し場で河を渡ろうとして、渡し守に「渡り賃」を要求される。そこで道行きのために準備しておいた「弟縵」を舟の中に投げ入れると、その縵が光り輝く。何か呪的な力が発揮されたようにもみえるが、この弟縵には黄金あるいは金銅製の髪飾りでも付いていたのか、ただのつる草を束ねた冠だったのか。どちらかはわからないが、それはどちらでもかまわない。とにかく渡し守は、その贈与品(代金)を得てオホタラシヒコを対岸に渡したのであるから。

この話は、淀川の渡し場を「朕君の済り」と呼ぶことになった謂われを語っており、表向きには、「朕君よ、それはそうだがなんとか渡してくれないか(朕公、雖然猶度)」と、オホタラシヒコが呼びかけた「アギ」という二人称によって説明している。「あぎ(吾君/朕君)」とは、天皇が発したことばとしてはずいぶんへりくだった言い方だが、たんに二人称「アギ」とつなげているだけではなく、内容を考慮すれば、佐竹昭広の、「「商《あき》の渡り」という意味で、地名アギの起源説話を成している」(「起源説話の謎」)という見解は、おそらく動くまい。オホタラシヒコと渡し守とのあいだに商談《あきない》が成立したのである。アキとアギの清濁にこだわる人もいようが、音声による掛けことば的な説明は、上代特殊仮名遣いの甲乙を無視したり、隔たった音を訛りによってつなぐなど、自在なところがある。

佐竹昭広の説明を踏まえた上でわたしが興味をそそられるのは、風土記に多い語呂合わせや駄洒落《だじゃれ》による地名起源譚の語り方についてではなく(風土記の伝承を考える場合にはそれももちろん大事だが)、この伝承が「商い」という行為の根源的なあり方を教えてくれているように読めるところである。商いというのは、向こう側(異界)の品物をこちらに引き込む行為であるということができる。それはふつう、向こう側の品物とこちらの品物との交換というかたちで実現される。ここに語られている行為は、「贈与」という概念と重ねることができるはずである。

言うまでもないことだが、贈与というのは互酬性によって成り立つ行為である。それゆえに、行商人は異界から訪れる神でもあるわけだし、市《いち》は、二つの世界をつなぐ特別な空間とも認識されるのである。そして、津も渡しも市も、異空間をつなぐところは交易の場となり、アジールともなる。その中世におけるあり方を取りあげた網野善彦は、「無縁《むえん》」「公界《くがい》」「楽《らく》」と呼ばれるそれらの場所が、「主従関係、親族関係等々の世俗の縁と切れている」ところに特徴があるとして、「不入権」「地子《じし》・諸役免除」「自由通行権の保証」などについて論じている(『無縁・公界・楽』一一六頁以下)。

この網野の指摘や商い(互酬性)という行為を踏まえていえば、この伝承において、渡し賃を要求する渡し守がオホタラシヒコに対して、「わたしは天皇の使用人などであろうか(我為天皇贄人否)」と言い放っているところに、渡し場の性格が象徴化されているはずだ。そして、渡し場とはまさに「自由通行権」が保証された場所であったからこそ、渡し守はこのような態度に出ることができたのだということになる。

このようにみてくると、渡し守や商人というのは、王権の埒外に置かれた存在だったらしいと気づかされる。改めて言うのも気が引けるが、相手が化外《けがい》の民だからこそ、天皇は渡し守に対して「賃」(大系本風土記は「つぐのひ」と訓読する)を与えるのであり、それに対する渡し守の「つぐのひ」として河を渡ることができたのである。それは、起源譚からいえば「商い」であるとともに、互酬的な「贈与」そのものであった。

「賃」の訓読「つぐのひ」には異説もあるが（全集本風土記は「て」と訓む）、相手からもたらされた品物や行為に対して、与えられた側から差し出されるのは「つぐなひ（償）」でなければならなかった。それが互酬性を保証する。

律令制下になれば七道が整備され、橋のない多くの川には渡しが設置され船が常置される。たとえば出雲国風土記によれば、山陰道が出雲国府のところで「十字の街《ちまた》」になった、その「北に抂《まが》る道　北に四里二六〇歩《あし》で、郡の北の堺《さかい》となる朝酌《あさくみ》の渡《わたり》に至る［渡は八〇歩。渡り船が一つある］」（抂北道　去北四里二百六十歩、至郡北堺朝酌渡［渡八十歩渡船一］）（巻末記）と記され、官船一艘が設置されていることがわかる。これはもちろん官道（国道）である山陰道に置かれた官船であり、天皇（そして臣下である役人たちも）が「つぐのひ」を払う必要はまったくないが、播磨国風土記に載せられたオホタラシヒコの求婚譚は、官道が未整備な状態を反映しているということができるわけで、道や渡しに対する古層の観念が拾いあげられているのである。

もう一つ、この「高瀬の済り」での出来事で注目したいのは、渡し守（度子）が、「紀伊国人、小玉」と伝えられている点である。淀川の渡し場に紀伊国の船頭がおり、渡河権を掌握しているわけだが、なぜ紀伊国の人がここにおり、それが何を意味しているのか。解明の糸口をつかむのはむずかしいのだが、古代の海運や交易を考える上で、見逃すことのできない大きな鍵が隠されているのは間違いないと思う。

播磨国風土記のなかに紀伊国とかかわる記事を探すと、他には一つだけ、次のような伝承が見つかる。

大田の里　（略）昔、呉《くれ》の勝《すぐり》が韓国《からくに》から渡来し、はじめて紀伊国名草《なくさ》郡大田村に住みついた。その後そこから分れ来て、摂津国三《み》島賀美《しまかみ》郡大田村に移り住んだ。そこからまた、揖保郡大田村に遷り来た。それで、本の紀伊国大田を名にしているのである。（揖保郡）

（大田里　（略）昔、呉勝従韓国度来、始到於紀伊国名草郡大田村。其後分来、移到於摂津国三嶋賀美郡大田村。其又、遷来於揖保郡大田村。是、本紀伊国大田以為名也）

朝鮮半島から渡来したという「呉の勝」の勝は、人名ではなく、姓「村主《すぐり》」のことで、渡来系の服部《はとりべ》集団をさしていると考えられる。朝鮮半島から渡来して紀伊国名草郡大田（和歌山市太田の辺り）の地に居住したが、その一族が分かれて、摂津国三島賀美郡大田村（大阪府茨木市太田の辺り）に移り、それがまた分かれて播磨国揖保郡大田（兵庫県揖保郡太子町の辺り）に移ったという。

ぴたりと場所が一致するわけではないが、紀伊国と摂津国と播磨国との三国が、オホタラシヒコの求婚譚と大田の里の呉の勝の移住伝承とで重なっているのはおもしろい。むろん、この二つの伝承に直接的なつながりがあると言いたいわけではない。紀伊と摂津と播磨という三つの土地が大阪湾（難波の海）を通路としてつながっており、日常的な往来が行われていたというような背景を、これらの伝承が浮かび上がらせてくるところに興味をひかれるのである。

付記すれば、播磨国への渡来人の定住記事はほかにも播磨国風土記に散見され、考古学的な痕跡も多い（亀田修一「播磨の渡来人」）。また、先の伝承の淀川べりの「高瀬の済り」がある茨田の地は、生贄譚をともなう築堤伝承で知られた土地でもあるが（日本書紀の仁徳一一年一〇月条に記された堤を築く伝承や、「長柄の人柱」伝説など）、その辺りは古くから渡来系の人びとの居住地でもあった。

一方、小玉という人物だが、こちらはおそらく海民系の人であり、海運や操船にかかわっていたのは明らかだ。そして紀伊国における海や船といえば、思い浮かぶのは熊野水軍の存在である。「政治勢力として史上にみえるのは源平争乱のころから」だというが（『国史大辞典』「熊野水軍」松岡久人執筆）、古代からずっと紀伊半島から瀬戸内海にかけての制海権を掌握した一団が、のちに熊野水軍へと変貌する海民集団ではなかったか。だからこそ、瀬戸内海につながる海路の要所としての淀川の渡し場にいて、通りかかったオホタラシヒコに対してさえ、渡り賃を要求するというような力を持ちえたと考えると、この話は理解しやすい。

よく知られていることだが、紀伊半島は古くから船の産地としてあり、そこで作られた船は「真《ま》熊野《くまの》の船」と呼ばれて特別視されていた。そのさまは万葉集の歌から窺えることで、次に引くのは、「辛荷《からに》の島を過ぎし時に、山部宿禰赤人の作れる歌一首幷《あは》せて短歌」という題詞をもつ歌群のなかの一首である。

島隠《がく》りわが漕《こ》ぎ来《く》れば羨《とも》しかも倭《やまと》へ上《のぼ》る真熊野の船　（巻六、九四四番）

題詞にある「辛荷の島」というのは、播磨国風土記には「韓荷の島」（揖保郡）とあり、先に「石神の涙」と題して紹介した新羅人の船が遭難した「神島」の記事に並べて、遭難した船や漂流物が流れ着いたところから島の名が付けられたという地名起源譚が載せられている。万葉集に載せられた赤人の歌は、瀬戸内を西に向けて下ってゆく折の、室津（兵庫県たつの市御津町《みつちょう》室津）の沖合に浮かぶ「辛荷の島」（現、唐荷島）の辺りで詠まれている。

赤人の乗る船とすれ違った真熊野の船は、東へと向かって漕ぎ上ってゆくわけだが、その船は遠目に見ても、熊野の船だとわかる特徴的な姿をしていたのである。おそらく、そうした熊野の船を操って淀川河口の渡し場の制海権を握っていたのが紀伊国（または熊野）の人たちであったとみてよいのではないか、わたしは今、そのように見通している。

このことは、古事記の神話にみられる熊野と出雲とのつながりにもかかわっていることで、小玉の伝承も含めて「つながる海の道」として論じたことがある（三浦『出雲神話論』四九〇頁以下）。陸路が未整備の律令国家成立以前の日本列島では、遠距離の移動やつながりは船を利用しない限り不可能であった。瀬戸内海はもちろん、日本列島を取りまく海の諸問題を解明することによってはじめて、古代の日本列島とそこに暮らす人びとの実像が浮かびあがるはずである。

Ⅲ

舟と道

舟を編む

オホタラシヒコ（大帯日子命）の求婚譚には興味深い問題がいくつも埋もれており、つい話題を継いでしまうが、ここで考えてみたいのは舟のことである。オホタラシヒコが、求婚を拒んで南毘都《なびつ》麻島《ましま》に隠れたワキイラツメ（別嬢）を見つけて連れもどす場面である。すでにⅡの「拒む女」でも引いた部分だが改めて紹介する。

ここに、御舟と別嬢の舟といっしょに編合《むや》いて渡り、楫杪《かじとり》の伊志治に、その名を大中の伊志治《いしち》と号けなさった。天皇は印南の六継《むつぎ》村にもどってはじめて密事《むつびごと》をなさった。そこで、六継の村という。（播磨国風土記賀古郡）

（於是、御舟与別嬢舟同編合而度、楫杪伊志治、爾名号大中伊志治。還到印南六継村始成密事。故、曰六継村）

二つの舟を「編合いて（編合而）」島からもどったという、「編合」とはどのような状態をいうかというのが、まず考えてみたいところである。ここでは、「編合」を「むやふ」と訓む大系本風土記に従ったが、ムヤフ（モヤフに同じ）という訓に根拠はなく、全集本風土記のように「編み合はせて」と訓んだほうが文字面からすれば忠実である。ただし、どちらの訓を採るにしても、「編合」が二艘の舟を綱で結び合わせる状態をさしているとみる点では変わりはない。では、それは二艘の舟をどのような状態につなぐことをいっているか。

というのは、わたしは今までしごく単純に、ワキイラツメがふたたび逃げださないように、舟をつないだのだと理解し、車を牽引するように綱を掛けて島から曳航してきたのだろうと考えていた。しかし、「むやひて」と訓んでも「編み合はせて」と訓んでもいいのだが、曳航《えいこう》している状態を「編合而」と表現するかという点が気になったのである。そして興味深いことには、ここの「編合而」を解釈するうえで参考になりそうな場面が、常陸国風土記に出てくる。

「斯貴《しき》の満垣《みづかき》の宮」で天下を支配していた天皇（ミマキイリヒコ、第一〇代崇神天皇のこと）の時代のこと、「東《あづま》の垂《ひな》の荒ぶる賊《あた》」を討伐するために、タケカシマ（建借間命）という人物がヤマトから派遣される。ところがタケカシマは、在地の「首 師《ひとこのかみ》」である「国栖《くず》、名を夜尺斯《やさかし》・夜筑斯《やつくし》」の抵抗に手を焼き、一計を案じて敵を騙し討ちにしようと企むのだが、その場面を常陸国風土記は次のように描いている。

にわかに建借間命は重大な計略を思いつき、死を恐れぬ兵たちを選び、山の阿《くま》（曲がり込んだところ）に伏せ隠し、敵を滅ぼすための武器を造り備え、浜辺に厳かに飾りものを設えた。舟を連ね桴《いかだ》に編み、雲のごとく大きな蓋《きぬがさ》をひらめかせ、虹のごとくに幡《はた》を立てた。あでやかな楽を奏でる琴と笛の音は、海のかなたから波とともに潮を追うように聞こえ、拍子をとる杵《きね》を鳴らして歌を唱《うた》いつつ、七日七夜《なのかななよ》宴を楽しみ歌い舞った。（行方郡板来村）

（俄而、建借間命大起権議、校閲敢死之士、伏隠山阿、造備滅賊之器、厳餝海渚。連舟編桃、飛雲蓋、張虹旌、天之鳥琴、天之鳥笛随波逐潮、鳴杵唱曲、七日七夜遊楽歌舞）

穴を掘った要塞に潜む土地人をおびき出すために、祭りの準備をし、七日七夜にわたって派手な歌舞音曲を奏で遊んだというのである。ここに描かれたさまは、たんなる祭りというよりは、飾りもののさまなどからみて葬儀のふりをしているとみるのがよいかもしれない（全集本風土記、三八四頁頭注八）。とするとそれは、遠征軍の将軍タケカシマは死んだと思わせて敵を油断させる作戦だと解釈できる。引用のあとに続く部分では、潜んでいた敵が歌舞につられて出てきたところを見計らい、山に隠した兵が退路を断ったうえで襲撃し、一時に焼き殺すという、ありそうな謀略を用いて土地人を殲滅《せんめつ》してしまったと語っている。

そうした騙し討ちではなく、ここで注目したいのは、そこで行われた祭り（葬儀）の準備のうちの、「舟を連ね桃に編み、雲のごとく大きな蓋をひらめかせ、虹のごとくに幡を立てた（連舟編桃、飛雲蓋、張虹旌）」という部分である。浜辺に飾りつけをした上で、海に並べた舟を筏（桃）のように組んで浮かべ、それを舞台として蓋や幡を立て並べて祭り（葬儀）の場を設営する。その時、舟を並べて筏に編むというのは、先にみた播磨国風土記の舟を「編合而」というのと同じさまにみえる。そして、その形態としては、舟を横に並べて筏状に組み合わせたさまとみてよかろう。その上に板を並べれば大きな舞台ができる。

なぜそこまで舟の形状にこだわるかといえば、この記事は、古代の舟を考えるうえで、きわめて重要なヒントをもたらしてくれるかもしれないと思うからである。

そもそも日本列島に人が住みはじめるためには、海を渡らなければならなかった。樺太《からふと》を経由して北から、朝鮮半島を南下して、あるいは海の道を南から、最初の人はいずれかのルートで海を渡ったはずだが、その時、どのような舟をもっていたか、その舟の構造や操船術はどのようなものであったかなど、知らなければならないことがらが、じつは何もわかっていないのだ。たとえば、考古学的な遺物からではアウトリガー(舟を安定させるための舷外浮材)など外洋を航海することができる船の痕跡が証明できていないのである(赤坂憲雄・三浦佑之『列島語り』二〇三頁以下)。

しかし、証拠がないというのは存在しなかったことの証明にはならない。木製であったはずの部材の痕跡が現在に遺らないのは、むしろ当然のことだと言ったほうがいい。また、複数の舟を並べたり、筏状に組んだりすれば、痕跡は遺らないがアウトリガーの付いた丸木舟と同様の性能を得ることはできるはずである。そして、ここに紹介した風土記の二つの伝承が二艘の舟を並べて編み合わせた状態をさしているとすれば、そのさまは、まさにダブル・カヌーであり、双胴船とみなすことができるのである。

丸木舟について研究する出口晶子は、能登のブリ定置網漁で用いられるドウブネについて紹介している。それは、「二艘のドウブネをつないで組船《くみぶね》とし、総勢二〇人の男たちが、掛け声勇ましく網を積みあげ、漁場へ運ぶ」のだという(「日本の伝統的船舶の系譜」)。また、航海術を専門とする茂《も》在《ざい》寅男は、古事記や日本書紀の伝承に舟の名として出てくる「枯野《からの》」や「軽野《かるの》」が、カヌーを表すカノーという語に由来し、日本には古くから、「アウトリガー式カヌーもカタマラン式カヌーも」入っていたと主張する（『古代日本の航海術』三六頁）。カタマラン式カヌーとは、「二隻のカヌーを、その間に渡した横木によって互いに結び付け、転覆しないようにした」舟で、双胴船のことをいう（三二頁）。こうした茂在の見解は、谷川健一らによって支持されており（『日本の地名』一四頁）、日本列島への伝来の可能性は十分に認められるものの、つねに批判されるのは、具体的な証拠が見つかっているわけではないという点である。ことに、エビデンスという外国語が大手を振って流入して以降、この種の議論は旗色が悪い。

双胴船に近いものとしては二俣の舟があり、「二俣榲《ふたまたすぎ》を二俣小《を》舟《ぶね》」に作ってヤマトの池に浮かべて物を言わない御子を乗せて遊んだという伝承（古事記、中巻）や、冬至の頃、「両枝船《ふたまたぶね》を磐余《いはれ》の市磯《いちし》の池《いけ》に泛《うか》べ」て、それぞれの舳先に天皇と皇后が乗って遊宴したという記事（日本書紀、履中三年一一月）がある。どちらも、二俣の木をくり抜いたY字型の丸木舟であって、双胴船ではない。おそらく、航海に用いる実用的な舟というよりは、二つに分かれた舳先のそれぞれに人が乗り、揺られることによって魂を活性化させるのを目的とした、儀礼的な舟であったと考えられる（三浦「話型と話型を超える表現」）。

枯野というのは、古事記下巻のオホサザキ（大雀命、仁徳天皇）のところに出てくる船で、菟寸《とのき》河《がわ》（所在不明だが、JR阪和線に富木《とのき》駅［大阪府高石市］があり、その近辺の川か）の西に巨樹があり、それで船を造ると快速船ができたので淡路島を往復して天皇の使う水を運んでいたが、老朽化したために船材を用いて塩を焼き、焼け残りの木で琴を作るとすばらしい音色を響かせたという。また、日本書紀のホムダワケ（誉田別、応神天皇）の記事（五年一〇月条）によれば、伊豆国に命じて造った船（長さ一〇丈）がたいそう快速だったので枯野と名付けたとある（割注には枯野は軽野の訛りかとある）。また、巨樹を用いて舟を作ったという同類の話は、播磨国風土記（逸文、『釈日本紀』巻八、所引）にも伝えられている。現存する播磨国風土記では欠落した明石（赤石）郡の記事で、オホサザキの時代、駒手《こまで》の御井《みい》（所在不明）のほとりに生えていたクスノキに関する伝えである。

難波の高津の宮の天皇の時代、楠が泉のほとりに生えていた。朝日があたると淡路の島を蔭《かく》し、夕日があたるとヤマトの島を蔭した。そこで、その楠を伐って舟に造ると、その舟足の速きこと飛ぶがごとく、一搔きで七つの浪を越え進む。それで速鳥《はやとり》と号けた。そして、朝に夕にこの舟に乗り、お召しあがり物に供するために、この泉の水を汲み運んでいたのだが、ある朝のお食事時間に間に合わなかった。そこで、歌を作り舟の使用を止めた。その唱《うた》にいう。

住吉《すみのえ》の　大倉向きて　飛ばばこそ　（住吉にある大倉に向かい飛んでこそ）
速鳥と云はめ　何そ速鳥　（速鳥と呼ぼうぞ、どこが速鳥か）

（難波高津宮天皇之御世、楠生於井上。朝日蔭淡路嶋、夕日蔭大倭嶋根、仍、伐其楠造舟、其迅如飛、一檝去越七浪。仍号速鳥。於是、朝夕乗此舟、為供御食、汲此井水、一旦不堪御食之時。故、作歌而止。唱曰、住吉之大倉向而　飛者許曽　速鳥云目　何速鳥）

古事記の伝承に似てはいるが、舟を焼いた残り木で琴に作るという転生や祥瑞的な要素はない。長年の酷使によって傷んだために舟足が衰え、決められた時に水を届けられなかった。そこで廃船にしたという、擬人化された伝承になっているところが語りとしては興味深いが、伝えられた歌には使い棄ての悲哀も感じられていささかわびしい。

その大きさはよくわからないが、クスノキで造られていたというところからみて、大きな舟であったに違いない。伊豆国に命じて造ったという日本書紀の「枯野」は長さが一〇丈あったというから、およそ三〇メートルということになる。この長さが事実かどうか、一本の巨木をくり抜いた船か、いくつかの部材を接合した船であったか、造り方はこれらの伝承からは見えてこない。丸木舟といってもその形態や造り方はさまざまで、前後に別の部材を接合して大きくしたり、底板や棚板を接合して大きくしたりする技術が存したらしい(出口晶子『ものと人間の文化史98　丸木舟』第Ⅰ部第二章。辻尾榮市『舟船考古学《ふねのこうこがく》』第Ⅰ部)。

船の大きさについていうと、常陸国風土記に出てくる漂着船は、四五メートルもある大船であった。香島郡軽野里《かるののさと》(茨城県神栖市《かみすし》)に伝えられた伝承である。

軽野から東にいった大海の浜辺に、漂着した大船がある。長さは一五丈、幅は一丈あまり。朽ち崩れて砂に埋もれてはいるが、今なお残骸がある[淡海のみ世(天智朝)、諸国巡検に派遣しようとして、陸奥国の石城《いわき》(福島県海岸部)の船造りに命じて大船を作らせたのだが、ここまで来て座礁し、やがて壊れたという]。

（軽野以東大海浜辺、流着大船。長一十五丈、闊一丈余。朽摧埋砂、今猶遺之〔謂淡海之世、擬遣覓国、令陸奥国石城船造作大船、至于此着岸、即破之〕）

興味深いことに、ここでも村の名は軽野とある。たしかに、軽野や枯野がカヌー（カノー）という語と通じているのではないかと想像してみたくもなる。

長さ四五メートルで幅が三メートルあったというのは、大きさからみて単材の丸木舟とは考えにくいと専門家はみなしている。割注にある説明を信じれば、天智天皇の時代（七世紀半ば）に造られた船だということになる。そこから茂在寅男は、「朝鮮半島あるいは中国の技術を取り入れた準構造船あるいは構造船」だろうとみなし、風土記に記録された縦横比率からみると船としては「あまりにも細長」く、形は丸木舟であるが、それは単独の木をくり抜いて造ったというよりは、「船底のみが丸木でこれに外板をつけて作った準構造船」であろうと推測する（『古代日本の航海術』四三頁）。

宝塚１号墳出土「船形埴輪」（三重県松阪市文化財センター）

木で造られ、海辺に廃棄される船は、香島郡の記事にもあるように朽ちやすく、現代にまで遺物として残存するというのは稀なことである。しかし、そうしたなかでも情報は確実にふえており、韓国の遺物などを重ねて考えられるようになれば、今後の解明も大いに期待できるだろう。

クスノキと舟

舟の話題が続く。発掘された縄文(縄紋)・弥生時代の刳舟《くりぶね》について悉皆《しっかい》的な調査をした辻尾榮市の報告をみると、舟に用いられた木はスギが多く、次いで東のほうではクリ、西のほうではクスノキが使われ、ほかにはカヤやトチノキ・ムクノキなど多様な樹種が用いられている(『舟船考古学』二三三〜二四八頁)。これを、日本書紀に載せられた植樹起源神話において、樹種による用途をスサノヲが定めたとする話と重ねてみるとなかなか興味深い。

スサノヲが言うには、「韓郷《からくに》の島には、金や銀がある。ゆえに、わが子の治める国に、浮く宝がないのは、よくないことだ」と。すぐさま、鬚髯《ひげ》を抜いて撒《ま》くと、杉になった。また、胸毛を抜いて撒くと、檜《ひのき》になった。尻の毛は、柀《まき》になった。眉毛は、櫲樟《くす》になった。そして、それぞれの木の用途を定めて、「杉と櫲樟の二つの樹は、浮く宝にせよ。檜は、瑞《みず》の宮の材にせよ。柀は、人間どもが死んで墓に葬られる時に伏す棺として備えよ。その他、木の実を食べるさまざまな木の種は、みな、よく蒔き生やした」と言った。　(日本書紀、第八段一書第五)

(素戔嗚尊曰、韓郷之嶋、是有金銀。若使、吾児所御之国、不有浮宝者、未是佳也。乃、抜鬚鬚散之、即成杉。又、抜散胸毛、是成檜。尻毛、是成柀。眉毛、是成櫲樟。已而、定其当用、乃称之曰、杉及櫲樟此両樹者、可以為浮宝。檜、可以為瑞宮之材。柀、可以為顕見蒼生奥津棄戸将臥之具。夫須、噉八十木種、皆、能播生)

この神話をもとに、ケ(毛)はキ(木)であり、「木は大地に生えている毛にほかならぬ」と言ったのは西郷信綱だった(『日本の古代語を探る』一六頁)。胸毛や尻毛が生えているところからすると、スサノヲはけっこう毛深かそうなのに、髪の毛が出てこないのはなぜだといぶかってみても埒は明かない。加えて、それぞれの部位と樹種とのつながりも定かではないが、木は毛とみる西郷の指摘は揺るがないと思う。

この神話で興味深いのは、樹木は古代の人びとの生活のなかではきわめて多彩に、あらゆる場面で利用されていたはずなのに、ヒゲ(漢字の鬚はあごひげ、髯はほおひげ)から生えたスギと、眉毛から生えたクスノキと、二種の木が舟(浮く宝)の材に指定されているということである。間違いないと思うが、この神話では、それほどに舟が生活のために重要な発明品だったのであり、この神話を生みだした人びとは、海を主要な生活の場にしていたと考えてよいのではないか。

スサノヲによって決められたという舟材になるスギとクスノキだが、これは当然、舟材としてスギとクスノキが多く用いられていたから、こうした神話が語られたというのがことの真相であるわけで、冒頭にふれた発掘される舟に使われている樹種もそれを証明している。そして、それは風土記を通しても確認できる。

オキナガタラシヒメ（息長帯比売）が九州に向かおうとして摂津国川辺郡の神前《かんざき》の松原で神がみに祈願した時、ミヌメ（美奴売）という神が、「吾《あれ》もまた護《まも》り佑《たす》けむ」と言って次のように教えたという。

あれが住める山に須義乃木《すぎのき》［木の名］がある。だいじに伐り採り、あれに命じて船を造り、そのまま船に乗ってお出ましなされ。かならずや幸いあらん。

（摂津国風土記［逸文］、『万葉集註釈』巻三、所収）

（吾所住之山、有須義乃木［木名］。宜伐採、為吾造船、則乗此船而可行幸。当有幸福）

『万葉集註釈』（仙覚《せんがく》、一三世紀半ば）に引かれた記事で、原文「須義乃木」に「木の名」という割注がついている。また、クスノキについてみると、伊豆国風土記（逸文）として、「応神天皇五年甲午《こうご》冬十月、伊豆の国に課《おほ》せて船を造らしめき。長さ十丈、船成りて海に泛《うか》べしに、軽きこと葉のごとくにして馳せき。伝へて云はく、この舟木は日金山《ひかねやま》の麓なる奥野の楠なりといふ。これ、本朝に大船を造る始めなり」とある（一八世紀初めの『鎌倉実記』に引かれた記事で、あくまでも参考資料）。あるいはまた、前節「舟を編む」に引いた播磨国風土記（逸文）に出てきた「速鳥《はやとり》」は、「朝日があたると淡路の島を蔭《かく》し、夕日があたるとヤマトの島を蔭」すほどの巨大な「楠」で造られた舟であった。

考古学的な痕跡が見つかっていないために船の製造地についてはわかっていないが（辻尾『舟船考古学』一二九頁）、多くの場合、船は山で造られていたらしい。

昔、筑後の国の御井川（筑後川のこと）の渡り瀬はたいそう広く、人も畜も、渡るのがむずかしかった。ここに、纏向《まきむく》の日代《ひしろ》の宮で天下を支配した天皇（オホタラシヒコ、景行天皇のこと）が、この地に巡り来た時、生葉山《いくはやま》を船山とし、高羅山《こうらやま》を梶山として、船を造り備えて、人や物を船に載せて漕ぎ渡した。そこで曰理《わたり》の郷と呼ぶ。（肥前国風土記養父《やぶ》郡）

（昔者、筑後国御井川渡瀬甚広、人畜、難渡。於茲、纏向日代宮御宇天皇、巡狩之時、就生葉山為船山、就高羅山為梶山、造備船漕渡人物。因曰曰理郷）

船引山《ふなびきやま》　近江の天皇（天智天皇のこと）の時代、道守臣《ちもりのおみ》がこの国の長官となり、官船をこの山で造って引き下ろさせた。そこで、船引という。（播磨国風土記讃容郡）

（船引山　近江天皇之世、道守臣為此国之宰、造官船於此山令引下。故、曰船引）

山に入って巨木を伐り、ある程度船のかたちに加工してから引き下ろした。そのほうが、軽くて牽引しやすいからである。

船帆《ふなほ》の郷《さと》　（略）同じき天皇（纏向の日代の宮で天下を支配した天皇）が巡行していた時、もろもろの氏人《うじびと》ら、落《むら》あげて船に乗り、帆をかかげて三根《みね》川の津に参集し、天皇に仕えまつった。それで船帆の郷と呼ぶ。（肥前国風土記神埼《かんざき》郡）

（船帆郷　（略）同天皇巡行之時、諸氏人等、挙落乗船、挙帆参集於三根川之津、供奉天皇。因

曰船帆郷)

刳舟か構造船かは不明だが、漕ぐだけではなく帆を用いた船も早くから存在したことがわかる。こぞって参集したという文面に従えば、有明海の海民集団でもあったのだろうか。

日本列島に生育する樹種のなかで、もっとも太くなるのはクスノキだが、この木は「低い所で枝分かれする性質」があってまっすぐ伸びないために、「複数の部材を接合して複材刳船」にする必要がある(矢野憲一・矢野高陽『ものと人間の文化史151 楠』一一七頁)。ただしクスノキはもともと日本列島に自生せず、「人間が意図して分布を決めたもの」らしいのだが、暖かいところを好むクスノキの生育範囲は、内陸地域まで広がる九州以外は、四国沿岸部、本州の千葉県を北限とした太平洋沿岸部にほぼ限られる(同、九〜一一頁)。そのために、造船のことは出てこないが、九州の風土記にはクスノキの記事が散見される。

昔、この村に大きな樟樹《くすのき》があった。そこで球珠《くす》の郡《こおり》という。

(豊後国風土記球珠郡)

(昔者、此村有洪樟樹。因曰球珠郡)

琴木の岡 (略)大足彦《おほたらしひこ》の天皇が仰せになることには、「この地の形としては、岡がなければならない」と。すぐさま人民に命じて、この岡を造らせた。そして造成が終わった時、岡に登って宴を開いた。遊び終えて、その御琴を立てかけておいたところ、琴は樟《くすのき》になった[高さ五丈、

周囲三丈」。それで琴木の岡という。　(肥前国風土記神埼郡)

(琴木岡　(略)大足彦天皇勅曰、此地之形、必可有岡。即令群下、起造此岡。造畢之時、登岡宴賞。興闌之後、竪其御琴、々化為樟[高五丈、周三丈]。因曰琴木岡)

先に引いた球珠郡の記事は、前後に省略があって村名を欠くが、ここに引いた二つのクスノキは、郡名の由来になっていたり、もとは天皇の琴だったという由縁をもっていたりするところからみて、その土地を象徴する聖なる木として存在するとみてよかろう。今も、九州を歩いていると、各地で神木として聳えるクスノキの巨木に出会うが、そうした木は辺りを威圧するような風格を漂わせている。

九州の二つの風土記は、クスノキは漢字「樟」を用いて表すが、これは日本書紀の用字と共通する。たとえば、イザナキ(伊奘諾尊)とイザナミ(伊奘冉尊)がヒルコ(蛭児)を生む場面では「天磐《あまのいは》櫲樟《くす》船《ぶね》に載せて、風の順《まにま》に放ち棄《す》つ」(第五段正伝)とあり、スサノヲ(素戔嗚尊)がアマテラス(天照大神)とのウケヒ(占いの一種)の際に噴き出した五番目の男神の名は、「熊野《くまの》櫲樟《くす》日命《ひのみこと》」と表記される(第六段正伝)。ところが古事記では、アメノトリフネ(天鳥船)のまたの名トリノイハクスフネは「鳥之石楠船神」とあって、クスには「楠」の漢字が宛てられている。日本書紀と古事記とで、クスノキは、「櫲樟」と「楠」と、二系統の漢字が使われていることがわかる(クマノクスヒは、古事記では音仮名で「熊野久須毘《くすび》命」と表記する)。

古事記の全用字を検索すると、「楠」は右に引いた例以外に用いられておらず、日本書紀には

「楠」という漢字は一例も出てこない。一方、「橡樟」および「樟」という用字は、古事記にはまったく例がなく、日本書紀の場合、右の諸例に加えて、地名や人名のほか、河内の海に玲瓏《てりかがや》く「樟木《くすのき》」を見つけた溝辺直《いけへのあたい》という人物が天皇にこれを献上し、天皇は、画工に命じてその木から二体の仏像を造らせたという記事を載せている(欽明一四年五月条)。

風土記の場合、「樟」の字は、九州の二風土記だけに出てくるのに対して、出雲国風土記には「楠」の字が樹木名として何度もあらわれる(常陸国風土記と播磨国風土記には、「楠」も「樟」も使われていない)。そこで、出雲国風土記に出てくる「楠」はどのような樹種かということを問題にしてみたい。というのは、出雲国の場合、クスノキの分布や気候の点からみて、今まで述べてきた舟の用材としてのクスノキとは考えにくいからである。島根県は対馬暖流が流れる地ではあるが、日本海側には一般的にクスノキは自生しないとされている(矢野・矢野『ものと人間の文化史151 楠』の分布図[一一頁]をみても、日本海での自生は限られた地域にしかみられない)。

出雲国風土記をみると、各郡ごとに、「すべて、諸《もろもろ》の山野に在るところの草木」として、草木名が列記されている。そのなかから「楠」が出てくる郡ごとの樹木名を抜き出すと、次の通り。

意宇郡「李・檜・杉・赤桐・白桐《あおぎり》・楠・椎・海榴《つばき》・楊梅《やまもも》・松・栢《かへ》・蘗《きはだ》・槻《つき》」
島根郡「李・赤桐・白桐・海柘榴《つばき》・楠・楊梅・松・栢」
秋鹿《あいか》郡「李・赤桐・白桐・椎・椿・楠・松・栢・槻」
楯縫郡「李・榧《かへ》・楡《にれ》・椎・赤桐・白桐・海榴・楠・松・槻」

飯石郡「李・椙《すぎ》・赤桐・椎・楠・楊梅・槻・柘《つみ》・楡・松・榧・檗・楮《こうぞ》」

最後の飯石郡は例外になるが、暖流の流れる海沿いの郡に「楠」が生えていることがわかる。そして、この「楠」について、どの注釈書もクスノキと訓読し、巨木となるクスノキのことだと解釈する。しかし、「楠」をクスノキと解釈していいかというと、大きな問題がある。本節の最後として、そのことを少し考えておきたい。

出雲国風土記の「楠」の用字については、丸山巌『出雲国風土記の植物』が厳密な考証を行っている。丸山によれば、「漢名楠は中国産のクスノキ科に属する数種の常緑高木であるが、わが国では、この楠をクスノキ科の常緑広葉高木のクスノキ(日本・台湾・中国に分布)に誤用されて今日に至った」(植物名のラテン語表記は省略)とした上で、「クスノキの漢名は樟であるが、今では楠をクスノキと訓むほかはない。現在出雲地方の神社仏閣の境内あるいは人家近くに、いくらかクスノキの老巨樹が見られる。しかしこれは自然生のものの残存か移植したものか不明である。出雲では積雪の多い奥山地では生育困難である」(四五頁)と述べる。ここに丸山が指摘する通り、植物名を表す漢字は、本来の中国での意味と日本での意味が違っているものが多く(右の一覧のなかの「栢[カヘ=カヤのこと]」も中国では「柏」の異体字でコノテカシワをいうので、「栢」は「柏」とみなすべきかもしれない)、「楠」をクスノキと理解していいかどうかは大いに疑問なのである。

漢和辞典を検索しても、『大漢和辞典』(大修館書店)では「楠」と「樟」とを区別することはせず、ともにクスノキと注するのみだが、『新字源　改訂新版』(角川書店)をみると、「樟」は「くす。くす

推定樹齢1500年の蒲生のクス（鹿児島県姶良市蒲生町）

のき。クスノキ科の常緑高木」とし、「楠」については「ゆずりは。木の名。（中略）一説に、たぶのき。クスノキ科の常緑高木という」という語釈を付ける。『ものと人間の文化史151　楠』を確認すると、「楠は中国では古くは杏のような実のなる楩（ベンボク）に似る木とされ、「楩楠豫章」と並べて詩文に書かれ、別の木だった。タブノキや、近縁のタイワンイヌグス属の木をいう」（六頁）とある。それが日本では早くから混同されてしまい、楠がクスノキのことになってしまったらしい。

　とすると、古事記の用字も意味を取り違えているということが考えられる。おそらく、俗字的な用法として、日本では古くから「楠」がクスノキを意味する語として通用していたらしい。それに対して、日本書紀の場合、中国の本来の用字にしたがって「樟」あるいは「櫲樟」をクスノキとして用いているのである。それが日本でも公式な用字であったとみなければならないわけで、正史「日本書」の一部をになうはずの風土記が、日本書紀と同じ使い方をしているのは、ある意味当然ということになる。

　にわか勉強の誹りをまぬかれないが、以上の検討を踏まえると、日本書紀の「櫲樟」や九州風土記の「樟」がクスノキを指しているのに対して、出雲国風土記の「楠」は、本来的な意味での、ユズリハあるいはタブノキと解するのが正しいということになる。そのタブノキは、出雲国風土記でも沿岸部の郡にのみ出ていたが、実際に日本海沿いを歩いていると、日本列島のずっと北のほうまで群落を作って神社の杜などを形成しており、まさに照葉樹を代表する聖なる木として扱われている。同じクスノキ科の樹木でも、タブノキは「クスノキに比べて耐寒性に富み、朝鮮半島の南部各地に見られ、(略)古来船材として重用された」と植物の本には書かれている(深津正・小林義雄『木の名の由来』一五六〜一五七頁)。そのように考えると、「楠」をタブノキとみたほうが出雲国風土記の正しい植生記録に近づくのではなかろうか。

【添書き】このように本節を締めくくると、あれと思われる方があるかもしれない。前節「舟を編む」で引用した播磨国風土記(逸文)明石郡の舟(七九頁)、数頁前に地の文のなかに引いた伊豆国風土記(逸文)に出てきた船(八四頁)の材料は、どちらも「楠」という漢字が用いられていたからである。これらの記事をどう考えるべきか、ここで述べた基準からいえば、これら逸文二例は、和銅六(七一三)年に撰録命令が出た官命風土記の記事ではないということになる。ただし、「樟(橡樟)」と「楠」との区別については、用例が少なく断定的な判断は控えておくのが無難であろう。しかし、出雲国風土記の「楠」はタブノキとみるのがいいというのは動かないと思う。

動く神、歩く人、作られる道

風土記を読むと、神も天皇も人も、思いのほか頻繁に移動しているようにみえる。現存する五か国の風土記にはそれぞれ特徴があるが、移動伝承にも個性が窺える。たとえば、天皇が各地を巡行する記事は、出雲国風土記を除く四か国の風土記に頻出することは、Ⅱの「風土記の天皇たち」で紹介したが、国によって登場する天皇に違いがあり、語られ方にも特徴がみられた。

天皇をほとんど登場させない出雲国風土記の場合は、スサノヲ（須佐能袁命）の御子神やカムムスヒ（神魂命）の御子神がよそ（海のかなた）からやって来て鎮座したという地名起源譚や、「国作らしし大神」と称えられるオホナモチ（大穴持命）が各地を巡り歩く伝承を数多く伝えている。また出雲は、日本海を海の道として古志《こし》（高志・越、北陸地方）とのあいだで人の交流も盛んだったようで、「古志の国人等」が来て堤を作ったりもする（神門郡古志郷）。

そうしたなかで、播磨国風土記はことさらに神や天皇（ホムダワケ、応神天皇）や人の移動が賑やかだ。次に引く二つの話は、餝磨《しかま》郡の条に隣り合って並ぶ伝承である。

英保《あぼ》の里　（略）英保というのは、伊予の国の英保の村の人がやってきてこの地に住んでいる。

それで、英保の村と号けたのだ。

(英保里　(略)称英保者、伊予国英保村人到来居於此処。故、号英保村)

美濃《みの》の里　(略)美濃と号けたのは、讃伎《さぬき》の国の弥濃《みの》郡の人がやってきて住んでいる。そこで、美濃と号けた。

(美濃里　(略)号美濃者、讃伎国彌濃郡人到来居之。故、号美濃)

どちらも現在の兵庫県姫路市に属し、美濃里には湊(継《つぎ》の潮《みなと》)が置かれており、そこから難波や四国へ渡ることができた。それゆえに、伊予や讃伎(岐)から新天地を求めて移住者がやってくる。前に引用したことがあるが(七〇頁)、揖保郡大田里の「呉《くれ》の勝《すぐり》」という渡来系の服部《はとりべ》集団は、はじめ紀伊国名草《なくさ》郡大田村に住み、そこから分かれて摂津国三島賀美《みしまかみ》郡大田村に移り、また分かれて揖保郡大田村に移った。そして移った者たちは、本の紀伊国大田を名にしていると記していた。

浦上《うらかみ》の里　(略)浦上と号けたわけは、昔、阿曇連百足《あずみのむらじももたり》らが、はじめ難波の浦上に住み、のちに、この浦上に遷《うつ》り来た。それで、本居《うぶすな》によって名にしている。　(播磨国風土記揖保郡)

(浦上里　(略)所以号浦上者、昔、阿曇連百足等、先居難波浦上、後、遷来於此浦上。故、因本居為名)

この伝承からは、「本居」の地名を移住地に付けるというのが慣習だったようにみえる。難波から海を渡って移り住んだという阿曇(安曇)一族の出自は、遡れば九州北部の海浜部にあったはずだが、その時先祖たちが住んでいたのも、浦上と呼ばれる地ではなかったか。

播磨国には渡来系の人びとの居住が多かったらしく、揖保郡枚方里《ひらかた》には「河内の国茨田《まむた》の郡枚方の里」から移り住んだ「漢人《あやひと》」がいたところ、揖保郡少宅里《おやけ》も「漢人」が住んでいたので、元の地名は「漢部《あやべ》の里」と呼ばれていたなどの記事が散見される。それとかかわるのであろうか、播磨国風土記には「韓国《からくに》から渡り来た」というアメノヒボコ(天日槍命)という神の活躍が目立つ。同じ名の人物は、古事記ではホムダワケ(応神天皇)の時代、日本書紀ではイクメイリビコ(垂仁天皇)の時代に、新羅から渡来した王子として出てきて、兵庫県の北部、但馬《たじま》(多遅馬)国の出石《いずし》(現、豊岡市)に居住したと伝えられている。

それら渡来系の神や人とともに、播磨国風土記に頻繁に登場するのが、出雲の神と人である。かれらは、居住するというよりは通過者として描かれることが多いのだが、そのなかでも有名なのは、阿菩《あぼ》大神であろう。

上岡の里 (略)出雲の国の阿菩の大神、大倭《やまと》の国の畝火《うねび》・香山《かぐやま》・耳梨の三つの山がたがいに闘っていると聞かれて、これを止めさせようと思われて上っていらした時、ここまで来て、もう闘いは終わったとお聞きになり、乗ってこられた船をひっくり返して腰掛けられた。そこで、神阜《かみおか》と号けた。阜の形が伏せた船に似ているからだ。(揖保郡上岡里)

（上岡里　（略）出雲国阿菩大神、聞大倭国畝火・香山・耳梨三山相闘、此欲諫止上来之時、到於此処、乃聞闘止、覆其所乗之船而坐之。故、号神阜。々形似覆）

大神という敬称は付いているが、素性はわからない。出雲からわざわざ出かけて、ヤマトにいます三山の神の闘いを仲裁しようというのである。いささかお節介な神だが、その闘いというのは、万葉集巻一に「中大兄《なかつおほえ》［近江宮に天の下知らしめしし天皇］の三山《みつのやま》の歌一首」と題して載せられた有名な出来事であった（一三〜一五番、反歌の二首目は省略）。

香具山《かぐやま》は　畝火雄男志《うねびををし》と　（香具山は畝傍山が男らしいと思い）
耳梨《みみなし》と　相《あ》ひ争ひき　（元カレの耳成山と争った）
神代《かみよ》より　かくにあるらし　（神代からこのようであるらしい）
古昔《いにしへ》も　しかにあれこそ　（昔もまたそうであるからこそ）
うつせみも　嬬《つま》を　あらそふらしき　（今の世もつま争いをするらしい）

反歌

香具山と耳梨山と闘《あ》ひし時　（香具山と耳成山とが争った時）
立ちて見に来《こ》し印南国原《いなみくにはら》　（立ち上がって見に来た印南の国原よ）

解釈の定まらない歌だが、二男一女型の伝承パターンによって組み立てられており、古代から現代まで通底する、恋愛譚の王道である。万葉集ではその話型が、額田王《ぬかたのおおきみ》をめぐる中大兄《なかのおほえ》と大海人《おほあま》の兄弟対立という一大ゴシップと結びついているのは歴然としているが、播磨国風土記の伝承には、そうした歴史的スキャンダルは関与していないのではないかと思う。万葉集の反歌末尾にある「印南国原」は、阿菩の大神がやって来て留まったという辺りを船の上から眺めやった表現で、この二首は、「播磨の海上にて妻争い伝説を想起した趣」(中西進『万葉集　全訳注原文付』一、五五頁)と解釈するのがよかろう。風土記があってこそ可能な解釈である。

風土記の伝承によれば、阿菩の大神は船に乗って出雲から来たとある。とすれば、日本海から関門海峡を通って瀬戸内を東に航海してきたのかとも考えてしまうが、着いたところが上岡里(現、兵庫県たつの市神岡町付近)だとすれば、海からはかなり離れている。しかも、神はしばしば船に乗って空を飛ぶので、阿菩の大神も陸(あるいは川筋)の上を飛行してきたということではないか。それがどのようなルートかというと、律令の官道である山陰道とは別の、出雲と播磨そして倭《やまと》をつなぐ最短の道を使っているとみられるのである。

餝磨《しかま》の御宅《みやけ》と呼ぶわけは、大雀《おほさざき》の天皇(仁徳天皇)の御世、役人を派遣して、意伎《おき》・出雲・伯耆《はは き》・因幡・但馬の五人の国造《くにのみやつこ》らを召しだした。この時、五人の国造は、すぐさま召喚の使いを水手《かこ》として、京《みやこ》に向かった。天皇はこの行為を罪として、すぐさま播磨国に退かせ、田を作らせた。この時作った田を、意伎田・出雲田・伯耆田・因幡田・但馬田と号けた。そこで、その田の稲を収納するための御宅を餝磨の御宅と号け、また賀和良久《かわらく》の三宅という。

（播磨国風土記餝磨郡）

（所以称餝磨御宅者、大雀天皇御世、遣人、喚意伎・出雲・伯耆・因幡・但馬五国造等。是時、五国造、即以召使為水手而、向京之。以此為罪、即退於播磨国、令作田也。此時所作之田、即号意伎田・出雲田・伯耆田・因幡田・但馬田。即、彼田稲収納之御宅即号餝磨御宅、又云賀和良久三宅）

ヤマトから呼び出された五人の国造たちが、天皇の使者を漕ぎ手として使役したために罰せられ、播磨国の開墾を命じられた。その田の稲を収納するのに作られたのが餝磨の三宅（現在の姫路市飾磨区三宅。なお、賀和良久という別称の意味は未詳）だというのである。そこは姫路港に近いところであり、五人の国造は、国許から餝磨の地に集結し、そこから船でヤマトへと渡ったのだろう。そのために、集結地である餝磨の地で話が伝えられたらしい。

この伝承が興味深いのは、餝磨という土地が、意伎（隠岐）・出雲・伯耆・因幡・但馬から集結するのに都合のよい土地であったということを明かしている点である。それが、この伝えに餝磨が登場する理由であり、ここからは、山陰道とは異なる古代の道の存在を想像させる。

話としては次節で取りあげるつもりだが、相撲の起源や人形《ひとがた》埴輪の起源にかかわる出雲出身の有名人として日本書紀に伝えられている野見宿禰《のみのすくね》という人物がいるのだが、この人物は、播磨国風土記によれば揖保郡立野《たちの》（現、たつの市龍野町）の地で客死したと語られている。なぜここで野見宿禰が客死するかといえば、そこにはヤマトと伯耆・出雲をつなぐ道が通っていたからだ。

ほかにも揖保郡には、琴坂という土地の謂われを語る話があり、出雲の国人が坂で休憩していると、坂元で老父と「女子《むすめ》」が田を作っていた。出雲人は、その女を「感《かま》けしめむ」と思って琴を弾いて聴かせたので琴坂と名付けたという。その琴坂というのは、現在の、たつの市揖西町構《いっさいちょうかまえ》の辺りだと言われている。

また、揖保郡の西北に位置する讃容《さよ》郡にも出雲にかかわる往来伝承があり、出雲国から来た大神が、島村の岡を呉床《あぐら》にして、河に筌《うえ》（水中に沈めて魚を採るための竹編みの漁具）を仕掛けて魚を獲ろうとしたところ鹿が掛かったという播磨国風土記らしい滑稽な伝承が伝えられている（三浦『風土記の世界』一八七頁参照）。この地は、現在の佐用町中島の辺りとされている。加えて、讃容郡弥加都岐《みかづき》原《はら》は、伯耆の加具漏《かぐろ》と因幡の邑由胡《おほゆこ》の二人が、「清酒《すみさけ》を用いて手足を洗う」というような驕慢な生活をしていて朝廷から戒められ、懲罰を受けた場所として語られているが、その弥加都岐原というのは、現在の佐用町三日月の辺りであろうとされている。先ほども出てきたが、伯耆国や因幡国は、山陰道とは別の、播磨とつながる古い道を出雲とも共有しながら、ヤマトへと通じていた。それがこうした伝承を生じさせたのである。

ほかにもいくつか出雲の神や人が播磨国を通過する伝承はあるのだが、それらが分布する郡は播磨国風土記に記事をもつ九郡のなかで、餝磨・揖保・讃容の三郡に限られている。このことは、出雲と播磨とをつなぐ道を考える場合に、興味深い事実を浮かび上がらせる。具体的にいうと、歴史的には中世以降に確立したとされる「出雲街道」沿いに、これらの郡が位置していることである。

出雲街道とは、『鳥取県の地名』の「総論」に置かれた「出雲街道」の冒頭を用いて紹介すると、

「出雲国から伯耆国会見《あいみ》郡・日野郡を経て四十曲《しじゅうまがり》峠を越え、美作国津山を経て播磨国姫路へ至り、畿内へと結ぶ道。雲州街道・出雲往来ともいう」（四五頁）とある。律令国名でいうと、出雲・伯耆・美作・播磨の諸国を通過し、出雲国府から南東方向に延びて餝磨郡（姫路）へと到る、松江からはほぼ直線でつながるおよそ二〇〇キロほどの山越え道である。姫路から先は、前に引いた「餝磨の御宅」の伝承にもあったように船を利用することができるという点で、古代においては便利な道だったと考えられる。

出雲街道は、「古代の官道山陰道とは異なる道筋であり、美作から中国山地を越え伯耆―出雲へ至る道が中世には主要経路となっていたのであろう」とされるが、中世以前のことは記録もなくわかっていない。その道が、「米子城と出雲松江城の整備された江戸時代初期」に整えられ、「庶民の寺社参詣の道となり、山陽方面からは出雲大社・大山へ向かう道」となる。そしてまたその道は、「松江・広瀬両藩主の参勤交代路」としても、使いやすい経路に変更しながら利用されたのである（『鳥取県の地名』四五頁）。

播磨国風土記の些細なと思える伝承を少し掘り返すことで、その便利な出雲街道が古代から存在したことに気づかせてくれる。風土記が遺されたお蔭である。

野見宿禰の墓

前節で名前を出したノミノスクネ(野見宿禰)が、旅の途上で死んだという播磨国風土記の記事というのは次のような内容である。

立野《たちの》　立野と号けたわけは、昔、土師《はじ》の弩美宿禰《のみのすくね》が、出雲の国に往き来する際に、日下部野《くさかべの》に宿り、突然、病気になって死んだ。その時、出雲の国人たちがやってきて、人びとを連ね立て、川の小石を運んで墓の山を作った。それで、立野と号けた。そしてその墓屋《はかや》を号けて、出雲の墓屋という。（揖保郡日下部里）

(立野　所以号立野者、昔、土師弩美宿禰、往来於出雲国、宿於日下部野、乃得病死。爾時、出雲国人来到、連立人衆、運伝上川礫作墓山。故、号立野。即号其墓屋、為出雲墓屋)

ヤマトから出雲へもどる途中の(「出雲の国より」の訓もある)、日下部里の立野の地(兵庫県たつの市龍野町の辺り)でノミノスクネは死に、郷里から人びとが寄り来てそこに墓が造られたという。今もその墓というのが伝えられており、「現龍野町が遺称地で、的場《まとば》山中腹にある宿毛《すくも》塚が弩美(野見)

宿禰の墓と伝える」(『兵庫県の地名Ⅱ』六二九頁)という。現地に立ってみると、宿毛塚は、揖保川と龍野の市街を見下ろす山の中腹にあって、石の鳥居と出雲国造家の紋を刻んだ石扉があり、塚の上には小さな祠《ほこら》が祀られていた(写真参照)。

野見宿禰墓(兵庫県たつの市龍野町)

山を降りて立ち寄ったたつの市立龍野歴史文化資料館の展示によれば、明治時代になって播磨国風土記に出てくるスクネの墓探しが盛んに行われたようで、一八八二(明治一五)年に現地を訪れて墓の所在を尋ねた千家尊福《たかとみ》の影響もあって、現在の地が野見宿禰墓として整備されたらしい。岡本雅亨《まさたか》『千家尊福と出雲信仰』の年譜を確認すると、一九〇三(明治三六)年四月二六日、修繕された墓に尊福は参拝している(三一六頁)。もう一つの有力な候補地だったという西宮山《にしみややま》古墳の遺物を、ちょうど訪問した時に開催されていた特別展「はじめての里帰り　西宮山古墳の御宝《みたから》」で観ることができた(二〇一九年七月三一日訪問)。そこには、相撲を取る力士像が付いた立派な子持壺などが展示されており、相撲の元祖ノミノスクネとのつながりを想像したりしたのだが、古墳自体は六世紀のものらしく、時代は合わない。ちなみに、人物や動物を飾った子持壺は岡山方面に特徴的なもので、出雲型子持壺とは形式が違うようだ(島根県立八雲立つ風土記の丘編『出雲型子持壺の世界』三八頁)。

そもそも、ノミノスクネという人物が実在したかどうか、実在したとして時代はいつの頃か、あいまいなところばかりだが、たいそう著名な人物ではある。とくに知られているのは、相撲の元祖としてのノミノスクネだろう。

日本書紀のイクメイリビコイサチ（垂仁天皇）の七年、天皇が、当摩蹶速《たぎまのくゑはや》は天下の力士だと聞いているが、並ぶものはいるかと尋ねると、ある臣下が、出雲国の勇士、野見宿禰がいるというので、召し出して「捔力《ちからくらべ》」をさせた。すると二人は向きあって立ち、「おのおの足を挙げて互いに蹴りあった。〔野見宿禰は〕当摩蹶速の脇骨《かたはらほね》を蹴り折り、また、その腰を踏み折りて殺した（各挙足相蹶、則蹶折当摩蹶速之脇骨、亦、踏折其腰而殺之）」と記されている。

まるでキックボクシングだが、これが相撲の起源であり、ノミノスクネは相撲の神として祀られることになった。しかし、それよりも歴史的に重要だと思うのは、この人物が土師《はじ》氏の祖と伝えられていることである。冒頭に引いた播磨国風土記の伝承も、そのこととかかわっていると考えなければならない。

土師氏にかかわる伝えというのは、やはり日本書紀イクメイリビコ天皇の三二年に載せられている。それ以前の二八年、天皇の弟ヤマトヒコ（倭彦命）が亡くなって埋葬したが、陵墓の回りには近習の者が生きたまま埋め立てられた。その惨状を目にした天皇は、「今より以後《のち》、殉《したがひしぬること》を止めよ」と命じた。その四年後、皇后であったヒバスヒメ（日葉酢媛命）が亡くなった時、「この行《たび》の葬《みはぶり》に、いかがせむ」と群卿に問うと、野見宿禰が進み出て、自分が「便事《たよりなること》を議《はか》り」たいと申し出る。そして、「出雲の国にいた土部《はじべ》百人を呼び出し、自らが土部らを使って、赤土で人や馬、その他さまざまな物の形を造（喚上出雲国之土部壱佰人、自領土部等、取埴以造作人・馬及種々物形）」り、それを天皇に献上して、「今からは、この土の物を使って生きている人の替わりにして、陵墓に立てることを、後の代の決まりにしましょう（自今以後、以是土物更易生人、樹於陵墓、為後葉之法則）」と申しあげると、天皇は大いに喜んだ。そのために、土部連《はじべのむらじ》らが天皇の喪葬をつかさどることになり、野見宿禰が土部連らの始祖となった。

ここに語られている伝承をそのまま受け入れ、これを埴輪の起源と考えることは到底できない。埴輪の変遷をみると、壺形埴輪や円筒埴輪からはじまり、器台埴輪・器財埴輪・人物埴輪・動物埴輪などに広がったもので、人物や動物を模した埴輪は古墳時代の中期半ば以降に作り始められ、後期に盛んとなったと考えられている。イクメイリビコの時代（三世紀頃とみて）まで人物埴輪を遡らせることはできない。しかし近年、全国でもっとも古いとされる人物埴輪が島根県松江市の石屋《いしや》古墳から発掘されており（古墳時代中期中葉、五世紀中〜後葉）、そのなかには武人や貴人に加えて力士埴輪が含まれるなど、ノミノスクネとのつながりを連想させて興味をそそられる（島根県立古代出雲歴史博物館編『倭の五王と出雲の豪族』六八頁以下）。

もちろん、だからノミノスクネは実在し人物埴輪作りを建言したのは事実だというような短絡的なことを言う気はない。この伝承はあくまでも土師氏の功績を語る起源譚と考えるべきだ。ただ、その起源譚の始発を、イクメイリビコの時代から二〇〇年か二五〇年ほど繰り下げてみたらどうか。そうすれば、「歴史書の記載から、殉死の代用であることが長く語り伝えられてきたが、今日の考古学者でそれを信じるものはまずいない。それは、考古学的な年代決定法に基づく人物埴輪の出現の時期が、垂仁紀のこととする歴史書の記載と大きくずれることによるだけでなく、殉死の風習すら存在したかどうか疑問を持たれていることも関係している」（高橋克壽《かつひさ》「人物埴輪の登場と大和政権」）という、ある種お決まりの発言に妥当性や信頼性が保証されるかどうか、わたしには大いに疑問だからである。伝承というのは、都合よくどこかの時代にくっついてしまうが、事実はそれとは離れたところに存するというのはいくらでもありうる。語られている時代が違うからといって中身まですっかり棄てるなんて、なんともったいないことか。

そもそも、考古学者や歴史学者が殉死の風習を否定的に疑うという現状こそ問題ではないか。それは、あれだけ細かく距離や方位にこだわるような議論をしながら、いわゆる「魏志倭人伝」に出てくる、卑弥呼が没したときの「徇葬《じゆんそう》する者、奴婢《ぬひ》百余人」という記述を正面から論じる者がほとんどいないのも同じ理由ではないか。殉死についていえば、わたしなどは、日本にも当然あったに違いないと思うし、そう考えないと、古代における権力者がいかなる存在であったかということを理解できないと考えている。日本だけ特別ということなど何もないはずだ。

殉死に関してはさまざまな議論があることはよく承知している。そして、殉死記事の信憑性が問題になるのもよく承知しているし、伝承における誇張が混じっているのは当然だが、何らかの事実を背景にもって伝えられているということを疑うほうがむずかしい伝承も多い。ここでは一つ、播磨国風土記に出てくる事例を挙げてみる。

貽和《いわ》の里　船丘の北の辺りに馬墓の池がある。昔、大長谷《おほはつせ》の天皇（雄略天皇のこと）の御世に、尾《お》治連《わり》らの祖先である長日子《ながひこ》は、たいへん従順な婢《はしため》と馬をもち、どちらも気に入っていた。そこで、長日子が死に臨んだ時、息子に言うことには、「私が死んだあと、みな、葬るに私に準じるように」と。そこでその言にしたがって墓を作った。第一は長日子の墓となし、第二は婢の墓となし、第三は馬の墓となす。併せて三つの墓がある。（餝磨郡）

（貽和里　船丘北辺有馬墓池。昔、大長谷天皇御世、尾治連等上祖長日子、有善婢与馬、並合之意。於是、長日子将死之時、謂其子曰、吾死以後、皆葬准吾。即為之作墓。第一為長日子墓、第二為婢墓、第三為馬墓。併有三）

貽和里は伊和里に同じという。オホハツセの時代というから、信じれば五世紀の後半、人物埴輪が出現した時代ということになろうか、女奴隷と馬は、主君の長日子に殉ずるために殺されたのである。伝承ではそのようには語っていないが、どれだけかわいがっていたからといって、主人が死んだら、奴隷や馬もいっしょに寿命が尽きるということは生物学的に考えられない。とすれば、奴隷も馬も主人の死に際して殺されたと読むほかはない。

むろん疑ってみることも必要だが、日本にはそんな残酷な風習はなかったとは考えないほうがい い。近年の考古学の発掘成果では、たしかに馬が殉殺されていたことは証明されている（松井章『環境考古学への招待』一二八〜一三四頁）。これにかかわって聖徳太子の逸話を思いだす。太子の愛馬「黒駒《くろこま》」は、太子が没すると物を食わなくなり、葬送の日、太子の棺に従い墓まで行くと、一声嘶《いなな》き、そのまま倒れて死んだので埋めたという（『三宝絵詞《さんぼうえことば》』中巻、一「聖徳太子」）。これなども、背後の事実を探ってみれば、殉殺したとしか考えられないはずだ。

じつは、以前わたしは「殉死と埴輪」という論文を書いたことがある。その全体については読んでいただきたいが、論文の最後に次のように述べた。

忠誠はどのように行為化されるか、王の権威はどのように示されるか、その一つの具現化として、殉死はごく自然に存在しえたのではないかというふうに考えてみることが必要なのである。そして、このように説話群を読み解いてくると、殉死(殉葬、殉殺)という行為が、たんに伝承の問題としてではなく、現実の行為としても行われていたということは疑う余地がないように思われる。

そうした行為を取り上げて残酷さや野蛮さを強調してみることもできようが、古代的な主従関係のなかで、従う者たちの選ぶべき道として、殉死はあったにちがいないし、ある種の美意識といったものが、死ぬほうにも、それを強いるがわにもあったのではないかと思われる。

(三浦『古代研究』一九四〜一九五頁)

この文章ははじめ、雑誌『東北学』三号(二〇〇〇年一〇月)に書いたのだが(引用とは表現が若干違う)、のちに考古学者の大塚初重氏の手で『史話　日本の古代四　巨大古墳を造る』に再録された。したがって、考古学者や歴史学者の目にも少しはふれているはずだが、反響はまったくない。

ここでもう一度、最初に取りあげた播磨国風土記の立野の伝承にもどっておきたい。

客死した頭領ノミノスクネを、亡くなった地で葬るというのが一般的なことかどうか。播磨から出雲までなら、それほどの日数を要するわけではないから、遺体を故郷に運んで埋葬してもよさそうだが、そうしないのには、なんらかのしきたりがあったのかもしれない。そして、そのノミノスクネが死んだ時、やって来たという出雲の国人たちというのは、土師氏の一族とみて誤るまい。

そこで土部たちは、人びとを連ね立てて、「川の小石」を運び「墓の山」を作ったという。各地に居住する土部の集団は、「必要に応じて中央に召集され、古墳の築造や埴輪その他の土師器の製造に従事した」人びとであり(『国史大辞典』「土師部」直木孝次郎執筆)、埴輪だけを作っていたわけではない。

かれらは、「人びとを連ね立て、川の小石を運んで墓の山を作った(連立人衆、運伝上川礫作墓山)」と描かれていたが、そのさまは、日本書紀ミマキイリヒコ(崇神天皇)の一〇年九月、ヤマトトトヒモモソヒメ(倭迹迹日百襲姫命)の死を伝える記事のなかに出てくる、墳墓を作る際にうたわれた歌と伝えられた歌謡に、次のようにうたわれているのと同じである。

大坂に　継ぎのぼれる　(大坂山につながりのぼっている石の群れを)
石群《いしむら》を　手《た》ごしに越さば　(手渡しにつないで運べば)
越しかてむかも　(運び終えるだろうか)

ヤマトトトヒモモソヒメというシャーマンが、夜ごと訪れる三輪山にいますオホモノヌシ(大物主神）の姿（櫛笥《くしげ》のなかに入っていた小蛇）を見て驚き叫んだために、オオモノヌシは怒って帰ってしまう。それを見たヒメは後悔してしゃがみこみ、「箸《はし》に陰《ほと》を突いて死んでしまった（箸撞陰而薨）」という。そこで、ヒメを葬るために盆地の西の端にある大坂山の石を運んで墓を作ったのだが、そのさまは、「山から墓に至るまで、徴用された人民がとぎれずに並び、手から手へとわたして運んだ（自山至于墓、人民相踵、以手逓伝而運）」と日本書紀は記している。いわゆる邪馬台《やまと》国の卑弥呼が葬られているのではないかといわれている箸墓《はしはか》の起源譚であり、引用した歌謡は、その墓作りのさまを見た「時の人」の歌だという。

多くの古墳は、表面を葺《ふ》き石で覆われている。それはヤマト王権を象徴する前方後円墳ばかりではなく、出雲を代表として日本海文化圏を象徴する四隅突出型墳丘墓においても同様である。それゆえに、もし播磨国の立野に作られた墓がヒトデのような四隅突出型であったなら、ノミノスクネの墓である可能性は大きいと思うのだが、さて。

【添書き】本書校正中に、考古学者の大塚初重氏が亡くなられた。その学問的業績や教育者としての高潔さについては言うまでもないが、考古学を志すきっかけともなった戦時中の兵士としての壮絶な戦争体験については、五木寛之・大塚初重『弱き者の生き方　日本人再生の希望を掘る』（毎日新聞社、二〇〇七年）、梯久美子『昭和二十年夏、僕は兵士だった』（角川書店、二〇〇九年）に詳細に語られている。享年九五。合掌。

あやしい剣の物語

土の中からめずらしい遺物が掘りだされるというのはよくあることだが、古代にも同じようなことが起こって人びとを驚かせる。ここで取りあげるのは一本の剣の変転を語る播磨国風土記讃容郡の中(仲)川里に伝えられている話だが、内容は三段に分けられるので、わかりやすく段落番号を付して紹介する。

① 昔、近江の天皇(天智天皇)の時代、丸部《わにべ》の具《そなふ》という人がいた。仲川《なかつがわ》の里の人だった。この人が、河内の国兎寸《とのき》の村人の所持する剣《つるぎ》を買い取った。ところが剣を手に入れて以降、家はすっかり滅んでしまった。

(昔、近江天皇之世、有丸部具也。是仲川里人也。此人、買取河内国兎寸村人之賷剣也。得剣以後、挙家滅亡)

② その後、苫編部《とまあみべ》の犬猪《いぬゐ》が、その屋敷跡に圃《はたけ》を作ると、土中からその剣を掘りだした。剣は、周囲一尺ほど土から離れていた。その剣の柄《つか》は朽ちて失くなり、その刃はさびることなく、明らかな鏡のように光りかがやいていた。そこで犬猪は、心のなかでどうにも怪しい剣だと思い、

剣を持って家に帰るとすぐに、鍛人《かぬち》(鍛冶)を頼んで、その刃を焼かせた。その時、この剣は、屈んだり伸びたりしてまるで蛇のようになった。鍛人は大いに驚き、途中で打つのを止めてしまった。そこで犬猪は、異《あや》しい剣だと思い、朝庭《みかど》に献上した。

(然後、苫編部犬猪、圃彼地之墟、土中得此剣。土与相去廻一尺許。其柄朽失而、其刃不渋、光如明鏡。於是犬猪、即懐怪心、取剣帰家仍、招鍛人令焼其刃。爾時、此剣、屈申如蛇。鍛人大驚、不営而止。於是犬猪、以為異剣、献之朝庭)

③のち、浄御原朝庭の甲申年《こうしん》(天武一三年、六八四年)七月、曽禰連麿《そねのむらじまろ》を派遣し、剣を本の処に返し送った。今も、この里の御宅《みやけ》に安置されている。

(後、浄御原朝庭甲申年七月、遣曽禰連麿、返送本処。于今、安置此里御宅)

ドキュメンタリータッチで記述され、時代もはっきりして関係者も固有名詞で登場する。もちろん、場所も明らかだ。讃容郡中(仲)川里は、兵庫県佐用郡三日月町の辺り(平成の大合併により三日月町は消滅し佐用郡佐用町となった)、姫路駅からJR姫新線で西北方向に四〇キロ弱、前に「動く神、歩く人、作られる道」で紹介した出雲街道沿いの山あいの地である。

そこに住む丸部の男が、河内国の兎寸村の人から剣を買ったという。剣の行商人が行き来していたとは思えないが、河内の人がここに出てくるのは、出雲街道が走っていたからだろう。河内と出雲との往来の途中に、剣を売買するというようなことがあったのかもしれない。とすれば、その剣は、出雲の砂鉄によって鍛えられた逸品か、などと連想をはたらかせてみるとおもしろい。兎寸はトノキと訓んだが、ウノキと訓む説もあり、場所ともに不明だが、これもⅢのなかの「舟を編む」に出てきた「枯野《からの》」と名付けられた船材になった高樹が生えていたという「菟寸河」(古事記、下巻)のトノキと同じところか。とすれば、JR阪和線の富木《とのき》駅(大阪府高石市)の近辺ということになる。この辺りは和泉国に属しているが、河内国から和泉国が分国されたのは七五七(天平勝宝九)年、その前に和泉監《げん》になったのも七一六(霊亀二)年のことだから、風土記の撰録命令が出た七一三年には河内国であり、地理的な説明としては矛盾はない。

そのトノキについて、飯泉健司が、河内のトノキと播磨の仲川里とは、「鉄に関わる鍛冶の存在」という点で共通性があり、「古代トノキの首長は、鉄製作に関わっていた可能性が高い」と述べているのは(『播磨国風土記神話の研究』一一四頁)、この伝承を考える上できわめて興味深い指摘である。

時を経て、剣のせいかどうかは別として、ソナフの一家は滅びてしまう。しかし、そこに因果関係があろうがなかろうが(因果関係などというものは本来ないのだが)、人びとは当然、ある家の滅亡に立ち会うと、何らかの理由を探し出してしまうものであり、この場合も、買い取った剣のせいにしてしまったのである。共同体におけるそのような思考回路が、伝承を生みだす源泉だといってよい。そして、そこから話は広がり展開する。

不思議な力を秘めた剣は、移動をくり返し持ち主を変えて話を増殖させる。ここで語られる変転②は、ソナフ一家の滅亡後の話である。苫編部のイヌキという人物が、ソナフの屋敷跡を手に入れて耕作地にした。没落した家の屋敷跡は、たとえば豊後国風土記速見郡の「田野」がそうであるように、長者没落譚として各地に伝えられている(三浦『風土記の世界』二一四～二一七頁参照)。

その屋敷跡の畠の中から掘りだされたソナフの剣は、イヌヰの手へと受け渡される。木製であろう柄の部分は朽ち果てていたが(おそらく鞘も)、刀身には錆もなく、「明らかな鏡」のごとくに光を放っていたという。そこで、「鍛人(鍛冶)を頼んで、その刃を焼かせた」とあるのだが、この展開にはいささか引っかかるところがないわけではない。刃には錆もなく光っていたというなら、なぜ鍛え直さなければならないのか。研いで柄と鞘をあつらえれば、立派な剣に再生できるように思われる。おそらくそのあたりに、この伝承の誇張があり、何らかの支障があったから焼き直させようとしたということに違いない。

加えて気になるのは、①冒頭の「昔、近江の天皇のみ世」と、②の「然して後」とのあいだには、さほど時間が経っているとは思えないことだ。さほどというより、ほとんど時間は経過していないのではないか。先走っていえば、③で朝廷から剣が返されたのが六八四年のこと。天智天皇の在位は六六二年から六七一年までだから、もっとも長く見積もっても二〇年である。それにソナフが剣を買い取ってから没落するまでの期間とイヌヰが朝廷に献上してから返却されるまでの期間を差し引くと、柄が腐るほど過ごしたという土中にあった時間は算出不可能になる。

伝承の内部かわたしの説明か、そのどこかに問題があるのだが、話題を先に進めよう。イヌヰが、見つけた剣を鍛冶に頼んで鍛えてもらったところ変形してしまう。そこで、「異しい剣」と思ったイヌヰは、剣を朝廷に献上したというのだが、じつはここで、たいそう興味深いことに出くわすことになる。この出来事に対応すると思われる記事が、日本書紀に出てくるのである。

この歳、播磨の国の司である岸田臣麻呂《まろ》ら、宝剣を献《たてまつ》って言うことには、「狭夜《さよ》の郡《こおり》の人が、禾田《いなだ》の穴の内から得たものです」と。　（天智即位前紀）

（是歳、播磨国司岸田臣麻呂等、献宝剣言、於狭夜郡人、禾田穴内獲焉）

まことに偶然で、よくこんな記事が載せられたものだと思うのだが、記事が置かれているのは、天智即位前紀であり、そのまま信じれば、母斉明が亡くなった年、六六一年のことになる。とすると、丸部のソナフが河内の人から剣を買ったという①の「近江の天皇のみ世」という伝えと時代が合わない。これをどう考えればいいか。

日本書紀の記事と播磨国風土記の記事とをまったく無関係とみなすことはできない。そして、日本書紀の記事から考えると、播磨国風土記の①冒頭の「近江の天皇の時代（世）」というのは、②のイヌキが朝廷に剣を献上した年とみなさねばならないということに気づかされる。とすると、①で語られているソナフが剣を買い取り、その後に家が没落したというのは、それよりずっと昔にあった出来事だったのである。そして、そのように位置づけると、さきほど述べた時間経過の不自然さはなくなる。

播磨国風土記の記事は、剣が朝廷に献上された時と、返却された時とを基準にして記述されているのであり、正史「日本書」の一部として位置づけるとすれば当然のことである。しかも、播磨国風土記は「日本書」の紀である日本書紀が編纂される前に書かれているのだから、即位前の出来事であっても、認識としては「近江の天皇の時代」でよいということになる。

さて、播磨国の役人を通して朝廷に献上された剣は、③によれば、「浄御原朝庭の甲申年七月」に、曽禰連麿という人物（役人か）によって、現地の「御宅」にもどされることになった。この「甲申」年は、六八四（天武一三）年にあたり、献上してから一二三年後だということがわかる。もどされた理由は記されていないが、一般的には、霊剣ゆえにもどしたと解釈する。たとえば、飯泉健司は、③に「今も、（略）安置……」と「今」が強調されているのは、「中央から戻ってきた霊威ある「異剣」（珍しい剣）を、今も確実に保管（安置）している、というような主張を含み持つ」からだと解釈する（『播磨国風土記神話の研究』一一七頁）。たしかに、「安置」とあるところからみても貴重品として取り扱われていると理解してよかろう。しかし、それほど大切な剣であるならば、朝廷は、なぜ現地にもどしたのか、その説明がほしい。

飯泉は、この記事には国司がかかわっており、「今に安置する」といった表現には国司の側の関与が認められるとする。地方の国々における、瑞祥報告や瑞物の献上が国司の重要な任務であり、恩賞に預かったり位階昇進にもかかわるのが国司だとすれば、飯泉の説明は納得できる。

ところが、一二三年後に剣はもどってきた。そこにどのような事情があったのか。大した価値がないというのでもどされたか、逆に、あまりにも霊威が激しく朝廷に置くのはまずいというので現地にもどされたか、献上品が地元にもどる理由を想像すれば、そんなところか。しかし、いずれの場合も、一二三年後という時間とうまく整合しない。また、霊威がすごくてもどしたのなら、「里の御宅に安置する」という、いかにも安直にみえる保管方法をとるとは考えにくい。とすると、大した価値もないので朝廷では持て余し、地元にもどしたというのか。

いずれにしてもどこか釈然としない部分が残ってしまうのだが、飯泉健司は日本書紀に載せられた次の記事とかかわらせて、剣の返却を説明する。

八月三日に、忍壁《おさかべ》皇子を石上《いそのかみ》神宮に遣わして、膏油《こうゆ》をもって神宝を磨かせた。その日に勅《みことの》りして、「元から諸家の神府《ほくら》に納められていた宝物は、今はみな、その子孫たちに返還せよ」と仰せになった。（天武三［六七四］年）

（秋八月戊寅朔庚辰、遣忍壁皇子於石上神宮、以膏油瑩神宝。即日勅曰、元来諸家貯於神府宝物、今皆、還其子孫）

膏油というのは刀剣を磨いたりする時に用いる油らしいが、石上神宮に長い年月を経て収蔵されたままになっていた神宝の類いを、きれいに磨いた上で、元来の所有者に返還させたというのである。その理由はおそらく、ヤマト王権にとって、地方を掌握したことの証しであった神宝は、壬申の乱（六七二年）というクーデターに勝利して列島支配の頂点に立った天武天皇には、所持する必要がなくなったということを意味しているものと思われる（三浦『出雲神話論』六二二頁）。この記事に注目する飯泉の指摘は重要だと思うのだが、神宝の返却は六七四年、一方の、播磨への剣の返却は六八四年で、両者のあいだには一〇年の隔たりがある。神宝の返却が国家事業として継続的に行われていたと考えることはできるが、いささか時間が隔たり過ぎているのが気になる点である。

思考の行き詰まりを打開するために、ここに登場する剣がいかなる価値をもつかということを考えてみよう。記事では、鍛冶に頼んで土中から出た剣の刃を焼かせたところ、「屈んだり伸びたりしてまるで蛇のようになった(屈申如蛇)」ので、驚いて打つのを止めたとある。

これをどのように解するか、一般的な理解では、この剣は蛇行剣《だこうけん》とみなされている。九州から関東にかけての古墳時代の遺跡から数多くの蛇行剣が出土するが、飯泉は、「蛇行する剣は通常の武器とは異なって観念されていた。霊威を持つ剣、儀礼的な道具、もしくは信仰の対象となる剣が、蛇と結び付けられている。単なる武器では無い」と言う(『播磨国風土記神話の研究』一一二頁)。

一方、岩田芳子は、蛇行剣と断定するには根拠に乏しいが、武器としての剣ではない何かがあると見立てる。そして、剣がいったん霊威ある剣として朝廷に献上されながらもどってきたことを踏まえ、この剣の扱いを、「「霊剣」でも単なる武器でもなく、しかし保管されるべき理由のある「もの」であることが示唆」されているのではないかと説明する(「『播磨国風土記』「異剣伝説」をめぐって」)。少々わかりづらいが、興味深い解釈ではないかと思う。

岩田が言おうとしていることを踏まえてわたしなりに説明すれば、いささか持て余し、あれこれと忖度《そんたく》した果てになされた処置が、御宅での安置だったということになる。忖度などという流行語を使ってしか説明できないところは、いささか気恥ずかしいのだが、届けられた品を棄ててしまうこともできない時、どのような処置が可能かということを考えてみたのである。献上した側の思いを配慮するといったことが朝廷の側にあったと考えてよいかどうか、そのような推測をすることが妥当か否かということは、ここではあまり考慮していない。

ただ、わたしがそのようなことを考える根拠となった論文について紹介しておきたい。それは、ここに出てくる剣を蛇行剣のような特別の品物ではないとする見解で、古代における金属工芸の復元などに携わる技術者によって提起された報告である。讃容郡の伝承には剣を掘りだしたイヌヰが鍛冶を頼んで刃を焼かせたとあるが、その焼入れ過程に関する技術的な推測である。

剣を少なくとも九〇〇℃前後に赤熱させたのであろう。それによって「申屈して蛇の如し」というのであるから、大きく変形したに違いない。吉野（東洋文庫『風土記』の著者・吉野裕のこと—三浦、注）の言うような青銅剣であれば、その温度では溶け始めてしまうことはあっても暴れることはなかったであろうし、鍛鉄製の剣であれば、これを叩きもせずに大きく変形することはない。この記述が実際に起こった事件を元になされたものとすれば、この剣は、鋳鉄製であったと考えてよいであろう。古墳時代から飛鳥奈良時代にかかる頃の列島内では鍛鉄製の刀剣がほとんどであったであろうから、鍛冶職人にしてみれば、鍛鉄製の刀剣を扱うのが常であり、鋳鉄製の剣を熱処理した経験はほとんど無かったと考えて良い。したがって、熱した剣の異常な伸長や反り方を見て、七支刀の復元に当たって私たちが驚いたのと同様な驚き方をしたことは想像に難くない。

（福井卓造・鈴木勉「古代文学と技術移転（2）刀匠を驚かした申屈する剣」）

石上神宮に所蔵される国宝「七支刀《しちしとう》」の復元作業に携わった金属工芸の技術者が、その時の体験を踏まえて論じた文章である。それによれば、朝鮮半島に早くから存在した「鋳鉄」の技術は日本には長く伝えられることはなかった。そのために、「鍛鉄」による剣しか扱ったことがなかった鍛冶が、はじめて「鋳鉄」製の剣を焼いた時の、剣の熱変化に対する驚きが表現されているという見解は、技術者でなければ思いつけない解釈である。ちなみに、「鋳鉄は通常の刀の鍛鉄に比べて軟化が始まる温度も、溶け始める温度も著しく低い」のだという。

そのように読めば、播磨国の役人も献上された朝廷も、「鋳鉄」製であることを知らないままに「異しい剣」として受け入れていたが、のちに、技術の違いによって生じた変化であることに気がつき、自分たちの不明さを隠したまま、こっそりと現地にもどしたというのが正解ではないかという、なんともあっけない結論に至らざるをえない。

ということで、とんだ霊剣騒動のお粗末ということになるが、お許しいただきたい。

Ⅳ

生きものたち

イノシシを追って

十二支の掉尾《ちょうび》を飾っているのかどうかはともかく、年が明けてイノシシ年になったこともあり、この動物が風土記のなかにどのように出てくるのか調べてみた。ちなみに、古語では生きたイノシシは「ゐ」と言い、キノシシは「猪の肉」という意味になる。シカ（鹿）とともに狩猟獣の代表であった消息をよく示している。また、十二支の「亥」は本家の中国ではブタのことで野生のイノシシではないというのは周知の事実。

まずは、風土記のなかに野生の獣類がどのように出てくるかを確認しておこう。出雲国風土記には各郡ごとに棲息する植物や動物を列挙している項があり、「禽獣《とりけもの》は……」として掲げられた野生獣のなかから鳥類を除き整理して示すと次のようになる。

意宇＝熊・狼・猪・鹿・兎・狐・飛鼯《むささび》・獼猴《さる》
島根＝猪・鹿・猿・飛鼯
秋鹿＝猪・鹿・兎・飛猵《むささび》・狐・獼猴
楯縫＝猪・鹿・兎・狐・獼猴・飛鼯

出雲＝猪・鹿・狼・菟《うさぎ》・狐・獮猴・飛鼯
神門＝熊・狼・猪・鹿・兎・狐・獮猴・飛鼯
飯石＝熊・狼・猪・鹿・兎・獮猴・飛鼯
仁多＝熊・狼・猪・鹿・狐・菟・獮猴・飛鼯
大原＝熊・狼・猪・鹿・菟・獮猴・飛鼯

南北に長い日本列島では気候差もあって違いはあろうが、ここに並べられた動物が野生の獣類の主なものであったと言えるはずだ。そのなかで出雲国の九郡すべてにイノシシとシカが出てくるのは予想通りだが、サルとムササビが並ぶとは思ってもいなかった。ムササビの場合は夜行性で昼間は捕獲しやすいとか毛皮が貴重だったというようなことがあったためか。またサルは、人と接触しやすい場所に棲息し、行動や姿に親近感を抱いていたのだろう。はじめに十二支にふれたが、ここに出てくる動物のうち十二支に含まれるのはイノシシを入れて三種のみ。どうやら選択の基準が違っているらしい。

イノシシ・シカ以外の動物を登場回数順に並べると、ウサギ八郡、オオカミ六郡、キツネ六郡、クマ五郡となる。出雲国という限られた範囲を対象としているので、分布に大きな違いはないが、島根半島に位置する四郡にはクマが棲息しないなど（オオカミも半島部の三郡にはいない）、南の山間部と北の海岸部（島根半島）とでは生息環境が違っているのは容易に想像できる。また、同じく狩猟対象獣でも、イノシシやシカに比してクマやオオカミがどの程度獲れたか、あるいは獲ろうとしたか。

肉や毛皮に対する要求度や捕獲の難易度など、さまざまな要因や条件を考慮すると、イノシシとシカが、日本列島の狩猟獣の筆頭に位置するのは疑いようがない。

そのことは、これらの動物が神話や伝承のなかにどのように伝えられているかをみても納得できる。圧倒的に多いのはシカとイノシシであり、その他の野生獣は風土記のなかにほとんど姿を見せない。播磨国風土記の宍禾《しさわ》郡条の何か所かに「狼・羆《くま》(熊)住めり」という記事はあるが、伝承にはまったく出てこない。クマの場合は、狩猟民以外は接触する機会がなかったであろうし、里近くに住むキツネの場合、平安時代以降の稲荷信仰や化かすキツネの話が広がるまでは、伝承の対象になった痕跡がない。また、大神を語源とするオオカミも、秦大津父《はだのおほつち》の遭遇譚が日本書紀にあるのがもっとも古い事例であり(欽明即位前紀)、風土記にも古事記にも伝承は存在しない。

一方、トリックスター的な存在として古事記の稲羽《いなば》の素兎《しろうさぎ》神話に語られるウサギは、現存五風土記には伝承の痕跡が見つからない。ただし、『塵袋《ちりぶくろ》』巻一〇(鎌倉時代成立)に「因幡ノ記ヲミレバ」として、古事記の「稲羽の素兎」の類話が載せられている。これが因幡国風土記の逸文のことだとすれば、風土記にウサギの伝承はあるということになるが、大系本風土記で「存疑」とするなど、八世紀の風土記の記事ではないとするのが通説である。だが、西太平洋地域における類話を網羅的に検証し分析した小島瓔禮《よしゆき》は、「『因幡記《いなばのき》』が『因幡国風土記』であるとしても違和感はない」して、古風土記の記事であった可能性を指摘する(「オホクニヌシと因幡の白兎」)。

遺されている風土記が限られているという点はもちろん、風土記が記述しようとした「山川原野《さんせんげんや》の名号《みやうがう》の所由《しよいう》」や「古老《こらう》の相《あひ》伝ふる旧聞異事《きうぶんいじ》」のなかに、野生獣にかかわる伝承がどれだけ拾われる可能性があったかなど、考慮しなければならない点は多いが、狩猟獣に対する農耕民一般の認識は意外に冷淡だったのかもしれない。

そのような点を踏まえて、風土記に出てくるイノシシ伝承を取りあげる。するとやはり、神秘化されたイノシシといえるような話は見あたらない。たとえば、「伊服岐能山《いぶきの》の神」が「白き猪《ゐ》」となって現れ、ヤマトタケル(倭建命)を苦しめたというような、古事記に語られる山の神の化身としてのイノシシを、風土記は語ろうとしないのである。

① 大野の郷 (略)和加布都努志能命《わかふつぬしの》が狩りをなさった時、郷の西の山に狩り人を立て、自分は猪を追って北の山に上っていった。阿内《くまぬち》の谷に至り、その猪の姿がかき消えてしまった。そこでおっしゃることには、「自然《おのずから》なのか、猪の姿が失せてしまった」と仰せになった。そこで、内野《うつの》と云った。しかるに今の人はそれを間違えて大野と号《なづ》くるのみ。(出雲国風土記秋鹿郡)

(大野郷 (略)和加布都努志能命御狩為坐時、即郷西山狩人立給而、追猪犀北方上之。至阿内谷而、其猪之跡亡失。爾時詔、自然哉、猪之跡亡失詔。故、云内野。然今人猶誤大野号耳)

② 欟折山《つきおれやま》 品太《ほむだ》の天皇(応神天皇)がこの山で狩りをなさり、欟弓《つきゆみ》で、走る猪を射たところ、その弓が折れた。そこで、欟折山という。(播磨国風土記揖保郡)

(欟折山 品太天皇狩於此山、以欟弓、射走猪、即折其弓。故、曰欟折山)

③ 勢賀《せか》というわけは、品太の天皇がこの川内《こうち》で狩りをなさり、たくさんの猪鹿《しし》をここに追い出して殺した。そこで勢賀という。星の出る時になるまで狩りをして殺した。そこで、山を星肆《ほしくら》

と名づけた。（同前、神前郡）
（所以云勢賀者、品太天皇狩於此川内、猪鹿多約出於此処殺。故曰勢賀。至于星出狩殺。故、山名星肆）

④阿多加野《あたかの》は、品太の天皇がこの野に狩りをしたときに、一頭の猪が、矢を負いてあたき（阿多岐）をした。そこで、阿多賀野という。（同前、託賀《たか》郡）
（阿多加野者、品太天皇狩於此野、一猪、負矢為阿多岐。故、曰阿多賀野）

いずれの伝承も地名起源譚になっている。①の場合は内野を誤って大野と呼ぶようになったという、かなり苦しげな説明をする。ここでは、「古代の発音では「失す」はウツに近く、「内野」はウチノであった。ウツとウチの相似を語源伝承としたもの」と解釈する全集本風土記の解釈に従ったが、「自然《うつな》きかも（自然哉）」と訓んで、内野とつなげる解釈（大系本風土記）もあって揺れがある。

②〜④はいずれも播磨国風土記のホムダ（応神）天皇を主人公とした伝承であるが、地名の謂われを語る以上の展開は認められない。③が語る過剰とも思える動物殺しの先に、何らかの伝承が生じる気配を感じないわけではないが、ここに語られているのは、豊かな狩りの喜びとしか読めない。また④の場合、「あたきをした（為阿多岐）」というイノシシの行動は、ホムダの天皇を畏れさせたはずで（アタキはウタキの類語［音訛］とみて、「唸る」という意味で解釈されている）、古事記にある次のような伝承に展開しそうな気配は孕んでいる。

また、ある時、天皇は葛城《かづらき》山の上に登りいました。そこに大きな猪が出てきた。すぐさま天皇は、鳴り鏑《かぶら》をとってその猪を射た時に、猪は怒って宇多岐《うたき》より来た。そこで天皇は、その宇多岐を畏れて、ハンノキの上に登った。ここに歌うことには、

(又、一時、天皇登幸葛城之山上。爾大猪出。即天皇、以鳴鏑射其猪之時、其猪怒而宇多岐依来。故天皇、畏其宇多岐、登坐榛上。爾歌曰)

やすみしし　わがおほきみの　(八つの隅まで統べなさるわが大君が)
あそばしし　ししの　(狩り遊びをなさると、イノシシの)
やみししの　うたきかしこみ　(手負いのシシの唸り声に畏れなし)
わが逃げのぼりし　ありをの　(わが逃げ登った高くそびえる丘の)
はりの木のえだ　(そのハンノキの枝よ)

(古事記、下巻)

オホハツセワカタケル(雄略天皇)の勇猛さと滑稽さがよくあらわれた伝承と歌謡である。これに重ねて播磨国風土記に描かれるホムダの天皇の性格を考えれば、②〜④も同じような話に展開してよさそうだが、そこまで成熟する時間はなかったらしい。

一般に、狩猟というのは動物殺しであり、流血をともなうものだという点で、伝承はどこかに不穏さを漂わせていることが多い。古事記や日本書紀の狩猟伝承が反乱や戦乱と結びついて語られることが多いのも、そうした点とかかわっていると思うのだが、風土記の狩猟伝承はどちらかといえば穏やかな印象が強い。

葛城一言主神社（奈良県御所市森脇）

伊夜丘《いやおか》は、品太の天皇の狩り犬［名は、まなしろ］は、猪とこの岡に走り上った。天皇が見て云うことには、「射よ」と。それで伊夜岡という。この犬が、猪と戦って死んだ。すぐさま墓を作り葬った。そこで、この岡の西には犬の墓がある。　（播磨国風土記託賀郡）

（伊夜丘者、品太天皇獦犬［名、麻奈志漏］、与猪走上此岡。天皇見之云、射乎。故曰伊夜岡。此犬、与猪相鬪死。即作墓葬。故、此岡西有犬墓）

目前田《まさきだ》は、天皇の狩り犬が猪に目を打ち割《さ》かれた。そこで、目割《まさき》という。　（同前）

（目前田者、天皇獦犬為猪所打害目。故、曰目割）

二つは隣り合って並ぶ伝承で、同じ犬の死が語られているのだろう。天皇の愛犬マナシロがイノシシに殺され、墓まで作ったというのだから、天皇の歎きや後日譚が伝えられてもよさそうだが、少なくとも風土記には何も伝えがなく、出来事が淡々と記されている。

こういう場合、この出来事が事実か否かは別にして、ここから伝承へ向かうには、どのような回路が必要なのであろうか。時間があればというような問題ではなく、伝承を醸成させるための何か、出来事から話へと飛躍させる何かが、これらのイノシシ譚では決定的に欠落しているようにみえる。播磨国風土記をみると、伝承として十分に成熟している話はあるし、品太天皇の伝承にもおもしろい話はある。イノシシに問題があるのか、それ以外に理由があるのか、その辺りのところがよくわからない。

風土記にみられるイノシシに関して、もう一つ、飼育されたイノシシ、いわゆる猪飼《いかい》の存在にふれておく。

猪養野《いかいの》　右、猪飼と号けたのは、難波の高津の宮で天下を支配なさった天皇（オホサザキ、仁徳天皇）の時代、日向《ひむか》の肥人《くまひと》である朝戸《あさべ》の君が、天照大神が祀られた舟に、猪を持ち参りきて奉った。飼う場所を乞い求めたので、この地をお与えになり、猪を放し飼いした。そこで、猪飼野という。（播磨国風土記賀毛郡）

（猪養野　右、号猪飼者、難波高津宮御宇天皇之世、日向肥人朝戸君、天照大神坐舟於、猪持参来進之。可飼所求申仰、仍所賜此処、而放飼猪。故、曰猪飼野）

日向の肥人がイノシシ（ここはブタと呼んだほうがいいか）を載せてきた「天照大神の坐せる舟」というのは、舟にアマテラスが祀られており、それは朝廷に帰順していることを示しているものと解した。「肥」をクマと訓むのは、肥後国（の一部）が古くは広域地名クマソのうちのクマ（熊）に属していたことによる。クマは九州南部のうちの西側（八世紀初頭に薩摩国となる地域と肥後国の南部）を、ソは同じく東側（日向国と大隅国）をさし、遅くまでヤマトへの服属を拒んでいた土地である。

ブタ飼育は、弥生時代に大陸から伝えられたようだが、すでに縄文時代からイノシシの家畜化あるいはブタ飼育が行われていたらしい痕跡が、考古学の成果として示されている（西本豊弘「ブタと日本人」）。古事記や日本書紀をみると、猪飼（猪養）は山代《やましろ》や難波に存在し、万葉集には、「吉隠《よなばり》の猪《ゐ》養《かひ》の岡」（巻二、二〇三番）、「吉名張《よなばり》の猪養の山」（巻八、一五六一番）などと歌われており、大和（吉隠は奈良県桜井市）にも住んでいたらしい。八世紀には、かなり広い地域でブタ飼育が行われていたのは明らかだ。

播磨国風土記の猪養野伝承は、アマテラスの舟やクマ人など、伝承として展開しそうな要素をいくつも抱えながら、ハナシ（話）としては未成熟なままに留まっている。これが古事記なら、話はとんでもない方向へと流れていきそうな気がする。それは、オケ・ヲケ兄弟が身の危険を感じて逃げる場面での一つのエピソードを思い出すからだ。二人の幼い兄弟が食べていた「御粮《みかれひ》（旅の携帯食）」を、「顔に入れ墨をした老人（面黥老人）」に奪われそうになる。すると兄弟は、「粮は惜しまず。然れども汝は誰人《たれ》ぞ」と尋ね、老人は、「我は山代の猪甘《ゐかひ》ぞ」と答える。食事を奪われた二人は、そのまま先を急いで播磨へと逃げ延び、賤しい身分になって隠れ住むのだった。

それだけの話であれば、物語としては物足りないとだれもが思う。それゆえに古事記は、聴き手の期待に応えるように、二人の御子が都に凱旋して天皇になったのちに、惜しくはないと言っていた「粮」をめぐる後日譚を伝えるのである。そして、これがまあとんでもなく残酷な仕返しで、食べ物の恨みは恐ろしいという慣用句を思い出させるのだが、そうした話が語られることによって、まさに伝承は完結するとみなすことができるのである。そしてその背後には、「ホカヒビト(乞食者)」と呼ばれる芸能者集団など、職能民とでも呼べそうな語りの集団がいたに違いないとわたしなどは考えている。このオケ・ヲケ兄弟の伝承と語りの問題は、播磨国風土記にも伝えられており、前に「石室に隠れる少年」(Ⅱ「天皇の失敗」)と題してその一部を述べた。

「粮は惜しまず」と言ったじゃないかと突っ込みを入れたくなるような、オケ・ヲケ兄弟による猪飼の老人に対する報復がいかなるものであったかについては古事記に当たってもらうとして(下巻・顕宗天皇条)、伝承というのはきわめて残酷なものであり、差別的な要素を孕んでもいるということを思い知らされる。とすれば、未成熟ではないかと言った播磨国風土記にみられる素朴さは、じつは貴重なものかもしれないと言えなくもないということになる。

もの言うシカ

十二支には入っていないが、野生獣のなかでもっとも重んじられるのはシカ(鹿)である。イノシシという語が「ヰのシシ(肉)」の意で、ヰが生きたイノシシをさすのと同様、シカも古くは「カ」一音であった(その肉はカのシシという)。ただし、ヰもカもその語源は定かではない。シシ/鹿猪というかたちで並べられるが、イノシシは肉以外はあまり利用価値がなかったのに対して、シカは、肉はもちろん皮も角も、生活のための重要な材料になった。万葉集の「乞食者《ほかひびと》の詠《うた》」で、シカは自ら、「わが角は　御笠《みかさ》のはやし　わが耳は　御墨の坩《つぼ》に　わが目らは　真澄の鏡　わが爪は　御弓の弓弭《ゆはず》　わが毛らは　御筆《みふみて》はやし　わが皮は　御箱の皮に……(訳=わたしの角はお笠の材料、わたしの耳はお墨壺の材料、わたしの目はりっぱな鏡、わたしの爪はお弓の弓弭[弓の両端に弦を固定する道具]、わたしの毛はお筆の材料、わたしの皮はお箱の皮に……)」(巻一六、三八八五番)と歌っている。そのすべてが現実に利用されていたわけではないが、多くの部位がさまざまな生活用品や武具などに利用されたのである。なお、民俗におけるシカの実用性については、野本寛一『生きもの民俗誌』に詳細な紹介があるが(二一四頁以下)、やはり角の用途が広いことがわかる。

イノシシとの違いを言えば、角の有無がある。「乞食者の詠」では笠飾りとして華やかに歌われているが（実際にホカヒビトがかぶりものに使っていたのだと思う）、縄文時代以来、角は鏃《やじり》や釣り針、髪飾りやハンマーなど、重要な道具の材料として利用された。たとえば、カムムスヒ（神魂命）のむすめキサカヒメ（枳佐加比売命）が腹に宿った子の父を知ろうとして、立派な男神の子であるならば、「亡《う》せし弓箭《ゆみや》出で来《こ》」と祈願すると、「角の弓箭」が水に乗って流れてきたという（出雲国風土記島根郡、この伝承の詳細は、三浦『風土記の世界』一七〇〜一七五頁参照）。古事記の神話に出てくる「天の真《ま》鹿児矢《かこや》」も、鹿角の鏃を付けた矢をいう。

倭武《やまとたける》天皇がこの浜に宿られて、お食事を差し上げた時、水がまったくなかった。すぐさま鹿の角を手にとって地面を掘ったところ、その角が折れてしまった。それで名づけた。

（常陸国風土記香島郡角折の浜）

（倭武天皇、停宿此浜、奉羞御膳時、都無水。即執鹿角掘地之、為其角折。所以名之）

旅の途中で道具がなかったからというのだろうが、農具や工具として硬いシカの角は使われていた。しかし万能とはいえず、いくらヤマトタケルでも固い大地には歯が立たなかった。そういえば、キサカヒメは洞窟の奥から流れてきた角の弓箭を棄てて、次に流れてきた鉄の弓箭を選んだように、道具は時代とともに進化する。

また、実際にシカの角を頭にかぶるという話もみつかる。『詞林采葉抄《しりんさいようしょう》』巻七、水手の項に、淡路国風土記（逸文）に云うとして引用された記事である（本文は、宮内庁書陵部蔵本を元に大系本風土記を照合した)。

応神天皇二〇年秋八月、天皇が淡路島に遊猟の時、海の上を大きな鹿が浮かび来たのだが、それは人であった。天皇が伴の者を呼んで問わせなさった。すると答えて言うことには、「わたしは日向の国の諸県君牛《もろがたのきみうし》です。角鹿の皮を着ています。年老いてお仕えできないとはいえど、今もなお天恩を忘れることはありません。そこで、わたしの女《むすめ》、長髪姫《ながかみひめ》を貢《たてまつ》ります」と。すぐさま御舟を榜《こ》がせた。これによって、この湊《みなと》を鹿子《かこ》の湊ということになった。

(淡路国風土記云、応神天皇廿年秋八月、天皇淡路島遊猟時、海上大鹿浮来、則人也。天皇召左右詔問、答曰、我是日向国諸県君牛也。角鹿皮着。而年老雖不与仕、尚以莫忘天恩。仍、我女長髪姫貢也。仍令榜御舟矣。因玆、此湊曰鹿子乃湊)

日本書紀のホムダワケ(応神天皇)一三年九月条にも似た話が伝えられており、そこでも諸県君牛は、「角を着けた鹿の皮を衣服《ころも》にしている(以著角鹿皮、為衣服耳)」とあるが、なぜそのような恰好をして海を泳いできたのか。引退した老臣が、狩りを楽しんでいる天皇に忠誠を示すためと語っているが、それだけでは角付きの鹿皮を着ている説明としては不足しているように思う。というのは、頭に角を付けてシカに扮する行為は、芸能者の姿としてあったらしいからである。

あしひきの　この傍山《かたやま》に　(足を引きずる　この端っこの山で)

牡鹿《さをしか》の　角挙《つのささ》げて
あが舞へば　旨酒《うまざけ》
餌香《ゑか》の市に　直《あたひ》もて買はず
手掌《たなそこ》も　摎亮《やらら》に
拍《う》ち上げ賜はね　あが常世《とこよ》たち

(立派な牡鹿の　角をかかげて)
(わたしが舞えば　おいしいお酒を)
(餌香の市にて　高値を出しても買えはしない)
(手のひらも　やらやらと)
(お打ちくだされ　わが常世たちよ)

日本書紀の顕宗即位前紀条に、播磨国に潜伏していた億計《おけ》王(のちの仁賢天皇)が、舞いながら唱えたとされる「室寿《むろほ》き」の寿詞の一部である。「あが常世たち」というのは、宴席の主賓たちをユートピア(常世の国)の主になぞらえて讃えたことばで、この唱えことばは、元は、芸能者がシカに扮して新築祝いに居並ぶ人びとの前で、新しい家を祝福しつつ宴を盛り上げる、そのような場面で唱えられたものである。そうした祝福芸能としての歌舞は、今も、岩手県の遠野や花巻などで演じられる「しし踊り」を彷彿とさせる(写真参照)。各地に伝わる一般的な獅子舞は、鼻の穴の大きな渡来の獅子の被り物を着けて舞うが、遠野や花巻の「しし踊り」は角のあるシカの面(かぶり物)を着けた、まさに鹿猪《しし》踊りであり、祝福芸能である。

しし踊り(岩手県遠野市附馬牛町，菅原神社)

諸県君牛はシカの扮装をして泳いできたが、シカが海を泳ぐ記事もある。

伊刀島《いとしま》 いくつもの島の総名《すべな》である。品太《ほむだ》の天皇が、射手《いて》を餝磨《しかま》の射目前《いめさき》に立たせて狩りをなさった。そこに、我馬野《あがまの》から追われて飛び出した牝鹿《めじか》が、この丘を通って海に入り、伊刀島に泳ぎ渡った。その時、お伴の者たちは望み見て、口々に「鹿はもうあの島に到りついたぞ」と言った。それで、伊刀島と名づけた。（播磨国風土記揖保郡）

（伊刀嶋　諸嶋之総名也。品太天皇、立射目人於餝磨射目前為狩之。於是、自我馬野出牝鹿、過此阜入於海、泳渡於伊刀嶋。爾時、翼人等望見、相語云鹿者既到就於彼嶋。故、名伊刀嶋）

「到り着いた」ので「いと島」と名付けたというのはかなり苦しい名付けだが、それでもシカは海を渡ってしっかりと逃げおおせたのである。ホムダの天皇の狩りはいつもなかなかうまくいかない。また別に、稲作儀礼とかかわってシカが現れる事例もある。郡名の由来を語る話である。

讃容《さよ》というわけは、巡行してきた大神と土地の妹神《いもがみ》との二柱の神が、競いあって国占《くにし》めをした時、妹神の玉津日女《たまつひめ》命は生きている鹿を捕まえ横たえると腹を割き、稲をその腹の血のなかに蒔いた。すると一晩のうちに苗が生えた。すぐさま取って田に植えた。それを知った大神は、「お前は、五月夜《さよ》に植えたのだなあ」と仰せになり、すぐさま他処《よそ》に去っていった。そこで、五月夜の郡《こおり》と名づけ、妹神を賛用都比売《さよつひめ》命と号けた。今も讃容の町田がある。

（播磨国風土記讃容郡）

（所以云讃容者、大神妹妋二柱、各競占国之時、妹玉津日女命捕臥生鹿割其腹而、種稲其血。仍一夜之間生苗。即令取殖。爾大神勅云、汝妹者、五月夜殖哉、即去他処。故、号五月夜郡、神名賛用都比売命。今有讃容町田也）

冒頭の原文「大神妹妋二柱、各競占国之時」とある、その関係がわかりにくいのだが、登場するのは、大神（おそらく出雲大神と呼ばれる外来神）と妹神と呼ばれる土着の女神サヨツヒメとの二神で、その二神が、「妹妋二神」と呼ばれていると解した。この二神はある場合には、夫婦神としても語られていたのではないかと思う。それがここでは、外来神と土地を守る女神との競争譚として語られているのである。

また、最後に出てくる「町田」のマチは「占い」をいう語で、おそらく特別な田と認識されているのであろう。実際にシカの血を使って稲作を占ったり、苗代の発芽を促進したりするような特別な儀礼があったかどうかは不明。ただ、このような伝承が伝えられているということは、背後に、シカと稲作とのあいだには何らかのつながりが意識されていたのは明らかだ。

それとかかわるかどうか、弥生時代の遺跡からは卜占《ぼくせん》に用いたシカの肩骨が数多く出土している。いわゆる「太占《ふとまに》」と呼ばれる占いである。シカであることに意味があるのだろうが、それがつねに稲作に結びつくかどうかは定かではない。

稲作にかかわるシカで思い出すのは、田を荒らすシカが田を守る約束をするという話である。

頸《くび》の峰　（略）この峰の下に水田がある。元の名は宅田《やけだ》という。この田の苗を、鹿がいつも食べにくるので、田主が柵を作って待ち伏せていると、鹿がやって来て、首を挙げて柵の間に入れて苗を食っている。田主が捕獲して首を斬ろうとした。すると、鹿が頼んで云うことには、「わたしは今、盟《ちか》いを立てます。わたしの死罪を免じてください。もし大恩をいただき生き延びることができたならば、わたしの子孫に苗を食べてはいけないと教えましょう」と。田主は、鹿の語るのをたいそう異《あや》しいことと思い、斬らずに放してやった。それ以来、この田の苗は鹿に食われなくなり、ゆたかな実りを得るようになった。そこで頸田と呼び、また、それを峰の名にもしたのである。（豊後国風土記速見郡）

（頸峯　（略）此峯下有水田。本名宅田。此田苗子、鹿恒喫之、田主造柵伺待、鹿到来、挙己頸容柵間即喫苗子。田主捕獲将斬其頸。于時、鹿請云、我今立盟。免我死罪。若垂大恩得更存者、告我子孫勿喫苗子。田主、於兹大懐怪異、放免不斬。自時以来、此田苗子不被鹿喫、令獲其実。因曰頸田、兼、為峯名）

動物が人に話しかけるというのは、昔話ではごくありふれているかもしれないが、古代の神話や伝承ではめずらしいことに属する。たとえば古事記で、稲羽の素兎は、オホナムヂ（大穴牟遅神）と会話をするが（オホナムヂは神だが、人格神なので神話のなかでは動物に対しては人の位置にある）、こうした昔話のような展開をとる話は、いわゆる出雲神話を除くとほとんどみられないのである。

その起源がどこにあるかというのはとても興味深いところだが、わたしは、たとえばアイヌのカムイ・ユカラ(神謡)にみられるような動物神の自叙と通底しているのではないかと考えている。前に引いた「乞食者の詠」にみられるシカが、自ら自分の各部位の使い道を語るというのも思い合わされる。ただし、稲羽の素兎のように会話をする場合と、頸の峰の伝承や乞食者の唱えるシカの自叙のように一方的に語る(告げる)場合とでは、厳密にいえば表現の質が違っており、後者はどちらかといえば託宣的な性格が強いということになろう。

頸の峰の伝承で、最後にシカが、「わたしの子孫に苗を食べてはいけないと教えましょう(告我子孫勿喫苗子)」と言うところなど、「わが子孫たちよ」と言いながら同族のものたちの行動を戒めるカムイ・ユカラの定型的な結末句を思い起こさせる。そして、その約束が守られるかぎり、人と動物(自然)とは安定した豊かな生活を営むことができるということになる。人は、そのようにして、あらゆる自然との関係をひとつひとつ結んでいく必要があったのではないか。自然の領分に足を踏み入れるというのはそういうことなのである。

さてその鹿の鳴き声はというと、万葉集などでは、妻(恋人)を呼ぶ声として抒情的に歌われる。ところが、風土記にはそうした艶めかしい伝えはみつからない。そこが土着的な性格が濃厚な風土記の伝承のいいところである。

① (冒頭欠落のため発話者「おそらく天皇」の名不明)四方を望み見て仰せになることには、「この土《くに》は、丘と原野とがたいそう広大で、この丘を見ると鹿児《かこ》のごとし」と。そこで、賀古の郡と名づけ

た。

（……望覧四方勅云、此土、丘原野甚広大而、見此丘如鹿児。故、名曰賀古郡）

（播磨国風土記賀古郡）

② 日岡《ひおか》（略）狩りをなさった時、一頭の鹿がこの丘に走り登って鳴いた。その声は比々《ひひ》といった。そこで、日岡と号けた。

（同前）

（日岡（略）狩之時、一鹿走登於此丘鳴。其声比々。故、号日岡）

③ 比也山《ひややま》と云うのは、品太《ほむだ》の天皇が、この山で狩りをなさるに、一頭の鹿が前に立った。鳴く声は比々といった。天皇がお聞きになり、すぐさま射ようとする伴の者を止めなさった。それで、山は比也山と号け、野は比也野《ひやの》と号けた。

（播磨国風土記託賀郡）

（云比也山者、品太天皇、狩於此山、一鹿立於前。鳴声比々。天皇聞之、即止翼人。故、山者号比也山、野者号比也野）

①と②は全集本風土記にしたがって二つの話に分けた。どちらも主語が欠落しているのだが、加古郡なのでオホタラシヒコ（景行天皇）とみてよいかと思う。①は天皇による名付けを語る話、②と③はシカの鳴き声による名付けである。①の「鹿児」はシカの子というよりは、シカに親密さを込めた呼び方とみたほうがよいのではないか。また、③の「比也山」「比也野」は、ヒヒ山・ヒヒ野としたほうが鳴き声としてはふさわしい。あるいは、鳴き声の「比々」を「比也」の誤りとみるべきか。いずれにしても、つながりに不自然なところがある話ではある。

ヒヒだが、全国的にシカの鳴き声を「ヒヒ」と聴きなしていたかどうかははっきりしない。シカ

は秋のごく短期間の発情期に鳴く以外はあまり鳴かないようだが、松尾芭蕉の詠んだ、

びいと啼尻声《なくしりごゑ》悲し夜ルの鹿　（元禄七年九月一〇日付杉風宛書簡）

が有名になって、シカの鳴き声を「ビー」とするという説明をよく目にする。あるいは、初句を「ぴいと鳴く」として芭蕉の句を引いた全集本風土記は、日岡の頭注に、「上代、ハ行音はパ行音であったから、ここはピー」と注している。ただし、芭蕉の句は底本その他に濁点が付いているようなので濁音「びい」は動かないと思われる。ただし、B音もP音も発音としては破裂音だから、ビとピは交替しやすいので、ヒヒと結ぶことは許されよう。しかし、それを実際のシカの鳴き声とみなすことについては、野本寛一が、長く自然のなかで耳にしてきたシカの鳴き声からすると、芭蕉の句にはなじめないところがあるとして異議を呈している（『生きものの民俗誌』九四頁以下）。

フィールドワークに基づいた野本の発言はだいじにしたいが、「発情期の牝ジカは「ビービー」と鳴く」（一〇九頁）とか「「ビー」という牝ジカの鳴き声」（一一〇頁）という報告も野本の調査には出ているので、同系列の「ヒヒ」という聴きなし（擬声語）もなされていたとみなしてよいのではないか。

狩猟におけるシカの伝承は風土記ばかりではなく、古事記や日本書紀にも多いが、前節のイノシシで述べたのと重なるところもあり、省略する。そのかわりに、グルメの方々のために、狩猟で手に入れた鹿肉の味についてふれた記事があるので紹介しておく。

土地人の諺《ことわざ》に云うことには、葦原の鹿肉の味は爛《くさ》っているようで、食するに、山で獲れる肉の味とは異なっている。

（常陸国風土記信太《しだ》郡）

（風俗諺云、葦原鹿其味若爛、喫、異山宍矣）

葦原（湿原）に棲むシカの肉はまずいという意味だと理解していたのだが、腐る手前の熟成した肉のようにおいしいという解釈（全集本風土記）もあって判断がつかない。近ごろは熟成した牛肉が人気らしいし、もしジビエ料理を食べる機会があったらシカの熟成肉を食べてみよう。ただし、野生獣の生肉は寄生虫などがいるので注意を要する。

海の幸の賑わい

山の幸を取りあげたので海の幸にふれないわけにはいかないが、言うまでもなく大漁である。出雲国風土記巻頭の総記には次のように記されている。

また、山野や浜浦のあちらこちらには、鳥や獣の棲《す》み処《か》があり、魚貝や海藻の類がまことに多くあって、そのすべてを述べることはできない。

（亦、山野浜浦之処、鳥獣之棲、魚貝海菜之類良繁多、悉不陳）

同様に常陸国風土記の総記には、「ましてや、塩や魚を味わいたければ、左は山で右は海である（況復、求塩魚味、左山右海）」とあって、なんでもある豊かな大地であることを強調する。これらの句は常套的な讃美句であるのは間違いないが、近代的な漁法や装備などまったく存在しない古代の海や川に海の幸があふれていたであろうことは、あの広大な加曽利《かそり》貝塚（千葉市若葉区）に足を踏み入れただけでも容易に想像できる。一九六六年夏のこと、わたしは知床半島の先端でキャンプをしたことがあるのだが、魚は入れ食い状態だったし、浅瀬では雲丹《うに》が採り放題だった。採る人がおらず、採っても新鮮なまま消費地に輸送する手段がなかったからだ。おそらく、古代の海や川もそんなふうだったのではないかと想像する。

おおよそ南の入り海にいる種々の生きものは、イルカ・ワニ・ナヨシ・スズキ・コノシロ・チニ・シラウオ・ナマコ・エビ・ミルなどの類、きわめて多く、その名を挙げきれない。

（出雲国風土記島根郡）

（凡南入海所在雑物、入鹿・和爾・鯔・須受枳・近志呂・鎮仁・白魚・海鼠・鰝鰕・海松等之類、至多、不可尽名）

入り海とは宍道湖（中海も含む）をいう。現在は塩分濃度の低い汽水湖で、斐伊川の一部に位置づけられているが、斐伊川が流れ込むようになったのは江戸時代に行われた付け替えの結果である。縄文時代前期頃までは島根半島は島だったが、堆積によって島の南の海はしだいにラグーン（潟湖《せきこ》）化し、海水が封じ込められて宍道湖ができた。しかし、風土記の編纂段階では、まだ十分に海とつながっていたことは、産物からもわかる。ただし、イルカやワニ（サメ類のこと）がいるという島根郡条の入り海は中海のことと考えられるので、いわゆる宍道湖までイルカやワニが入っていたとは考えにくい。ちなみに、西隣の秋鹿郡条に記された入り海（宍道湖）の記事は次の通り（もう一郡、南に入り海が接した楯縫郡条には、「雑《くさぐさ》の物等は、秋鹿郡に説くごとし」とある）。

南は入り海。春には、ナヨシ・スズキ・チニ・エビなど、大きなのや小さいのや種々の魚がいる。秋には、クグヒ・カリ・タカベ・カモなどの鳥類がやってくる。

（南入海。春、則在鯔魚・須受枳・鎮仁・鰝鰕等、大小雑魚。秋、則在白鵠・鴻鴈・鳧・鴨等鳥）

ナヨシはボラまたはイナ（ボラの幼魚）、チニはチヌ（クロダイ）、スズキ・コノシロは今も同じ名で呼ばれ、いずれもわれわれの食卓を彩る海の幸である。今、宍道湖七珍《しっちん》と呼ばれて、賞味される魚類は、スズキ・シラウオ・コイ・ウナギ・モロゲエビ（クルマエビの一種）・アマサギ（ワカサギのこと）シジミの七種とされているが、共通するものがいくつかあるのは当然か。エビは、テナガエビもよく獲れるようだ。島根郡条にあるミルは海藻。秋鹿郡条のクグヒはハクチョウ、タカベはコガモのこと、カリやカモも含めて、北からの渡り鳥がたくさんやって来て越冬するのは今も変わらない。

これらの海の幸の賑わいについて、封じ込められた入り海（宍道湖）と外海につながる入り海（中海）とのあいだをつなぐ水路（現在の大橋川）に位置して渡し場の置かれた朝酌《あさくみ》の促戸《せと》（瀬戸）の情景を、出雲国風土記では次のように伝えている。朝酌の促戸は現在の松江市朝酌町の辺りで、今も対岸の矢田町とをつなぐ「矢田の渡し」が運航している。また、近年の発掘によって「朝酌の渡《わたり》」と関連する遺構も発見されている（二〇二〇年一二月）。

朝酌の促戸の渡　東に通う道があり、西は平原になっていて、中央が渡し場である。ここの瀬戸には、筌《うえ》が東西に仕掛けてあり、いつも入れたり出したりしている。大きいのも小さいのもさまざまな魚が、いつも集まってきて筌の辺りを泳ぎまわり飛び跳ね、その勢いは風を起こし、水をざわめかせる。ある時は筌を壊してしまい、ある時は地面に飛び跳ねて日干しになり、鳥に捕られてしまう。大きいのも小さいのもさまざまな魚や浜藻《はまも》は家々に満ちて、市人が四方から集まって、おのずと市の建物が軒を連ねている。

（朝酌促戸渡　東有通道、西有平原、中央渡。則筌亘東西春秋入出。大小雑魚、臨時来湊、筌辺駈駭、風圧水衝。或破壊筌、或製日魚於鳥被捕。大小雑魚浜藻家闐、市人四集、自然成鄽矣）（島根郡）

訓読や解釈が定まらない部分があり、推測を含めて訳した。その内容を補いながら説明すると、東には隠岐に通じる道（「朝酌の渡《わたり》」の項に「国庁より海辺に通ふ道」とある）の渡し場「朝酌の渡」があり、西は平原（湿地か）になっており、そのあいだにあるのが「促戸の渡」（官道とは別の一般の人びとが使う渡し場）である。その東西の入り海（中海と宍道湖）をつなぐ水の通い路には、大掛かりな筌が仕掛けられており、いつも（「春秋」を一年中と解した）入れたり出したりする。その水路には大小の魚が密集して泳ぎ回り（原文「駈駭《ひし》」は、けものが走りまわるさまをいう）、風が起こるかと思うほどに水が弾ける。時には仕掛けが壊されてしまうほどに魚がかかり、自ら飛び跳ねて日干しになった魚が鳥に喰われている（この部分の解釈は、山川本風土記を参照した）。家々は大小の魚や海藻類で満ちあふれ、商人たちが四方から集まって、ただでさえ人の往来が多い渡し場には市が立って賑わっている。

ここに紹介した場面は、出雲大社に隣接する島根県立古代出雲歴史博物館（出雲市大社町）に復元模型が展示されているので、ご覧になった方もおられよう。意味をとりづらい部分はあるが、人びとの賑わいが目に浮かぶような文章になっていて楽しい。このように当時の生活の現場を描写するというのは、他国も含めて風土記のなかではまれであり、古代の海辺の生活を知る上で、貴重な資料だということができるだろう。

筌という漁具についてふれておくと、播磨国風土記にも登場する。出雲からやってきた大神（オホナモチか）が、岡を呉床《あぐら》にして川に筌を仕掛けたところ、魚は入らずに鹿が掛かった。それを鱠《なます》にして食べようとしたら口からこぼれてしまったので、大神はどこかに行ってしまった、という笑い話である（讃容郡、三浦『風土記の世界』一八七頁参照）。筌のほかにも、釣り針はもちろん、網や延縄《はえなわ》など、さまざまな漁具が古代から使われていた。

入り海で採れる魚の中でも代表的なものはスズキだろうが、この魚については、オホクニヌシ（大国主神）が高天の原から派遣されたタケミカヅチ（建御雷神）に武力で制圧される神話（いわゆる国譲り神話）のなかに象徴的なかたちで描かれている。古事記上巻にある次のような場面である。

この、わが鑽《き》れる火は、高天の原においては、カムムスヒの祖神《おやがみ》様が、ひときわ高くそびえて日に輝く新しい大殿に、竈《かまど》の煤が長く長く垂れるほどに焚き上げられるがごとく、いつまでも変わらず火を焚き続け、地《つち》の下は、土の底の磐根《いわね》まで焚き固めるほどに、いつまでも変わらず火を焚き続け、その火をもちて贄《にえ》を作り、強い縄の、千尋もの長い縄を長く遠く延ばし流して、

膳夫神社跡（島根県出雲市武志町，斐伊川河川敷）

海人《あま》が釣り上げた、口の大きな、尾も鰭もうるわしいスズキ（鱸）を、ざわざわと引き寄せ上げて、運び来る竹の竿もたわわたわわに撓《しな》うほどの大きなスズキを、すばらしいお召し上がり物として奉ります。

（是、我所燧火者、於高天原者、神産巣日御祖命之、登陀流天之新巣之凝烟之、八拳垂摩弓焼挙、地下者、於底津石根焼凝而、栲縄之千尋縄打延、為釣海人之、口大之、尾翼鱸。佐和佐和邇、控依騰而、打竹之登遠遠登遠遠邇、献天之真魚咋也）

オホクニヌシが、服属の誓いをたてるために「天《あめ》の御舎《みあらか》」（一種の迎賓館）を造り、クシヤタマ（櫛八玉神）を料理人としてタケミカヅチを饗応する場面である。天つ神がオホクニヌシを祀っているとする本居宣長以来の解釈は根強いが、明らかに誤読である。わたしの解釈については、『出雲神話論』に詳述したが（六三～八六頁参照）、ここに引いたのは、オホクニヌシが、配下のクシヤタマを料理人として贄を準備し、自らを倒したタケミカヅチをもてなして、服属を誓う場面における唱え詞《ごと》である。闘いのあとの饗応は、どの場面をみても負けた側が勝者に対して行う儀礼である。

そのなかでオホクニヌシは、差し上げる料理は、コウゾ（楮）で作った丈夫な延縄を長く延ばして、海人が釣った立派なスズキを、おいしく調理して奉ると唱えている。今も昔も入り海を象徴するスズキが、現代でも各地で広く行われている延縄漁法によって釣られていたというのは古代の漁法を考える上で興味深い。

白身で淡白な味のスズキは、刺身や焼き魚として珍重されるが、古代の出雲地方では、神に捧げられる特別な魚であったことがわかる。しかも、この魚は沿海に棲息し、河川にも回遊する習性をもつので、今も宍道湖で獲れる。ただし、宍道湖でのスズキ漁は、現在は刺網を用いて行うのが一般的らしい（藤川裕司「宍道湖刺網漁業実態調査」）。スズキは大きいものだと一メートルにもなるというから、竹の竿もたわみ撓うという描写も、あながち大げさとは言い切れないのではないか。今とは違って、古代の入り海には巨大なスズキが回遊していたのであろう。

宍道湖はシジミ（ヤマトシジミ）の産地として有名だが、出雲国風土記にはシジミのことはまったく出てこない。しかし、入り海が閉じ込められて汽水湖になるとともにシジミが大量に採れたことは、縄文時代の貝塚の堆積物によって確認されている（島根県古代文化センター編『いにしえの島根ガイドブック　第4巻　暮らしを探る』四～八頁）。あまりに日常的過ぎて「等」になってしまったか。

ところでその入り海だが、はじめに引いた島根郡条の入り海（中海）とあとに引いた秋鹿郡条の入り海（宍道湖）とを比べると、棲息する生きものに違いがあることに気づく。前者には「種々の生きもの（雑物）」としてイルカ（入鹿）とワニ（和爾）が入っている。そのなかのワニとはサメ（鮫）をいうが、イルカやワニが回遊する中海は、現在の鳥取県米子市から北に延びた弓ヶ浜が「夜見《よみ》の島」と呼ばれる島だったために、入り海ではあっても海に大きく開かれていたのである。意宇郡条の「国引き」詞章にも出てくる「夜見の島」については、島根郡条の「蜈蚣島《むかで》（現在の江島）」の項に、「夜見の島」までは二里ほど（一キロあまり）で馬に乗って行き来でき、干潮の時は陸続きになるとある。

ここからは、島根半島の南の海から目を北に転じて海の幸を眺めてみたい。われわれのいう日本海ということになるが、「日本」の成立もおぼつかない風土記では、この呼称は成立しておらず、「北は大海(北大海)」あるいは「北の海(北海)」と呼ばれている。現在、韓国がいう「東海《トンヘ》」と同様、方位を用いて示す呼称であって、固有名詞ではあるまい。その北の海の幸もゆたかだ。

およそ北の海で捕れるところの種々の生きものは、シビ・フグ・サオ(沙魚)・イカ・タコ・アワビ・サザエ・ウムカイ・ウニ・カセ・ニガニシ・カキ・セ・オウ・ニギメ・ミル・ムラサキノリ・コルモハなどの類、きわめて多く、その名を挙げきれない。(島根郡)

(凡北海所捕雑物、志毘・朝鮐・沙魚・烏賊・蜛蝫・鮑魚・螺・蛤貝[字或作蚌菜]・蕀甲蠃[字或作石経子]・甲蠃・蓼螺子[字或作螺子]・螺蠣子・石華[字或作礪犬脚也。或土曠於犬脚者勢也]・白貝・海藻・海松・紫菜・凝海菜等之類、至繁、不可尽称也)

およそ北の海に在るところの種々の生きものは、フグ・サオ(沙魚)・サバ・イカ・アワビ・サザエ・イガイ・ウムギ・カセ・ニシ・セ・カキ・ニギメ・ミル・ムラサキノリ・コルモハなどである。(秋鹿郡)

(凡北海所在雑物、鮐・沙魚・佐波・烏賊・鮑魚・螺・貽貝・蚌・甲蠃・螺子・石華・蠣子・海藻・海松・紫菜・凝海菜)

山育ちのわたしは、日本列島を旅して廻るたびに、ご馳走は海辺にはかなわないとつくづく思うのだが、それは古代も同様であったらしい。マグロ（シビ）、フグ・イカ・タコ・アワビ・サザエ・ハマグリ（ウムギ）・ウニ、あるいはアジ・イガイ・ニシ（アカニシ）と、高級な寿司ネタが並ぶ（毒のあるフグの調理法もわかっていたということだろう）。また海藻も豊富にある。

挙げられたもののなかには魚種不明なものもあり、「沙魚」はサメと訓んで鮫のこととされるが、中海のところで出てきたワニ（和爾）との関係からみて、また、マグロのあと、フグの次に沙魚が出てくる並び順からみて、サメ（鮫）と解するのは大いに疑問である。訓読に関しても、「沙魚《サメ》」と、メに魚を宛てるのも不自然だと思う。そこでひとまず、「沙魚」はサウヲ（発音としてはサヲ＝サオになる）と訓んで、何か小型の魚の名と解釈しておくことにする。

カセは諸注、ウニ類とするが別にウニが出てくるのでいかがか。『催馬楽《さいばら》』の「我家《わいえ》」は婿取り歌だが、そこにカセが出てきて、かなり俗っぽい内容で歌われているようにみえる。

わ家《いへ》は　帳帳《とばりちやう》も　垂れたるを　（わが家は、部屋の間仕切りもしっかりと）
大君来《き》ませ　聟《むこ》にせむ　（殿方よ参られよ、聟にお迎えいたしましょう）
み肴《さかな》に　何よけむ　（酒の当てには、何がよろしかろう）
あはびさだをか　かせよけむ　（アワビかサザエか、それともカセがよろしいか）
あはびさだをか　かせよけむ　（アワビかサザエか、それともカセがよろしいか）

誘導的な訳をしてしまったが、ここでアワビ・サザエと並べて歌われているカセも女陰の譬喩とみなすべきだろう。とすればアワビやサザエと同様、海中の岩に吸いついている貝のことではないか。一方、ニシ・ニガニシ（タデニシとも）は巻き貝でいくつもの種類があり、苦いのやそうでないのやらがあるようだ。これらはイソモノ（磯物）とよばれ、波打ち際の岩にへばりついている。セは今はその形状からカメノテと呼ばれ、海辺の岩にイソギンチャクのようにへばりつく磯物で、茹でて食する。伊豆地方では「肝臓の薬になると伝えられ、人気がある」という（野本寛一『採集民俗論』六〇二頁）。その並びからみると、オウ（オフ、白貝）も磯物か。オフという訓は『和名抄』によるらしいが、伊豆地方でオゴと呼ばれ、「八枚の殻板を連ね、外周を肉帯で縁どられて岩に吸着」（野本、同前六〇一頁）するヒザラガイなども候補にできるか。あるいは漢字「白貝」をそのままシラガイと訓めば、ヒラガイとも呼ばれる白い二枚貝があり、今も食用となる。白貝は、播磨国風土記揖保郡条の「白貝の浦」に、「昔、白貝あり（昔、在白貝）」とみえる。

またニギメ以下は海藻類だが、楯縫郡条をみると、海にあるものは「秋鹿郡に説くごとし（如秋鹿郡説）」としながら、「ただ、ムラサキノリは、楯縫郡のものがもっとも優れている（但、紫菜者、楯縫郡尤優也）」と、ムラサキノリだけを特記している。ここにいうムラサキノリとは岩海苔で、現在も十六島《うっぷるい》（島根県出雲市）で採れる岩海苔はブランド品として人気が高い。古代から格別の品だったとは恐れ入る。ずいぶん長い歴史を誇っているものだ。

この訓み方が特異なウップルイだが、風土記に出てくる「於豆振《おつふり》の埼」（楯縫郡条）のことではないかとされている。ただし、写本間で文字の異同が大きいために訓が一定していない。比定地は、現在の出雲市十六島町の中心から東北方向にあたる「十六島鼻を先端とする岬」(関和彦『『出雲国風土記』論註』七二二頁)とみてよいが、ウップルイという語の意味については諸説あって不明。

一方、出雲郡条では、楯縫郡と同様、「種々の生きものは、楯縫郡に説くごとし(凡北海所在雑物、如楯縫郡説)」と省略した上で、ムラサキノリとおなじかたちでアワビだけを特記し、

ただ、アワビは出雲郡のものがもっとも優れている。捕るのは、いわゆる御埼《みさき》の海子《あま》である。

(但、鮑出雲郡尤優。所捕者、所謂御埼海子、是也)

とある。いつでもどこでもお国自慢はしたくなるものらしい。ここには、古代人たちの美食家ぶりと、食へのこだわりがみてとれる。

アマ(海子、海人)が出てきたが、次節に転じて考えてみることにする。

イルカ・シビ、そして海民

出雲国風土記島根郡に「入鹿《いるか》・和爾《わに》」がいるとある「南の入り海」は、古代には外海と大きくつながっていた中海のことである。一方、北の大海（日本海）に棲息するという魚類のなかに、イルカやワニは記されていない（沙魚《さお》を鮫＝ワニとはみないことは前節で述べた）。北の大海にイルカやワニが棲息しているのは明らかなのに名が出てこないのは、捕獲対象の獲物ではなかったからだと思われる。一方、外に大きくつながっているとしても、入り海（中海）に入り込んだイルカやワニは、追い込みなどの方法で捕獲しやすかったものと思われる。

縄文時代からイルカ漁が行われていたことは、静岡県伊東市の井戸川《いとがわ》遺跡、北海道釧路市の東釧路貝塚、石川県能登町の真脇《まわき》遺跡などで明らかになっている（中村羊一郎『イルカと日本人』一一八頁以下）。また、イルカあるいはその仲間のクジラに関して、船で追いかけ銛《もり》を投げて仕留める突き取り法が、遅くとも古墳時代に存したことは、長崎県壱岐市郷ノ浦町の鬼屋窪《おにやくぼ》古墳（六、七世紀）の線描画によって確認できる（三浦「鯨を獲る人と舟」）。そこから考えれば、出雲にも、同様の突き取り法の技術が伝わっていたとみて誤らないはずだ。それなのにイルカやワニが捕獲対象から外れているのは、技術以外の理由が存したのであろう。神聖視されていて捕獲は禁忌であったとか、あえて危険を冒さずとも他の獲物がいくらでもいたとか、リスクが大き過ぎるとか。

北の大海にはシビ（志毘、マグロのこと）という大型魚類がいる。前にも名を出した出雲国風土記の「国引き」詞章のなかに、次の文句が四度くり返される（三浦『風土記の世界』一三四頁以下）。

童女《をとめ》の　胸鉏《むなすき》取らして　（ふくらみ初めたおとめの胸の、鋤を手にして）
大魚《おふを》の　キダ衝《つ》き別《わ》けて　（大きな魚の、鰓《えら》を目がけて銛を突き刺し）

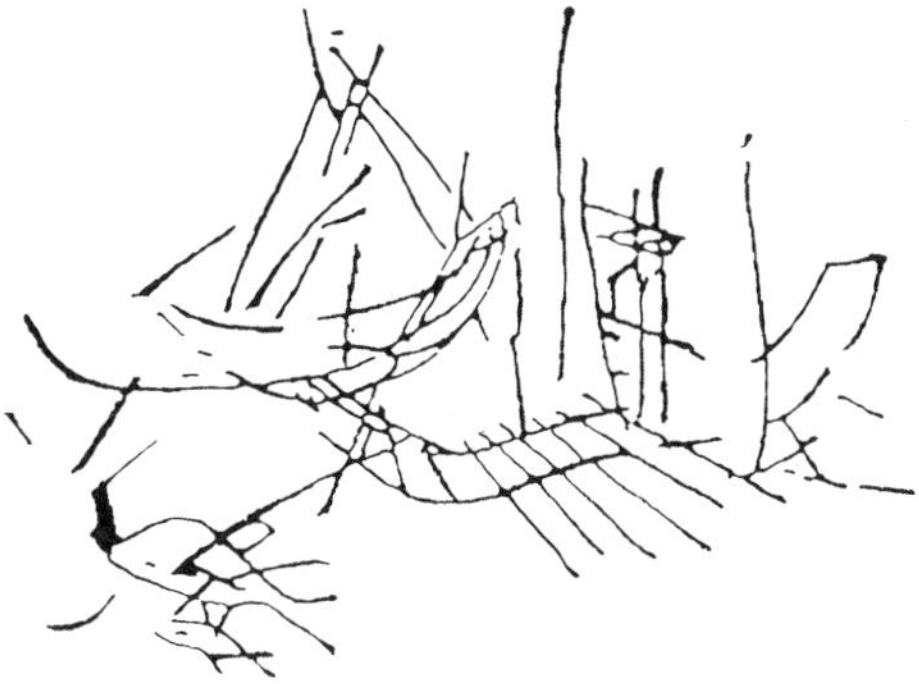

鬼屋窪古墳（長崎県壱岐市郷ノ浦町）の線刻壁画復元図
（提供：壱岐市教育委員会）

ここにいう「大魚」はシビとみてよかろう。キダというのは魚の鰓をいう。突き取り法によって仕留められる大型魚類のシビは、皮が硬くて銛が刺さりにくいので、仕留めるには、弱点である鰓に銛を命中させなければならないのである。また、古事記の下巻にも、シビを銛で突くアマ（海人）のさまが歌われている。

おふをよし　しび突くあまよ　（大きな魚《うお》が好きな、シビ突く海《あ》人《ま》よ）
しがあれば　うらごほしけむ　（その大魚が逃げたなら、さぞや恋しく悲しかろ）
しび突くしび　（シビ突きの、シビよ）

播磨国から凱旋した灰まみれの御子ヲケ（Ⅱの「石室に隠れる少年」参照）と、平群臣志毘《へぐりのおみしび》という豪族とが、ひとりの女性（オフヲ［オホウヲ＝大魚］と呼ばれる）をめぐって歌懸けをして争った時に、お前の女オフヲが俺のほうに寄りついたら、さぞや悲しむだろうよとヲケが歌いかけたのである。このけんか歌からも、シビは突き取り法で獲っていたことがわかる。そして、こうした漁法を得意とする特別な海人集団がいたらしいことに、出雲国風土記を読んでいて気づかされた。もちろん、漁師ならだれもが可能な漁法ではない。

というのは、出雲国風土記のなかで、北の大海に面した郡のなかでも、シビ漁のことは島根郡にしか記載されていない。しかも、島根郡内には二一か所の浜と浦の名が挙げられているが（島根郡の南岸を西から東へ巡り、北岸に移ると東から西へと浜や浦を取りあげてゆく。そこには人家がある）、そのなかで、一五か所もある北海に面した浜や浦ではなく、最初のほうに出てくる島根半島先端の南岸部に位置する六か所のうちの、宇由比《うゆい》の浜・盗道《ぬすみち》の浜・澹由比《たゆい》の浜・加努夜《かぬや》の浜・美保の浜の五か所に（浜の所在については、島根県古代文化センター編『出雲国風土記』を参照した）、たとえば、「宇由比浜　広八十歩［捕志毘魚］」という定型の書き入れがなされており、「志毘魚《しびうを》を捕る」という割注が入っているのである。

おそらく、島根半島東端にあるいくつかの集落に、シビ突きを生業とする海人集団が居住していたのである。同じ郡内の近隣の集落であっても、それぞれの集団によって、生業とする魚種や漁法には違いがあったらしいということを想像させる。

前節に、出雲郡が優れているとあったアワビは、潜水技術をもった海人集団によって採られていたはずで、出雲郡条に「捕るのは、いわゆる御埼《みさき》の海子《あま》」とあるのがまさにそれである。この御埼というのは、神社記事のなかに「御前《みさき》の社」として名の出るミサキと同じ場所、諸説あるが現在の日御《ひのみ》碕《さき》（島根県出雲市大社町）のことで、島根半島の西端とみていい。同郡条に名のみえる、「出雲の御崎山」も、そこから名付けられている。

海人については、風土記を読んでゆくと興味深い記事にぶつかる。出雲から西にずっと離れた肥前国松浦郡値嘉《ちか》郷（ほぼ現在の五島列島）に住む「白水郎《あま》（アマの漢籍風表記）」である。肥前国風土記によれば、二つの島に大耳《おほみみ》・垂耳《たりみみ》という豪族がおり、遠征してきたオホタラシヒコ（景行天皇）に討伐された際に、「もし恩情をいただいて、生きのびることができたならば、御贄《みにえ》をお造りして、いつも天皇のお膳に貢《たてまつ》ります（若降恩情、得再生者、奉造御贄、恒貢御膳）」と言うと、その奉るという品々の見本（様）を、木の皮を用いて作ってみせた。それが、「長鮑《ながあわび》、鞭鮑《むちあわび》、短鮑《みじかあわび》、陰鮑《かげあわび》、羽割鮑《はわりあわび》など」であった。それを天皇は気に入り、大耳らを放免したとある。

この記事で興味深いのは、白水郎たちが命乞いをし、献上品の見本を木の皮で作って見せたということだ。アワビの季節ではなかったのか、造るのに時間がかかるので取りあえずということか、命がかかっているのだから必死なのは当然だが、その出来栄えは見事なものだったに違いない。

それがどのような形状かは不明だが、志摩半島先端の三重県鳥羽市国崎《くざき》の海女（こちらは女性）が採って男たちが加工して伊勢神宮に献上される、さまざまな形状のアワビの干し物と同じような品ではなかったか。国崎の岬の先端に建つ鰒《あわび》調整所で作られるのは、「身取り鰒」や「玉貫鰒《たまぬき》」と名付けられた繊細な加工品であるが、その名前からして肥前国風土記に記されている値嘉郷の海人たちの製品に似ているようにみえる。かれらが、遠く遡れば出自を等しくする集団であっても不思議ではない。

海産物の場合、生のままでの保存や移動はできないため、干し物や塩漬け・燻製などの加工が必要となる。加曽利貝塚の膨大な量のハマグリも、自家消費していたのではなく、加工されて交易品として各地に運ばれていたと想定されている（広瀬和雄編『考古学の基礎知識』一二八〜一三〇頁）。縄文時代から、海産物は商品として流通していたのだが、値嘉郷のアワビも、海人たちにとって重要な交易品であった。そして、それらの特産品は、ヤマト王権に服属すると、「贄」として献上される品となり、自由な交易は阻害されることになる。

『延喜式』巻二四・主計上には、毎年、各国が献上する「調」「庸」および「中男《ちゅうなん》作物」の種類と量が記されている。調・庸が正丁《せいてい》（二一歳から六〇歳までの成人男子）に課せられる税であるのに対して、一七歳から二〇歳の男子に課せられる現物納税品が中男作物である。そのなかで、肥前国から献上される「調」のうち海産物は、「御取鰒（身取鰒に同じ）三百六十四斤・短鰒五百三十四斤・長鰒二十四斤・羽割鰒二十四斤・熬海鼠《いりこ》三百一斤十四両・塩四十五斛」となっている（庸・中男作物は除く）。イリコ（ナマコの内臓を抜いて加工した干し物）と塩以外は加工アワビで、その名称も、先に記した見本や伊勢神宮に献上される国崎のアワビと同じである。ちなみに、九州諸国は太宰府で一括管理されることになっているので、運送の行程は大宰府までの日数（肥前国は「上り一日半、下り一日」）が示されている。

それにしても、これらアワビの加工品は、肥前国ばかりではなく諸国の献上品として『延喜式』に記されており、都の貴族たちのアワビ消費量はいかばかりかと驚嘆してしまう。むろん神の大好物でもあろうが、それも最後は人の腹に収まる。

その値嘉郷の産物と住人の習俗について、先ほどの記事に続けて、肥前国風土記は次のように伝えている。

海にはすなわち、アワビ・ニシ・タイ・サバ・その他の魚、ニギメ・ミル・その他の海藻がある。その白水郎《あま》は、馬や牛に富んでいる。あるいは、二つの島のうちの一つには百あまりの小さな島が近くにあり、またもう一つの島には八十あまりの小さな島が周りにある。（略）遣唐使は、この停泊地から発ち、美彌良久《みみらく》の埼［すなわち、川原《かはら》の浦の西の埼がこれである］に到り、ここから船立ちして西を指して渡る。この島の白水郎は、容貌が隼人《はやひと》に似て、つねに騎射を好み、発することばは他の土地人とは異なっている。（松浦郡）

（海則、有鮑・螺・鯛・鯖・雑魚、海藻・海松・雑海菜。彼白水郎、富於馬牛。或有一百余近嶋、或有八十余近嶋。（略）遣唐之使、従此停発、到美彌良久之埼［即、川原浦之西埼是也］、従此発船指西度之。此嶋白水郎、容貌似隼人、恒好騎射、其言語異俗人也）

海の幸が豊富だというのは当然だとして、この島の白水郎たちは馬や牛を飼育しているのだという。そして、引用の最後のところには、騎射を得意とするとあるところからみると、まるで騎馬民族のようだ。おまけに、「その言語は俗人に異なり」とある。ここに描かれている白水郎の習俗について、網野善彦は次のように述べている。

すなわち、中世にこの地域には、「松浦党の領主たちの朝鮮半島、中国大陸にまでおよんだとみられる海上での諸活動——水軍、海賊、「倭寇」、さらに交易など」を担った「党」「一類」と呼ばれる「海民」集団がいたことを網野は指摘する。そして、かれらと風土記の記事とを重ねながら、「中世の松浦党の領主たちが牛馬を放つ牧を所領としていることも、この伝統を負っていると考えることもできよう」と述べ、中世へのつながりを見通すのである（『網野善彦著作集 第一〇巻 海民の社会』二三九〜二四〇頁）。

どうやら、近くの海で魚を釣ったり藻塩を焼いたりするのが海人の仕事だという、和歌にみられる牧歌的なイメージとはかけ離れた、騎射を好み荒海を渡って生活する海民たちが、古代の日本列島の一部には住んでいたのである。たしかに、そうした集団がいなければ、この島国の海彼《かいひ》とのつながりは考えられない。すでに縄文時代には、南の海でしか採れない貝の腕輪や、糸魚川周辺でしか採れない硬玉翡翠《ひすい》が日本列島の各地に運ばれるなど、海を道とする人びとの痕跡はいくらも見いだせる。そうした視座をもって古代を考えることの重要性を、値嘉郷の白水郎は教えてくれる。

そのことは、右に引いた記事に出てくる、美彌良久の埼から船出して西に向かったという遣唐使の歴史にもつながっていくのかもしれない。美彌良久というのは、現在の長崎県五島市三井楽町《みいらくまち》のことだが、柳田国男は『海上の道』のなかで、「私の想像では、とにかくこの崎は早くから大陸に渡る船が此処まで行き、もしくは向ふから還つて来た船が茲《ここ》に船繫りして、風潮の頃合ひを待つといった、海上の要衝として注意せられて居たのである」と述べる(「根の国の話」)。まさにそのように向こうの世界とこちらの世界とをつなぐ場所が崎であり、その二つの世界をつないでいるのが海の民であった。

同じく九州の豊後国風土記に海部《あま》郡があり、「この郡の百姓は、みな、海浜の白水郎である。そのために海部の郡《こおり》という(此郡百姓、並海辺白水郎也。因曰海部郡)」とある。「海部」の名をもつ郡や郷は、各地にあるが、いずれも海民が住みついたところと言われている。そして、値嘉郷のような海に囲まれた島も含めて、海浜の集落は、陸の道が整備される以前はずっと、周囲から隔離された土地であるとともに、つねに外に向かって開かれた世界でもあった。それゆえに、「発することばは他の土地人とは異なっている(其言語異俗人也)」と言われて恐れられ(値嘉郷)、「つねに天皇の命令を拒んで降伏することがない(恒拒皇命、不肯降服)」者たちが住むところでもあったのである(松浦郡大《おお》家《や》島)。

海の幸から海の民へと話題を転じているうちに、またもやワニを取りあげるスペースがなくなってしまった。次節はワニの話題から話を進めたい。

川を遡上するワニ、サケ、アユ

出雲国風土記が撰録された天平五(七三三)年二月三〇日からちょうど六〇年、飛鳥浄御原《あすかきよみはら》の宮で天の下を治めた天皇の、甲戌《こうじゅつ》の年(天武三年、六七四)七月一三日に起こった出来事として、意宇郡安《やす》来《ぎ》郷に伝えられている話がある。語臣猪麻呂《かたりのおみゐまろ》のむすめが、毘売埼《ひめさき》というところでワニ(和爾)に喰い殺されたのを知った父の猪麻呂が、神に祈願してむすめを喰い殺したワニを見つけ出して仕留めたという仇討ち話である。

ワニというのはサメ類をさす語で、とくに種を特定してはいない。フカはおもに関西での呼び名とされる。古事記でワタツミ(海の神)のむすめトヨタマビメ(豊玉毘売命)がワニになって子を生んだと語られているように、ワニは、海の神が人の前に現れる時の姿と考えられていた。また、むすめが喰い殺され、父猪麻呂が神に祈願したという毘売埼は、海の神を祀る一族が神に祈願するための祭祀の場で、具体的には、中海の南端に位置して美しい円錐形の姿を水面に映す十《と》神山《かみやま》(島根県安来市安来町)のことである(二四六頁「毘売埼とワニ」参照)。

この伝承についてわたしは、その基層に、語臣一族のむすめと始祖神ワニとの神婚神話が語られていたと考えている。ところが、その神話を支えていた血縁的・地縁的な共同体の紐帯《ちゅうたい》が弱まり、神と人との関係に歪みが生じることで、元の神婚神話が、シャーマンの験力《げんりき》（ここではむすめを殺したワニを見つけることができる力）を語る霊験譚《れいげんたん》へと変貌を遂げたのである（三浦『風土記の世界』一三九〜一四四頁参照）。

そのように考えるのは、同じようにワニと女とをめぐる伝承が、風土記に伝えられているからである。その一つが、出雲国風土記仁多郡条にみられる次の伝承である。

恋山《したいやま》（略）古老が伝えいうことには、和爾《わに》が、阿伊《あい》の村にいます神、玉日女《たまひめ》命を恋いしたって上ってきた。その時、玉日女命は石で川を塞き止め、（和爾は）会うことができず恋いしたった。それで恋山という。

（恋山（略）古老伝云、和爾、恋阿伊村坐神玉日女命而上到。爾時、玉日女命以石塞川、不得会所恋。故云恋山）

熱帯か亜熱帯の淡水域に棲む爬虫類のワニなら可能かもしれないが、海に棲息する魚類のサメが川を遡るというのは考えられない。タマヒメという女神がいますという阿伊の村については確定できないが、同じく仁多郡条の河川として列記されたなかに、阿伊《あい》川と阿位《あゐ》川と二つの川があり、そのいずれかの川沿いに阿伊の村はあったとみられる。どちらも斐伊川の支流であり、阿伊川は現在の大馬木《おおまき》川、阿位川は現在の阿井川に比定されている。また、石で川を塞いだというのは、大馬木川上流の谷間に広がる「鬼の舌震《したぶるい》」（島根県仁多郡奥出雲町、写真参照）と呼ばれる名勝地とするのが通

鬼の舌震（島根県仁多郡奥出雲町）

説だが、その説を採ると、そこより上流に阿伊の村はあったということになる。また、阿井川の上流には阿位（上阿位・下阿位）という地名が遺されており、その辺りが阿伊の村だったのかもしれない。ただし、阿位の地を阿伊の村とみなすには、石で塞いだ場所は「鬼の舌震」ではなく、イとヰの音は紛れを生じたという説明が必要になる。

いずれにしても、阿伊の村は広島県の県境に近い中国山地のふもとにあり、ワニは、河口から何十キロも遡ったことになる。生物学的にはありえないことだが、そんな苦労をして遡る海の神ワニと、そのワニを拒んだ女神との関係を語る神話を、どのように考えればよいか。この神話から読み出せるのは、祀る人と祀られる神との関係性の変貌である。

タマという名をもつ女性は、神のタマ（魂）を寄せることのできる巫女的存在として神話にはしばしば登場する。おそらく、このタマヒメも、海の神を寄せ神を祀る女性であり、神話的に言えば、神と交わる女として語られていたはずだ。これは、語臣猪麻呂のむすめと同じ立場である。

ところが、海辺に居住し海の神を祀る集団が、この伝承では海から遠く隔たった川の上流にいるわけで、それは尋常なことではない。そこから考えると、この一族は川筋を遡って山間部に移動した海の民だったのではないかという推測が成り立つ。その移住はかれらが祀る神に変容を生じさせ、もともとの始祖神であったはずのワタツミ（海の神）との関係を遮断することになってしまった。それが、遡上するワニを拒むタマヒメの伝承になったと読めるのである。

これはたとえば、日本海から姫川を遡って信州の山間部（安曇野《あずみの》と呼ばれる）に定住したとされる海の民・安曇（阿曇）氏のような存在に重ねることができる。ただし、かれらが穂高神社（長野県安曇野市穂高）で祀る穂《ほ》高見《たかみ》命は、ワタツミ（綿津見命）の子ウツシヒガナサク（宇都志日金析命）のことだと伝えているので、海の神を変わらずに祀っていることになる。しかし、ホタカミの名をまとってワタツミの名を背後に退かせてしまわなければならなかったという一面も窺える。

一方、拒まれることなく川を遡上して女神のもとに通うワニの話も存在する。肥前国風土記佐嘉郡の伝承で、すでに「石神の涙」で紹介した（I「地震・火山、磐根」三七頁）。そこで語られていたヨタヒメ（世田姫）という女神は、佐賀市大和町に祀られる河上神社の祭神だが、現在では正式名称が与止《よど》日女《ひめ》神社（淀姫神社とも）とされており（『佐賀県の地名』一四二頁）、ヨタヒメは地形からもヨドヒメの訛りとみなせそうだ。古代の川筋とは違っているようだが、河口から十数キロ上流に女神は鎮座する。

この川を遡るワニには、「海の神［鰐魚《わに》をいう］」と注記があり、毎年、たくさんの海の魚を引き連れて遡上し、ヨタヒメのところに留まったと語られていた。そして、人びとはその一行を慎んで迎えなければならず、捕まえて食ったりすると死ぬことさえあると戒められている。このように、年ごとに繰り返される神迎えに際してのタブーが伝えられているというのは、神と人との関係が生きているからであり、ここで取りあげている恋山の伝承との違いは明らかだ。

一年のうちの決まった日、人びとが忌み慎んで川を遡る神を迎えるという習俗は、各地に遺る「鮭の大助《おおすけ》」の儀礼や伝承を思い起こさせる。たとえば、一〇月二〇日のえびす講の日には、大助と呼ばれるサケの主が、一族を引き連れて川を遡るから、「耳塞《ふた》ぎ餅」を作って耳に当て、家のなかで忌み籠もっていなければならないという。東北地方におけるサケの遡上する河川では、日本海側にも太平洋側にも広く分布する習俗である(野村純一「「鮭の大助」の来る日」、小島瓔禮「精進魚類物語と口承文芸」など)。

そしてまた、この「鮭の大助」の遡上に関連する伝承として、サケの背に乗って人がやってきて、はじめて村を建てたという村建て神話を伝える地域もある。なかでもよく知られているのは、『遠野物語拾遺』第一三八・一三九話に載せられた、宮という家の先祖が、一面の湖水であった遠野の地に気仙口からサケに乗って入ってきたという伝承である。人を乗せて川を遡ったり海を渡ったりする魚類は、日本列島の北のほうではサケであるのに対して、西のほうでは、ワニ(サメ類)と語られている(三浦「西のワニと北のサケと」)。

そのもっとも古い伝えが、海の宮ワタツミに出かけたホヲリ(火遠理命、山幸彦のこと)が、ワニの背に乗って地上にもどってきたという神話である。また沖縄には、無人島に漂着した仲宗根豊見親《なかそねとよみおや》玄雅《げんが》という人が、フカの背に乗って故郷に帰ったので、鯖祖《さばそ》氏と呼ばれたという伝承が知られている(稲村賢敷『宮古島旧記並史歌集解』三五〜三六頁。琉球語のサバはサメのこと)。

「鮭の大助」にもどると、こうしたサケの主の遡上に関して、断片的ながら、すでに常陸国風土記に記事が見いだせるという点に注目しておきたい。

ここから北東に三十里、助川《すけかわ》の駅家《うまや》がある。昔、遇鹿《おうか》と号けた。（略）この国の長官であった久米の大夫《まえつぎみ》の時代になって、鮭を獲る川なので、改めて助川と名づけた［土地人のことばで、鮭の祖《おや》を呼ぶに、須介《すけ》という］。（久慈郡）

（自此艮卅里、助川駅家。昔、号遇鹿。（略）至国宰久米大夫之時、為河取鮭、改名助川［俗語、謂鮭祖、為須介］）

冒頭の「ここ」というのは、前の記事にある密築里《みつき》（茨城県日立市水木町辺り）のことで、助川は日立市助川町の辺りとされている。現在、助川という河川を特定することはできないが、サケが遡上する川は何本もあったはずだ。そして、サケの祖をスケと呼ぶのは、のちの民間習俗においてサケの主を「鮭の大助」と呼ぶのとおなじ心性であったと推測される。北の地で生活する人びとにとってもっとも重要な食料となるサケの遡上は、毎年の習いでありながら、神に祈って待つしかない幸であり、当然のこととして、さまざまなタブーや言い伝えが生まれる。

サケの遡上に関して、常陸国風土記では助川以外に伝えはないが、出雲国風土記をみると、次のような産物記事がある。

出雲の大川　（略）アユ・サケ・マス・イグイ・フナ・ハモなどがいて、淵や瀬に並んで泳いでいる。（出雲郡）

（出雲大川　（略）年魚・鮭・麻須・伊具比・魴・鱧等之類、潭湍双泳）

出雲の大川というのは斐伊川の総称で、「斐伊《ひ》の川」という呼称も出雲国風土記にはある。古事記では「肥河」と表記する。この川は、現在は宍道湖に流れ込んでいるが、「斐伊川の旧川筋は出雲市武志町の北部附近で西に折れ（現在は東に折れる）、ほぼ高浜川筋を西流し、江田町・八島町附近から南に折れて、新内藤川筋を流れていた」（大系本風土記）という。その河口部には大きな「神門《かむど》の水海《みづうみ》」があり、海とつながっていた。そのために、海から川に遡るアユやサケ・マスなどがたくさん入ってくるのである。イグイはウグイのことで淡水魚。

同じく神門の水海に流れ込む神門川にも、アユ・サケ・マスが遡上したとあり（神門郡）、日本海側では、ずっと西のほうの河川にまでサケが遡っていたことがわかる。文献上は近世までしか遡れないが、斐伊川の支流の一つ阿用川上流には鮭神社（島根県雲南市大東町川井。本書二五二頁「鮭神社」参照）が祀られている。

秋のサケとともに日本列島の河川においてだいじな魚に、夏のアユがいる。出雲国風土記はもちろん、精粗はあるが播磨・豊後・肥前の風土記にアユの遡上が記され、それらの表記はすべて「年魚」で統一されている。一年で一生を終えることに由来した宛て字である。そのなかでよく知られた伝承に、肥前国風土記松浦郡条に伝えられたオキナガタラシヒメ（気長足姫尊）が新羅遠征の成否を占うためにアユ釣りをしたという話がある。同様の伝えが古事記にも日本書紀にも載せられているのは興味深い（三浦『風土記の世界』二〇五～二一三頁）。

ちなみに常陸国風土記にはサケの記事が助川以外に出てこず、アユに関しても遡上記事がないが、遡上しなかったというのではなく、現存する常陸国風土記が「古老相伝旧聞異事」以外の記事を省略してしまったためであろう。また、播磨国風土記の場合は、地名起源譚を細やかに拾っているわりには、山野河海の動物や植物についてはあまり関心を示していないようにみえる。

それに対して、出雲国風土記は、山野の動物も植物も、川や海の生きものも、悉皆調査のような手さばきで拾いあげており、現代のわれわれに貴重なデータを遺してくれることになった。根生いの役人である郡司層の底力が示されたと言えようか。

V
神のはなし

神が遺したもの

遺された風土記から山野河海の産物を紹介すると、どうしても出雲国風土記が中心になってしまう。むろん、出雲だけが海山の幸に恵まれていたのではなく、出雲国風土記が物産目録の記述に熱心だったからである。

『続日本紀』に載せられた和銅六(七一三)年五月の官命によれば、律令政府は五項目にわたる記録を作成して報告するようにと各国に命じた。それらを「日本書」志の基礎資料にしようとする意図があったというのがわたしの認識だが(三浦『風土記の世界』第一章)、そのなかに特産品目録の作成が義務づけられており、「それぞれの郡でとれる、銀・銅・彩色・草・木・禽《とり》・獣・魚・虫などの物は、こまかに種類を記録し(其郡内生所、銀銅彩色草木禽獣魚虫等物、具録色目)」とあるから、編纂の中心となった国司たちは、当然、物産目録のことは承知していたはずである。ところが、律令政府のほうは、大まかな記載項目は指示したものの、詳細な執筆要項のようなものは示していなかったらしい。

そのために、出雲国風土記と遺存する他の国の風土記とのあいだには差異が生じた。常陸国風土記の場合は、本文の省略が多く元の姿がわからず、物産目録がどのように扱われていたかは不明。

ただ、お国自慢は忘れておらず、冒頭には次の文章が置かれている。

さて常陸の国は、境界は広大で、土地も遥かとおくて、土壌は肥沃で、原野さえもよく肥えている。開墾したところは、どこも山海の幸が得られ、人びとは安らかに過ごし、家々は賑わっている。（略）ましてや、塩や魚を味わいたければ、左は山で右は海である。桑を植え麻を種《ま》こうとすれば、後ろは野で前は原がつづく。まるで海のものと陸のものの貯蔵庫であり、さまざまな産物の豊かに採れるところである。古えの人が常世の国というのは、あるいはこの土地のことをいうのであろうか。（常陸国風土記総記）

（夫常陸国者、堺是広大、地亦緬邈、土壌沃墳、原野肥衍。墾発之処、山海之利、人人自得、家々足饒。（略）况復、求塩魚味、左山右海。植桑種麻、後野前原。所謂水陸之府蔵、物産之膏腴。古人云常世之国、蓋疑此地）

引用を省略した部分には、よく働きさえすれば立ちどころに豊かになるとあって、さすが職務に忠実な律令官人の作文だと感心させられるが、間違いなく常陸国もまた自然の産物にめぐまれた土地であったのは疑いようがない。その豊かな大地で、神もまた満ち足りて暮らしていたらしい。

平津の駅家《うまや》の西一二里に岡がある。名を大櫛《おおくし》という。遠い昔に人がいた。体はきわめて大きく、身は丘の上に座ったまま、手を伸ばして海岸のハマグリを掘り出した。その食べた貝が積もりたまって岡になった。当時の人が呼んでいた大朽《おおくち》の意味を受けて、今、大櫛の岡と呼んでいる。その人が踏みつけた跡がある［長さ四〇歩あまり、幅二〇歩あまり。小便の穴の差渡し二〇歩あまり］。（常陸国風土記那賀《なか》郡）

（平津駅家西一二里、有岡。名曰大櫛。上古有人。体極長大、身居丘壟之上、手擽海浜之蜃。其所食貝、積聚成岡。時人取大朽之義、今、謂大櫛之岡。其践跡［長卌余歩、広廿余歩。尿穴径可廿余歩許］）

今も各地に伝わる大男伝説の一つで、地方によってダイダラ坊、ダイダラボッチなどさまざまな名で呼ばれ、山や池などを作った話が遺る（柳田国男「ダイダラ坊の足跡」「大人弥五郎」など）。

この大櫛の伝承が興味深いのは、そこが、縄文時代前期の貝塚として現代にまで伝えられていることである。その遺跡は、水戸市塩崎町（旧、東茨城郡常澄《つねずみ》村塩崎）にあり、現在は国史跡に指定されている。『国史大辞典』によれば、大串貝塚と名付けられた遺跡は、一八八九年に発見されたが放置され、一九三六年、一九四三年に発掘調査が行われた。「貝塚は那珂川谷と涸沼《ひぬま》谷との合流点に、東に延びる台地の突端にあり、台上に二ヵ所、東北斜面および南側の低い段丘上に各一ヵ所。いずれもシジミを主とし、ハマグリ・カキ・アカニシなどの鹹水産貝類を含む主淡貝塚」（「大串貝塚」佐藤達夫執筆）だという。おそらく、入り江状の地形だったと考えられる。

わたしたちは、考古学的な調査によって縄文人の生活の跡だということを知るのだが、それを古代の人たちは、岡に座ったままで大男が海岸の貝を食べていたと想像したのである。ところが、その驚きの貝の集積地は、近代になって中学校を建設するなどしたために壊され、神社があったために手がつけられなかった一部だけが残って国史跡に指定された。今は、近くには水戸市大串貝塚ふれあい公園ができ、コンクリート製のダイダラボウも造られたが、古代の人たちが想像した大男を追体験するにはいささか手遅れだったという気がしないでもない。

貝塚とはかかわらないようだが、同様の大男にまつわる伝承は播磨国風土記にもあって、託賀郡の郡名の由来は次のように語られている。


託加《たか》と名づけたわけは、昔、大人《おおひと》がいて、いつも屈まって歩いていた。南の海から北の海に行くのに、東から巡り行こうとして、この土《くに》にやって来て云うことには、「ほかの土地は天が低いので、いつも屈まり伏して歩いていた。この土地は高いので、のびのびと行ける。なんて高いことよ」と。そこで、託賀の郡《こおり》という。その踏んだ跡は、たくさん沼に成って残っている。

(所以名託加者、昔、在大人、常勾行也。自南海到北海、自東巡行之時、到来此土云、他土卑者、常勾伏而行之。此土高者、申而行之。高哉。故、曰託賀郡。其踰迹処、数々成沼)

大串貝塚ふれあい公園(茨城県水戸市塩崎町)のダイダラボウ像

頭が天につっかえてしまうほどの巨大さである。古事記に出てくるスサノヲやオホナムヂのような人文神が、ウルトラマンのような巨軀であったらしいことは神話を読んでいると気づかされるが、ここの大人は並外れた巨大さであった。そして、その足跡が沼になったという証拠も遺されている。先の常陸の大男の場合は、小便のあとが直径三〇メートル(二〇歩あまり)もの穴になったという。

大櫛の大男は、岡に座ったままで海岸のハマグリ(蜃)をほじって食べたとあるが、この語り方は大男伝承のパターンである。それは、播磨国風土記讃容郡に同じ語り方をする話が伝えられていることから了解できよう。

筌戸《うえと》　大神が出雲国からやって来た時、島の村の岡を呉床《あぐら》にして坐り、筌をこの川に仕掛けた。そこで、筌戸と号けた。ところが、川なのに魚は入らずに、シカが筌に入った。それを捕まえてなますに造って食べようとしたところ、口に入らずに地面に落としてしまった。それで、ここを去って他の地に遷ってしまった。

(筌戸　大神従出雲国来時、以嶋村岡為呉床坐而、筌置於此川。故、号筌戸也。不入魚而、入鹿。此取作鱠食、不入口而落於地。故、去此処遷他)

筌は川に沈めて魚を獲る編み籠で、わたしなども小さい頃ガラス製のビンヅケを使って川遊びをしていたが、すぐに割ってしまってよく泣いた(今はプラスチック製があるらしい)。

出雲からきたという大神とは、オホナモチ(大穴持命)か。播磨国風土記にはオホナモチ伝承がいくつも伝えられているが、滑稽でとんまな神として語られることもしばしばである。ここでは、魚ではなく大物のシカが掛かって喜んだのも束の間、造ったなますは箸(?)から滑り落ちて口に入らない。それでどこかに行ってしまったという。それにしても、古代の伝承を読んでいると、肉のなますがよく出てくるように思う。狩猟の民の習性をどこかに遺しているのだろうか。

大櫛の大男にもどると、七世紀の人びとにとって縄文時代前期の貝塚は数千年も前の遺跡であり、その広大な貝殻の堆積が大男のしわざだと考えたのはよくわかる。それに対して、たかだか一、三百年前のことであっても、まったく事情がわからなくなってしまうこともある。播磨国風土記印南郡に伝えられた巨大な石の遺物に関する伝承である。

大国の里 (略)この里に山があり、名を伊保《いほ》山という。(略)山の西に原があり、名を池の原という。原の中に池がある。それで池の原という。原の南に作り石がある。形は家屋のようで、長さは二丈、奥行きは一丈五尺、高さもほぼ同じ。名を大石《おおいし》という。伝えていうことには、聖徳の王《おおきみ》の時代、弓削《ゆげ》の大連《おおむらじ》が造った石だという。

(大国里 (略)此里有山、名曰伊保山。(略)山西有原、名曰池之原。々中有池。故曰池之原。々南有作石。形如屋、長二丈、広一丈五尺、高亦如之。名号曰大石。伝云、聖徳王御世、弓削大連所造之石也)

ここに出てくる大石は、現在、兵庫県高砂市阿弥陀町にある生石《おうしこ》神社のご神体とされ、石工の手

生石神社（兵庫県高砂市阿弥陀町）のご神体，石の宝殿

によって岩山から立方体に切り抜かれながら、移動した形跡のない巨石である。江戸時代から石の宝殿と呼ばれ、名所になった。その実測を確認すると、「基部は岩盤と切り離されないままに周囲を掘削してつくられた凝灰岩《ぎょうかいがん》製の巨大な石造物で、現存幅六四五センチメートル、奥行五四六センチメートル、高さ五七〇センチメートル、重量は四六九・五トンに及ぶと推定されている。背後には大きな角状の突起がつく。左右側面には幅一・六メートルの浅い溝が上下に通る。規模は風土記の記載とは合わないが、石の宝殿が大石にあたることは間違いないだろう」とある（古市晃「弓削大連と播磨の物部」）。

実物をみると、まるで巨大な立方体の石が、水の上に浮かんでいるように見える。もちろんそのような非物理的なことはありえず、中心部で岩盤とつながっていて一本足で立っているのだが、覗いても基部は確認できない。古代の石工たちの巧みな技術には驚かされる。何に使おうとしたかという点に関しては、長持形石棺・家形石棺などヤマトの王家の墳墓のための石棺とみなす見解をはじめ諸説あるが、だれもが納得できる考えは示されていない。そもそも、現在の場所から動かそうとしたかどうかという点からして疑問が出されている。その詳細に関しては、この宝殿について徹底的な検証を試みた間壁忠彦・間壁葭子《よしこ》『日本史の謎・石宝殿』において、問題点の整理と新たな見解の提示がなされている。

風土記の伝えによれば、聖徳太子の時代、弓削の大連(物部守屋《もののべのもりや》のこと)が造らせたものだとある。なぜ物部守屋が出てくるのかという点について先に引いた古市晃は、この伝承に石作り集団と尾張氏との関連を指摘し、一方で播磨国には物部氏の活動があったことが伝承の背景をなしているのだろうと述べている。こうした石棺などの製作が、この辺りで産出する竜山石《たつやまいし》を用いて大々的に行われていたことは、大国里の東に接する益気《やけ》里の伝承にも窺える。

この里に山があり、名を斗形山《ますかたやま》という。石で斗《ます》と桶《おけ》を作った。それで、斗形山という。

(播磨国風土記印南郡)

(此里有山、名曰斗形山。以石作斗与乎気。故、曰斗形山)

斗形山は、現在の加古川市東神吉町升田にある升形山で、頂上には円墳一〇基が現存するという(全集本風土記、一二四頁)。また、宍禾郡条には石作《いしつくり》氏の居住が記されている。

石作の里 (略)石作と名づけたわけは、石作首《いしつくりのおびと》らが、この村に住んでいた。それで、庚午《こうご》の年に石作の里とした。

(石作里 (略)所以名石作者、石作首等、居於此村。故、庚午年為石作里)

庚午の年が出てくるのは、この年（六七〇年）に庚午年籍が作られ、里ができたからである。そして、これら石作りの集団は、「かなり新しく入って行った集団であった可能性」があることを、間壁忠彦・間壁葭子『日本史の謎・石宝殿』は指摘している（六五頁）。こうした石作氏の居住に関する記事は餝磨郡の長畝《ながうね》川の条に出てきて、長畝川に生えていたマコモ（蔣）をめぐって争いになったという記事を載せている。これも、土着の村人と、新来の技術者集団との対立として考えることができるだろう。

石の宝殿の巨石も、七世紀に切り出されたものだろうと考えられているが、この時代のものと考えられるさまざまな石造品が明日香を中心としたヤマトには存在する。そして、それらのなかには、石人像・須弥山《しゅみせん》石、あるいは猿石や亀石など、渡来系の石作りの技術者が関与しているのではないかと思わせるものがあり、播磨国に居住する石作り集団ともつながるのではないかと思わせる。

石の宝殿にもどれば、『日本史の謎・石宝殿』で間壁は、この巨石がどのように使われようとしたかについて、かれらの推論を提示する。それによれば、「石の宝殿・益田岩船は天智陵よりやや古いかも知れないが、両者が当時新しく行われ出した横口式石槨に加えて、同時に氏族の供養堂的なもの、または宗廟的なものとしての性格を持ちながら、なお且つ墓には巨大な石を用い、棺形とか石室内部を家形にする思想も忘れ去っていない中に生れ出た特殊な形態の墓」だったのではないかと想定し、「石の宝殿は、少なくとも一部分は地上に露出され建てられ、仏舎利ならぬ氏族の長の遺体を納めた堂塔か宗廟」ではないかという（二一六〜二一七頁）。そして、それを作ろうとしたのは、斉明天皇であり、それは「斉明天皇の道楽というより蘇我氏が一定の目的を持って作らせ、その滅亡と共に放棄されたと思えてならない」（二二九頁）という。あくまで仮説でしかないが、たいそう興味深い推理である。

一方、生石神社の縁起には、万葉集の「大汝《おほなむち》少彦名《すくなひこな》のいましけむ志都《しつ》の石室《いはや》は幾代《いくよ》経《へ》にけむ」（巻三、三五五番）という歌などに基づいて、オホナモチとスクナヒコナがこの宝殿を作ったという伝承が載せられている。播磨国風土記には二神の伝承がいくつも載せられていることを考えれば、弓削の大連の話とは別に、ふたりに託した神話が語られていた可能性は大いにあるだろう。ただし、志都の石室の所在は諸説あり、宝殿には限定できないが、この歌の作者が「生石村主《おふしのすぐり》真人《まひと》」であるのは興味深い。ただし生石村主の居住地など詳細はわかっていない。

それにしても、斉明朝とすれば、風土記の編纂時まで一〇〇年も経っていないのだが、それでも事実はとうにおぼろ気になってしまう。そう考えると、伝承の深浅を測るのは、なかなかむずかしいものだと思わざるをえない。

鬼の話、二題

古代の大男伝説の話を承け、妖怪や怪物が出てくる話はないかと探してみた。

郡から西北に二〇里、河内《こうち》の里がある。もとは古々《ここ》の邑《むら》という名だった［土地人の説《ことば》で、猿の声を呼んでココという］。東の山に石の鏡がある。昔、魑魅《おに》がいて、集まって鏡を翫《もてあそ》び見て、すぐさま自分から去っていった［土地人は、すばやい鬼も鏡に向きあうとおのずから滅ぶものだと言っている］。（略、顔料になる土が産し、朝廷に献上することなど）いわゆる久慈川の源は猿声《ここ》の邑に発している。（以下略す）（常陸国風土記久慈郡）

（自郡西北廿里、河内里。本名古々之邑［俗説謂猿声為古々］。東山石鏡。昔、有魑魅萃集翫見鏡、則自去［俗云、疾鬼面鏡自滅］。（略）所謂久慈河之濫觴出自猿声。（以下略之））

本題に入る前に、いくつか注釈を。まず、河内の里は現在の茨城県常陸太田市（旧、久慈郡金砂郷《かなさごう》町《まち》）の上宮河内町《かみみやかわうちちょう》・下宮《しもみや》河内町を中心とした一帯。そこは元はココ（古々）と呼ばれていたとあるが、律令制の施行による五〇戸一里の行政村として、おそらく地形によって河内と名付けられ、そのなかの自然村の一つとして「ここ」と呼ばれる集落があったと考えればよい。その地は、久慈川の源流(原文の「濫觴《らんしょう》」は「長江も水源にさかのぼれば、觴《さかずき》を濫《うか》べるほどの、または觴に濫《あふ》れるほどの小さな流れである意」『広辞苑』第七版)とあるが、現在の地形を確認すると、上宮河内町・下宮河内町の辺りは久慈川本流からみて一つ隣の谷を流れる支流、浅川の上流部に属しており、「久慈河の濫觴」というのはいささか筆が滑りすぎたか。ただし、河内の里は久慈川の本流部も含んでおり、古々の邑も久慈川流域にあるのは確かだが、久慈川の源流は福島県東白川郡まで遡るので、いずれにしても濫觴という表現はことば遊びというほかはない。

末尾の「猿声」をココと訓むのは、元の地名ココは猿の声から採ったという冒頭の「土地人の説(俗説)」に基づいた戯訓(戯書)で、こちらもことば遊びだ。戯訓は奈良朝文人の好みで、万葉集には、「憎《にく》く」を「二八十一」と書くなど、ククという語を表記するのに「八十一」(掛け算)と書く歌が五首もある。また、地名ココには「此処」の意が懸けられているとみたほうがいいだろう。上代特殊仮名遣いによる用字法では発音が違うという反論もあるが、音声による語呂合わせでは少しばかりの不整合は無視されるので、仮名遣いにおける甲乙の違いに拘泥しすぎると失敗する。

さて、本題。原文「疾鬼面鏡自滅(疾き鬼も鏡に面へば自づから滅ぶ)」は、小島本風土記に、古代中国における道教の指南書『抱朴子《ほうぼくし》』(葛洪《かっこう》)に出てくる、山に入る時には鏡を背中に懸けておき、近づく者がある時に鏡に映った姿を見れば、仙人や良い神と邪鬼とを区別できるという教え(内篇・巻一七)が背景にあるとする(補注、三四一頁)。鏡のもつ呪力に対する信仰のようなものが、筆録者の知識としてある漢文的素養によって表現されているとみてよいのだろうが、その一方で、この話はいささか滑稽な印象を与えるところがあるという点も見逃せない。

魑魅どもが集まって鏡をもてあそんでいたかと思っていたら居なくなったとか、すばやい鬼も鏡に向きあうと消えてしまうという語り方には、鏡の魔力に吸い込まれるようにして、魑魅(鬼)が忽然と消滅するという印象がある。しかし一方でこの消え方は、時代はまったく違うのだが、同じ常陸国ゆえに筑波山の「ガマの膏《あぶら》」売りの口上を思い出させる。両者につながりをつけようという気はないが、四面が鏡で底に金網を張った箱に閉じ込められて油を垂らすガマと、石の鏡に見入ったまま消えてしまう魑魅(鬼)の姿が重なり、そこはかとない滑稽さを醸しだすのである。

「石の鏡」は月鏡石と呼ばれ、常陸大宮市山方(旧、那珂郡山方町)の照山大字生井《なまい》沢《さわ》の地に現存する。増田寧『『常陸国風土記』入門ノート』に詳細な道案内があり、この岩は「堆積岩にマグマが入り込み固まった岩が動かされて断層ができ、その時磨かれた断面が露出したもの」というが、「今では、輝きを失い、ひっそりと山中にたたずむ」とある(四七八〜四八二頁)。

原文の「魑魅」をわたしも鬼と訳しているが、そもそもわれわれがイメージする、頭に角のある「おに/鬼」は、古代の文献には出てこない。オニの語源を「隠(オン/イン)」とみるのも確定しているわけではないが、鬼は視覚的に固定した像をもたないゆえに恐ろしいものであった。それは、「鬼」を魂魄(死者の霊魂)とみなす中国的な観念が古代には強くあったからだと思われる。そのなかで、日本書紀斉明七(六六一)年の、「八月の甲子の朔《つきたち》に、皇太子、天皇の喪《みも》を奉徙《うつしまつ》りて、還りて磐瀬宮に至る。この夕に、朝倉山の上に、鬼有りて、大笠を着て、喪の儀《よそほひ》を臨み視る。衆《ひとびと》、皆、嗟怪《あやし》ぶ」という記事とともに、常陸国風土記の鬼(疾鬼)は、日本的な「鬼」像が具体的なイメージを固定化させていく、その過渡の一例とみなすことができるだろう。

ただし、斉明紀では、百済救援に向かった九州で、天皇が亡くなったために葬儀が行われた際に、宮殿の裏山の頂に鬼が出現しており、魂魄的な性格も認められる。それに対して常陸国風土記の鬼は山中に出現する妖怪のようなものだという点で、われわれの鬼に近い存在といえよう。

風土記にはもう一例、いわゆる「鬼」が出現する。妖怪的な鬼は民間伝承のなかに萌芽したか。


阿用《あよ》の郷　(略)古老が伝えていうことには、昔、ある人が、ここに山田を作って守っていた。その時、目が一つの鬼が来て、田を作る人のむすこを食べてしまった。その時、男の子の父と母は竹原の中に隠れていた。それで、竹の葉が動いだ《あよ》。その時、鬼に食べられる男の子は、「動動《あよあよ》」と言った。それで、阿欲《あよ》という。

(阿用郷　(略)古老伝云、昔、或人、此処山田佃而守之。爾時、目一鬼来而、食佃人之男。爾時、男之父母竹原中隠而居之。時、竹葉動之。爾時、所食男云、動動。故、云阿欲)

(出雲国風土記大原郡)


阿用という地名の起源譚で、その地名アヨは「佃《たつく》る人の男」の発したことばから名付けられたと語っている。その男児が発したということば「動動」は、「あよくあよく」とも訓まれるが、ここは、動詞アヨクの語幹アヨを重ねて幼児語として解釈するのを正解とした。何度か出てくる「男」は、ヲトコともヲノコとも訓めて区別できないが、本文に「田を作る人のむすこ(佃人之男)」とあり、まだ満足にことばを発することもできないほどの幼児と解すべきであろう。その片言しか物も言えない幼子が、竹の葉が揺れているさまを見てアヨアヨと言ったのである。

山田を耕作していた夫婦は、幼子をそばに置いて働いていた。そこに鬼が現れておいしそうな幼児を喰おうとした。そのような状況のなかで発せられた幼い子のことばをどのように解釈するか、そこが大きな問題になるということになる。伝承の読みを試されているのだ。

大系本風土記は、「ア・ヨ共に感歎の辞。アーアーという嘆声」と解釈し、「父母の隠れているあたりの竹葉の揺れ動く故に鬼に見付けられるかと歎く声」（二三八頁）と解釈する。アヨクアヨクと訓む全集本風土記でも、大系と同じく「鬼に気づかれるのを案じて、自分が食われながら危険を知らせた」（二六三頁）と理解する。健気な幼子が発したことばとみるのが一般的な解釈で、瀧音能之《よしゆき》は、「その男の父母は竹林の中に隠れたが風で竹の葉」がアヨアヨと音を立てたので、「鬼に両親をみつけられまいとする男によるそよぐ竹の葉に似せた必死の擬音的叫びともとれよう。いずれにしても残酷な説話ではある」と説明する（『風土記説話の古代史』一三八頁）。

加えて瀧音は、この一つ目の鬼に製鉄集団の祀る神を見いだし、先住者である「農耕集団」と侵入した「製鉄集団」との「対立の象徴」を読み出そうとする。これは、柳田国男『一目小僧その他』（一九三四年）以来の民俗学の常識であり、小島瓔禮も、「日本の鬼の観念が備わっている最古の例」であるとして、『日本霊異記』などの説話を紹介したあとに、「鍛冶の神」に言及している（小島本風土記、三二三頁補注）。わたしの関心は、今はそこにはないので柳田説は留保するが、内田賢徳《まさのり》に鍛冶神説に批判的な論文があることだけを紹介しておく（「「目一つの鬼」という潤色」）。

両親を案じながら鬼に喰われて死んだかわいそうな幼子の話として読むと、もう一方の当事者である「男の父母」は、わが子を見捨てて自分たちだけが竹原に隠れて助かったという、なんとも解せない内容になってしまう。しかし、果たしてそれでよいのかというのが、わたしの目下の関心事である。そもそも男児の親は、なぜ子を置いて隠れたのか。とつぜん鬼が現れたために、わが子を助ける余裕もなくとっさに竹原に逃げ込んだとでもいうのか。そうだするると、とても誉められた両親とは言いにくい。子を置いて逃げたのだから。そうなると、幼子の行動には感動しつつ、逃げた両親への非難や嘲笑が、この伝承には込められてしまうに違いない。

本文にもどって、引用では「竹原の中に隠れていた（竹原中隠而居之）」と訓んだ「隠而」を、「かくれて」ではなく「こもりて」と訓読したとする。すると、この夫婦は子供を置いたまま山田の脇の竹原の中で、性的な行為にでも耽っていたというふうにも読めてしまう。そこに鬼が出てきて幼子を喰おうとした時、幼子は両親が籠もる竹原に向かって、片言のように「あよあよ」と言った。このように解釈すると、哀切さや同情からはほど遠い、滑稽で猥雑な笑い話になってしまう。とても読者の支持を得られそうにない解釈かもしれないが、「隠」の一字をカクレと訓むかコモリと訓むかの違いによって、解釈はまったく変わってしまう。そしてわたしは、コモリと訓んだほうが、日常的な世界の民間伝承の一端が浮かび上がってくるのではないかと思っている。

こんなことを言いだすのは、赤坂憲雄『性食考』や『性食の詩学へ』の二番煎じになってしまうが、食と性とのあいだには、いつも、隠微な猥雑さ、そして時には滑稽性がつきまとっていると思うからである。たとえば、仏教説話集『日本霊異記』に、初めて男と交わる晩に「痛きかな」という声を三回発して鬼に喰われてしまった「万《よろづ》の子」という美女がいる（中巻第三三縁）。その初めて男を迎え入れた夜、寝屋から聞こえてきたむすめの声に両親は、「未だ効《なら》はずして痛むなり」と言って放っておいた。翌朝むすめの部屋を覗くと、頭と指一本だけが残されていた。ここで読み出せるのも、鬼に喰われるむすめの悲痛な叫びを初夜の痛みと勘違いした両親の間抜けさと、言外に想像できる卑猥さや残酷さなのである(三浦『日本霊異記の世界』九七〜一〇一頁)。

そうした笑いが、民間伝承を支える一つの大事な要素として存在するとわたしは考えている。したがって、笑い話というのはいかなる場合にも、残酷さや猥雑さを内部に抱え込んで存在するのではなかろうか。「わらふ」という行為自体が、そのような性格をもつことについては三〇年ほど前に論じたことがあった(「ゑらく神がみ」)。

ところで、鍛冶神である一つ目の鬼説を否定していると紹介した内田賢徳が、この伝承をどのように解しているかというと、「少年の父母が隠れた竹原は、まさしく守られた場所」であり、「そこに隠れて、神に帰すべき子を神に捧げる」というような「一つの儀礼めいたことを想定すれば、「食ふ」ということは何らかに象徴的な所作であり、子に即してはその子として承認される通過儀礼」になると、なんだか苦しげな説明をしている(内田、前掲論文)。わたしには鍛冶神説と同じようで納得しにくい。

風土記に出てくる鬼は、どちらも、角が生えていたり虎皮の褌《ふんどし》をしているわけではない。しかし、ほとんどわれわれがイメージする鬼に接近しているとみてよく、霊異記説話からはじまる日本的な鬼の濫觴といってよいのではないかと思う。

神、恐ろしきもの

風土記は、鬼あるいは妖怪や怪物を積極的に記載していない。五項目にわたる撰録要求のなかに該当する内容がないから拾わなかったというのではなく、われわれがいう鬼あるいは妖怪や怪物といった明確な概念を持っていなかった、あるいは持っていたとしてもその境界線はあいまいだったのではないかと思う。一方、いずれの風土記においても、神はそれぞれの土地に祀られているばかりではなく、恐ろしいものとしても存在する。

鴨波《あわは》の里 (略)この里に舟引原がある。昔、神前《かむさき》の村に荒ぶる神がいて、つねに行く人の舟の半分は留めた。そのために、往来する舟は、すべて印南《いなみ》の大津江に留まり、そこから上流に行って賀意理多《かおりた》の谷から引き出して、赤石の郡《こおり》の林の潮《みなと》に通して海に出た。そこで、舟引原という。 (播磨国風土記賀古郡)

(鴨波里 (略)此里有舟引原。昔、神前村有荒神、毎半留行人之舟。於是、往来之舟、悉留印南之大津江、上於川頭自賀意理多之谷引出而、通出於赤石郡林潮。故、曰舟引原)

地理関係がよくわからないのだが、井上通泰『播磨国風土記新考』によれば、神前村は、「加古川と明石川との間、おそらくは明石郡」にあり、そこは「暗礁ありて航行困難なりしかば舟を引きて陸行せしなり」(五五〜五七頁)とある。いくら岩礁が多いからといって、加古川を遡り、その支流の賀意理多から舟を引いて陸行し明石川の上流に行き、川を下って林の潮(湊)に出るという迂回ルートの想定は無理がありそうな気がする。しかし、この伝承を現実として読む必要があるかどうかは疑問で、ここで語られているのはあくまでも「昔」のことであり、交通を妨害する「荒ぶる神」がいたということを語ろうとするところに主眼があるとみればよい。そして、その名もない荒ぶる神は、「行く人の舟の半分は留め」るという強暴さを発動させる恐ろしい神だったのである。

同様の話は風土記には数多く伝えられており、半死半生説話という呼び名まで与えられている。

生野《いくの》と号《なづ》けたわけは、昔、ここに荒ぶる神がいて、往来の人の半分を殺した。このために死野《しにの》と号けた。その後、品太《ほむだ》の天皇(応神天皇のこと)が、「これは悪い名だ」と仰せになり、改めて生野に変えた。(播磨国風土記神前郡)

(所以号生野者、昔、此処在荒神、半殺往来之人。由此号死野。以後、品太天皇、勅云此為悪名、改為生野)

神埼の郡(略)昔、この郡に荒ぶる神がいて、往来の人がたくさん殺害された。纏向《まきむく》の日代《ひしろ》の宮で天下をお治めになった天皇(景行天皇のこと)が、巡行なさった時に、この地の神は穏やかに

鎮まった。それ以来、殃《わざわい》は起こっていない。それで、神埼の郡という。（肥前国風土記）

（神埼郡（略）昔者、此郡有荒神、往来之人多被殺害。纏向日代宮御宇天皇、巡狩之時、此神和平。自爾以来、無更有殃。因、曰神埼郡）

どちらも悪さをするのは「荒ぶる神」とあって固有の名は伝えられていない。またどちらの伝承においても、ヤマトの天皇が登場し、地名を変更したり、平定したりしている。そしてそれらはいずれも「昔」のことであって、八世紀初頭の「今」は、荒ぶる力を発揮するような存在ではない。荒神から鎮まる神へと変貌して、神は今に存在する。

しばしば指摘されることだが、日本語のカミ（神）という語は、唯一絶対神を神（ゴッド）として尊崇する一神教的な神観念とはまったく違っており、一神教的な世界では神から排除された悪魔（デーモン）をも日本語のカミは抱え込んで存在する。おそらくそれは、自然のあらゆる現象をカミのしわざとみなす自然崇拝（アニミズム）を基盤にもつ多神教的な神観念のなかで考えれば、しごく当然のことであろう。それゆえに折口信夫は、「神」について次のように述べる。

昔になるほど、神に恐るべき要素が多く見えて、至上の神などは影を消して行く。土地の庶物の精霊、及び力に能はぬ激しい動物などを神と観じるのも、進んだ状態で、記録から考へ合せて見ると、其以前の髣髴さへ浮んで来るのである。其が果して、此日本の国土の上であつた事か、或は其以前の祖先が居た土地であつた事かを、疑はねばならぬ程の古い時代の印象が、今日の私どもの古代研究の上に、ほのかながら姿を顕して来る事は、さうした生活をした祖先に恥ぢを感じるよりも、堪へられぬ懐しさを覚えるのである。

（「古代生活の研究　常世の国」）

この点に関して少し説明を加えるが、そのためには、溝口睦子「記紀神話解釈の一つのこころみ」が参考になる。溝口は、古事記および日本書紀において、神名の末尾の「神」の語は新しい概念として統一的に付けられたもので、元の神名は、末尾の「神」の語を取り去ったところにあると考えた。たとえば、古事記に出てくる「久久能智神《くくのちのかみ》」を例にとれば、「神」を外したククノチ（久久能智）が本来の神名で、その語構成は「クク（木）ノ（の）チ（精霊）」となり、末尾の「チ」が神格をあらわしているというのが溝口の発見であった。そして、元の神格表示の接尾辞として、チ・ミ・ネ・ノ・ヒコ・ヒメ・ヲ・メ・ヒ・ヌシ・タマ等を見いだすことができ、それぞれの語ごとに神格に差異があったらしいことが見通せるというのである。

その差異を明確に腑分けするのは困難だとしても、ヒコ・ヒメ・ヲ・メが人格神的な存在であるのに対して、チ・ミ・ヒ・タマなどをもつものは、自然神的な性格が濃厚に窺える。ことに、チを末尾にもつ神格（精霊）は、ヲロチ（古事記の「高志之八俣遠呂知」）やミツチ（日本書紀、仁徳六七年一〇月の「大虬」）のように「神」概念からはみ出してしまう存在をも包含しており、それらが制御不能な状態にあることを示している。

カミ（神）と呼ばれるのは、そのような存在の総称であった。そうしたさまざまな性格をもつカミと共生するために、人はどうしたかといえば、相手の意を酌んで怠りなく祀ることに腐心するしかなかったのである。対処法としては相手の機嫌を損ねないようにするしかなかったからだ。

姫社《ひめこそ》の郷　この郷のなかに川がある。名を山道川《やまぢ》という。（略）昔、この川の西に荒ぶる神があり、路行く多くの人が殺害され、半ばは切り抜け、半ばは殺された。ある時、その神が祟《たた》る理由を占い求めたところ、卜《うら》にあらわれて、「筑前の国の宗像《むなかた》郡の人、珂是古《かぜこ》に、吾《あ》が社を祭らせよ。もし願いがかなうなら、荒ぶる心は起こさない」という。そこで、珂是古を探しきて、神の社を祭らせた。
（肥前国風土記基肄《きい》郡）

織姫神を祀る姫古曽神社（佐賀県鳥栖市姫方町）

（姫社郷　此郷之中有川。名曰山道川。（略）昔者、此川之西有荒神、行路之人多被殺害、半凌半殺。于時、卜求祟由、兆云、令筑前国宗像郡人、珂是古、祭吾社。若合願者、不起荒心。覓珂是古、令祭神社）

このあと珂是古は、荒ぶる神のいます場所を見つけようとして神に祈ると、その夜、「クツビキとタタリが舞い遊び来て、珂是古に圧しかぶさって目覚めさせた（夢見　臥機〔謂、久都毘枳〕・絡垜〔謂、多々利〕儛遊出来圧驚珂是古）」という夢を見ることで、祟っている神が「織女神《おりひめのかみ》」であることを知った（クツビキは織機の付属具で足にかけて綜《あぜ》を動かす道具、タタリは糸を巻きつける道具）。そこで、神の要求通りに社を建てて祀ることができ、それ以来、「路行く人は、殺されなくなった(行路之人、不被殺害)」と語られている。人は、神の要求に応じて遺漏なく祀る必要があった。そうでなければ祟りは止むことはないのである。

荒ぶる神を見つけて祀るという話は古事記にもあって、三輪山の神オホモノヌシ(大物主神)がミマキイリヒコ(御真木入日子、崇神天皇)の夢に顕れ、祟る原因を述べて祭祀者を要求する。

この天皇の御世に、疫病がしきりに起こり、今にも人民が死に尽きてしまいそうになった。そこで天皇はそのさまを憂え嘆き、神牀《かむどこ》にじっと坐り続けていた夜、オホモノヌシ(大物主)の大神が、夢のなかに顕れて次のように告げた。「これはわが御心《みこころ》であるぞ。そこで、オホタタネコ(意富多多泥古)に我が前を祭らせたならば、神の気《け》は起こらず、国は安らかに平らかになるであろう」と。(古事記、中巻)

(此天皇之御世、疫病多起、人民死為尽。爾天皇愁歎而、坐神牀之夜、大物主大神、顕於御夢曰。是者我之御心。故、以意富多多泥古而令祭我御前者、神気不起、国安平)

やさしい神などどこにもいないと言ってもいいほどである。いつも人は神に怯えて暮らすしかない。少しの油断でもあろうものなら、半死半生の目にあっても仕方がない。しかも、神は気まぐれで、いくら丁重に祀っても、聞き入れてもらえないこともある。

佐比《さひ》岡　佐比と名づけたわけは、出雲の大神が神尾山に住んでおり、この神は、出雲の国人でここを通過する者がいると、一〇人のうち五人を留め、五人のうちの三人は留め殺めてしまう。そこで、出雲の国人らは、佐比(鉄製農具の鋤)を作ってこの岡に納め祭ったが、ついにそれを受け入れることはしなかった。

(播磨国風土記揖保郡)

(佐比岡　所以名佐比者、出雲之大神在於神尾山、此神、出雲国人経過此処者、十人之中留五人、五人之中留三人。故、出雲国人等、作佐比祭於此岡、遂不和受)

今までにも何度か出てきた出雲からやって来た大神と同じとみてよいか。ただここでは、引用した部分の続きによれば、まず男神が来て続いて女神が来たのだが、男神がこの地に鎮まろうとせずによそに行ってしまったので、女神が怨み怒っているのだと語られている。とすると、出雲からやって来た人に妨害するのは女神の八つ当たりのようにみえるのだが、そう解釈していいかどうかはわからない。また、そのあとには、後日、河内国茨田郡からやって来た漢人が敬い祀ってようやく神は鎮まったと伝えている。渡来系の新しい祭祀が気に入ったらしい。

しかし、人間の側からいうと、気まぐれな神に振りまわされるばかりでは困るわけで、何とか神に要望を受け入れてもらおうとする。そこで人は、したたかに神と交渉する。

(薩都《さつ》の里の)東にある大きな山を、賀毘礼《かびれ》の高峰と謂《い》う。そこには天つ神がいます。名を立速《たちはや》男《を》命という。またの名は速経和《はやふわけ》気命である。はじめ、天から降りてきて松沢にある松の樹のいくつもの枝が俣になっているところに坐わっていた。その神の祟りがとてもひどく厳しかった。

人が、松の樹に向かって大小便をするようなことがあると、災いを示し病気にしてしまう。その樹の近くに住んでいる人が、いつもひどく苦しめられていて、状況を詳細に伝えて役所に請願した。すると役所は片岡の大連《おおむらじ》という役人を遣わし敬い祭らせたところ、大連は祈り申し上げて、「今、ここにいますと、百姓どもの家が近く、朝も夕も穢らわしいことでございます。とても神がいますところではございません。ここから去り移って、高い山の清らかなところにお鎮まりください」と。すると神は、願いを聴いて、ついに賀毘礼の峰に登りゆかれた。

（常陸国風土記久慈郡）

（東大山、謂賀毘礼之高峯。即有天神。名称立速男命。一名速経和気命。本、自天降即坐松沢松樹八俣之上。神祟甚厳。有人、向行大小便之時、令示災致疾苦者。近側居人、毎甚辛苦、具状請朝。遣片岡大連敬祭、祈曰、今、所坐此処、百姓近家、朝夕穢臭。理不合坐。宜避移、可鎮高山之浄境。於是神、聴禱告、遂登賀毘礼之峯）

この伝承では、天から降りてきたタチハヤヲという神は、はじめ里中の松の樹の俣に住んでいたらしい。ところが、威力のある神が人のそばにいたのでは、人はおちおちと暮らしてはいられない。そこで、ご機嫌を損ねないように、山の中に移ってもらったというわけである。移り住んだというか村人たちが体よく里から追い出してしまったというか、その賀毘礼の高峰についてはいくつか説があるが、日立市の御岩山とみなすのがいいらしい（増田寧『『常陸国風土記』入門ノート』五一五〜五一六頁）。

また、この話で興味深いことは、恐ろしき神の里人の請願による移動は、ヤマト王権から派遣された人物によってなされたという点である。そこには何か新しい祭祀の方法があったということだろうか。あるいはヤマトの天皇の威力といったものが背後に存することを強調したいということであろうか。とすればこの話は、同じく常陸国風土記行方郡に伝えられた「夜刀《やと》の神」が、都から派遣された壬生連麿《みぶのむらじまろ》という役人に「目にみゆる雑《くさぐさ》の物、魚虫の類」として、本来の領域から排除されてしまうのと同じ構造を持っているとみなすことができる(「夜刀の神」の伝承については、三浦『風土記の世界』九五頁以下参照)。祭祀権の掌握というのが、古代国家にとっては重要な地方支配の第一歩だったということになろう。

いずれにしても、神というのは存外やっかいな存在であったといえるであろう。人は、その扱いに腐心しながら暮らさねばならないのだが、されるがままというわけではなかったらしい。

験す神、験される人

神は人を験《ため》す。すこしでも油断すると神に心を見透かされてひどい目に遭う。そんな話が常陸国風土記の筑波郡条に載せられている。少し長くなるが紹介する。

古老がいうことには、昔、神祖《みおや》の尊《みこと》が、あちこちの神たちのところに巡り行き、駿河《するが》の国の福《ふ》慈《じ》の岳《やま》に到って日暮れになり、宿を請うた。この時、福慈の神が答えることには、「新粟《わせ》の新《にい》嘗《なえ》をしており、家中で物忌みをしています。今日ばかりは、どうぞお許しください」と。すると神祖の尊は、恨み泣きながら罵《ののし》っていうことには、「なんと、わたしは汝《なんじ》の親ぞ。どうして宿を貸そうとしないのか。汝が住む山は、生涯の果てまで、冬も夏も雪が降り霜が降りて、寒さがしきりに襲いかかり、人は登ろうとせず、飲食をたてまつることもないだろう」と。続いて筑波《つくは》の岳に登り行き、また宿を請うた。この時、筑波の神が答えることには、「今夜は新粟嘗《にいなえ》をしていますが、どうしてお言葉に従わないことなどありましょう」と。そうして、飲食を準備し敬い拝みまつってお仕えした。すると神祖の尊はたいそう喜んで、歌をうたった。

愛しいことよわが子孫　高きことよ神の宮

天も地も変わることなく　日や月とともにいつまでも
人びとは集いたのしみ　供え物は満ちたりあふれ
幾代までも絶えることなく　日ごと日ごとに栄えゆき
いつまでもいつまでも　楽しみ遊ぶことは極まらず

こういうわけで、福慈の岳はいつも雪が降って人が登ることができない。この筑波の岳は人びとが行き集い、歌い舞いて酒を飲みごちそうを食べることは、今に絶えることがない。

(古老曰、昔、神祖尊、巡行諸神之処、到駿河国福慈岳卒遇日暮、請欲遇宿。此時、福慈神答曰、新粟初嘗、家内諱忌。今日之間、冀許不堪。於是神祖尊、恨泣詈告、即、汝親。何不欲宿。汝所居山、生涯之極、冬夏雪霜、冷寒重襲、人民不登、飲食勿奠者。更登筑波岳、亦請客止。此時、筑波神答曰、今夜雖新粟嘗、不敢不奉尊旨。爰、設飲食敬拝祗承。於是神祖尊歓然、謌曰、「愛乎我胤　巍乎神宮　天地並斉　日月共同　人民集賀　飲食富豊　代代無絶　日日彌栄　千秋万歳　遊楽不窮」者。是以、福慈岳常雪不得登臨。其筑波岳往集、歌舞飲喫、至于今不絶也)

福慈の岳は富士山のこと。すでに七、八世紀には東海道を歩く人にとって富士山が特別の山であったことは、万葉集を読めばわかる。ある種の有名税とでも言えようか、ここではその福慈の神が、主人公である筑波の神を持ち上げるために引き合いに出されている。とくに富士山に何か落ち度があったわけではなく、おらが土地の筑波山のすばらしさを語るために利用されたというに過ぎない。

巡り来た「神祖尊」だが、他の各国風土記にも古事記・日本書紀にも「神祖」なる用例はない。したがって、神祖をミオヤと訓んでいいかどうかも判断がつかない。ただ、福慈の神に宿を断られたあと、「即、汝親」と言って怒るので、「神祖」というのは、ここでは「親」のことを指しているらしい。しかし、いわゆる生みの親というより、先祖といった意味で「親」と言っているとみたほうがよかろう。そうでないと、福慈の神も筑波の神も、親の顔を知らなかったということになってしまい、不自然な話になってしまう。

ただし、こういう場合は、それとはわからない姿でやってくるのがふつうである。たとえば、昔話なら、神とはわからないような粗末な身なりの僧や乞食の姿でやってくるので迎える側は気づかない。常陸国風土記の話ではそのようには描かれていないが、神祖の尊もそれとはわからない姿で子孫の神のところにやってきたはずである。そして、そのような語り口を取ると、福慈の神も筑波の神も、訪れた神祖に心根を験されるという、昔話と同じ話になる。いずれにしても、親の介護をたらい回しにする兄弟といった深刻な話題でないのはたしかだろう。

見知らぬ来訪者に対して一方が拒否し一方が受諾するという話型は、昔話のなかで数多く語られている「大歳《おおとし》の客」と同じである。関敬吾による話型分類では、本格昔話「隣の爺」譚のなかの一話型として分類されている(大成話型番号一九九A)。昔話をそのまま引用すると長くなりすぎるので、ここでは梗概を掲げる(関敬吾・野村純一・大島広志編『日本昔話大成』第一一巻、資料篇)。

1、貧乏な夫婦が大年の夜乞食を泊めて親切にする。乞食は

(a)翌朝黄金になっている。(b)井戸に落ちたので引き上げると金。

2、隣の金持ち夫婦が翌年の大年に乞食を探してきてむりに泊める。

(a)乞食は汚いものになる。(b)井戸に落ちたのを引き上げてみると牛の糞。(c)蛇になって二人をのむ。(d)乞食は蛆《うじ》になる。(e)死んでいる。(f)金にならないので殺す。

常陸国風土記の福慈と筑波の話と比べてみると、訪れる神(乞食)に祝福される者と懲罰を受ける者との、語られる順序が逆になっていることがわかる。昔話「大歳の客」では、乞食を迎えて歓待する貧乏な夫婦の話が先に語られるのが一般的な語り方である。

これはおそらく、昔話では失敗する側に語りの比重をかけて語ろうとしているからである。右の梗概では、1が歓待した夫婦、2が真似をした隣の金持ち夫婦だが、その泊めたあとの展開のバリエーションが、1では二つであるのに対して、2では六つも並べられている。それだけ変化に富むということは、それぞれの語り手が、独自のおもしろさを追求しようとしているからだと考えればいい。つまり昔話「大歳の客」では、失敗した側を笑うことに興味の中心があるために、その部分を後ろにもってくるのである。

それに対して、常陸国風土記では、祝福される神である筑波の神の対応を強調しようとして、懲罰を受ける福慈の神を前座のかたちで前に置いているのである。主人公は、あとに登場するというのが話の鉄則である。

「大歳の客」系の昔話にみられる最後の場面の語りのおもしろさを紹介すると、岩波文庫に収められた「大年の客」では、2の(b)に近いかたちで展開するのだが、去年金持ちになった元貧乏な夫婦から聞いた通り、座頭を泊めて無理やり井戸に連れて行って「若水《わかみず》」を汲ませようとする（関敬吾編『一寸法師・さるかに合戦・浦島太郎』四〇頁）。

座頭は寒そうにふるえながらぐずぐずしているので、長者どのはたまりかねて、下男にいいつけて後からどんと井戸につき落しました。座頭はふいにつかれたので、井戸にはまりこみ、水におぼれてわあわあ泣き出しました。長者どのはふとい縄を井戸の中に投げこんで、「坊さま、坊さま、そう泣いては困る。そらいま縄を下げてやるから、これにおすがりなされ」といって、縄に座頭をすがらせて、上から下女下男総出《そうで》で、「身上身上《しんじょう》」と掛け声をさせながら引き上げました。座頭は引き上げられながら、口汚《くちぎたな》くののしりながらふるえ声で、「寒い、寒い、さがるさがる」といって、井戸ばたからはい上りました。

それからというものは、その長者の身上は目に見えてめきめきと下《さが》ったという話であります。

昔話の場合は、意地悪な金持ち夫婦をどのように奈落の底に堕とすかという、最後の場面における座頭（乞食）の語り方に、語り手の力量が示されるといってよい。

訪れる者を迎えるのは、昔話のほうは題名にもある通り、大歳（大年、大晦日）の晩の出来事になっているのに対して、風土記の話は「新粟の初嘗（新粟嘗）」の夜であり、新たにとれた穀物への感謝をするもっとも大事なニヒナヘ（新嘗祭）の日であるという設定が重要である。そして、この話が米ではなく「粟《あわ》」として語られているのは、七、八世紀の常陸という土地と時代を考えれば、米作よりは粟作が行われていたことの証しになるのではなかろうか。ただし、米であっても粟であっても、神を迎えて感謝し、次の実りを祈願するためのもっとも大事な晩、それがニヒナへであることは変わらない。それが昔話では大歳の晩となっていると考えればよい。

そのニヒナへについて、よく知られた万葉集の東歌を引いてみる(巻一四、三四六〇番)。

たれそこの屋《や》の戸おそぶる　(誰でしょう、この屋の戸を押し揺さぶっているのは)
にふなみにわが背をやりて　(新嘗のために、わが夫を遠ざけて)
いはふこの戸を　(ひとり忌みごもる、この家の戸を)

解釈としては分かれるところがあるのだが、神を迎えるために、夫を家から外に出してひとり籠もっているところに、だれが来て戸を叩くのかと歌っているとみる。来たのは夫とは別の男なのか、あるいは待ち迎えようとしている神が訪れたのか。万葉集「東歌」の分類では「相聞」だが、どのようなシチュエーションと解するかはむずかしい。あるいは、夫が集落で行う新嘗祭の場に出かけている隙に、誰かが来ているというのかもしれない。

いずれにせよ、新嘗の夜は訪れる神をじっと待つ夜であったという状況はわかる。

その迎える日が、福慈と筑波の場合は同じ日の連続した時間のなかで語られているのに対して、昔話「大歳の客」では金持ち夫婦が訪れる神を迎えるのは次の年のことになっている。これは、福慈に断られてそのまま筑波へと旅を続けた神祖の尊に対して、大歳の神は、貧乏な夫婦に迎え入れられて満ち足りた一晩を過ごした。だから、隣の金持ちは、次の年の大歳の晩を待つしかないという展開になってしまうのである。

いわゆる「隣の爺」と呼ばれる一群の昔話は日本昔話の主要な話型《わけい》を占めており、「地蔵浄土」「鼠浄土」「花咲爺」「舌切り雀」など有名どころが目白押しである。そして、それらはどれも失敗する側を笑い飛ばす話であり、主役はあとから登場する隣の爺なのだという点は、きちんと押さえておきたい。そのために、かなり差別的で残酷な話になってしまう傾向がみられるのだが、その笑いのなかに、語り手の主張が生き生きと出てくることになる。

そのように語られるがゆえに、「隣の爺」譚は、じつは恐ろしい話でもあるのだ。座頭を泊めて裕福になった元貧乏な夫婦は、金持ちになったその時からとても危険なところに置かれてしまう。言うまでもないが、かれらはもう貧乏ではないのであり、それはやさしさを捨てて意地悪でけちんぼな存在になったということに他ならない。しかし、昔話はその先の二人については語ろうとせず、そのかわりに金持ち夫婦の失敗を語ることに注力する。それを聴いていると、一年後に座頭が訪れる金持ちというのは、去年までは貧乏だった夫婦かもしれないのである。

それに対して、常陸国風土記の筑波の神の場合は、永遠の繁栄が約束される。それは、福慈の神の失敗のあとに筑波の神の行動が語られることによって元にもどる心配がないからだと構造的にはいえるだろう。そして、末尾に置かれた神祖の尊の祝福のことばがそれを保証する。漢文による美文を用いて文章を飾るのが得意な常陸国風土記では、ここも完全な四言句の漢詩風美文になっているが、元のかたちは神の寿詞が韻律的な倭語《わご》によって伝えられていたはずだ。
ここで取りあげた筑波の神の繁栄は、筑波の神を祀る人びとの繁栄であるということが引用の最後に語られている。そして神話に保証された今の賑わいが、次のように述べられている。

それ、筑波の岳というのは、高く雲に秀でている。二つの頂上のうち西の峰は険しくて雄神と呼んで登らせない。ただ、東の峰は四方に岩や石はあるが、登る人が絶えない。そのかたわらを流れる泉は、冬も夏も枯れることはない。そのために坂より東の国々の男も女も、春の花の咲く時、秋の葉が色づく季節に、みな手に手を取って連なり、食べ物や飲み物を持ちきたり、馬に乗ったり歩いてきたりして、筑波の岳に登って、遊楽し心を憩わせるのである。
(夫、筑波岳、高秀于雲。最頂西峯崢嶸謂之雄神不令登臨。但、東峯四方磐石、昇降峡屹。其側流泉、冬夏不絶。自坂已東諸国男女、春花開時、秋葉黄節、相携駢闐、飲食齎賚、騎歩登臨、遊楽栖遅)

坂というのは足柄峠のこと、それより東に住む人びとが各地から集い来てうたげ(歌垣)に興ずる山、それが筑波山であったことは、万葉集などによっても窺い知ることができる。

孕ませる神

神が恐ろしい存在であるというのはすでに理解していただけたかと思うが、今回は、人間のむすめに子を孕ませる神について。

この系統の伝承は、三輪山(丹塗矢)型神婚神話という話型でよく知られている。たとえば、三輪山のオホモノヌシ(大物主神)が丹塗矢になって溝を下り、大便をしていたセヤダタラヒメ(勢夜陀多良比売)の富登《ほと》を突いて生まれたのがイスケヨリヒメ(伊須気余理比売)といい、「神の子」だというので初代天皇カムヤマトイハレビコ(神倭伊波礼毘古命、神武天皇のこと)の后になった(古事記、中巻)、というような類の話である。一般的には選ばれた家の血筋が神に由来することを語る話になっていることが多く、その場合、生まれる子は男児とされる。

訪れる男神と迎える女という関係は、結婚形態としては「婿入り」婚ということになって母系的な性格をもつことになる。それに対して、男系的な結婚形態をとる「嫁入り」婚になる場合は、訪れる女神と迎える男という昔話「鶴女房」のような話型になる。神話では、ワタツミ(海の神)のむすめトヨタマビメ(豊玉毘売命)がホヲリ(火遠理命)のもとを訪れて子を生むという話などにみられるが(古事記、上巻)、その結婚はホヲリがワタツミを訪れてトヨタマビメと結ばれるという「婿入り」

婚からはじまるという点を強調すると、純粋なかたちの男系的「嫁入り」婚とは言い切れない。古事記のオホナムヂ（大穴牟遅神）と稲羽のヤガミヒメ（八上比売）との関係も同じで、のちにオホナムヂはヤガミヒメを出雲に連れてきたと語られている。

神話における結婚をみると、男が女のもとに通うというかたちが圧倒的に多く、それが古い形態のようにみえる。ただ、それが民俗社会の結婚形態を反映しているとみて母系的な家族関係を想定できるか、そうした結婚形態は一時的なもので、基本構造は男系による一夫多妻の家族制度であったとみるかは議論がある。律令によって強固に規定された家父長制が施行される以前の列島社会においては、双系（双方）的な性格をつよくもっていたのではないかというのが、近年の考古学・歴史学・人類学における共通理解とみてよい（三浦『平城京の家族たち』）。そして、そうした痕跡が窺えるのも風土記の魅力である。

風土記に遺された婚姻譚においても、やはり訪れる男（神）と迎える女というかたちで男女の出会いと結婚は語られる。次に引く伝承は、常陸国風土記那賀郡条に載せられている。

茨城《うばらき》の里　ここから北に高き丘がある。名を晡時臥《くれふし》の山という。古老がいうには、兄と妹の二人がいた。兄の名は努賀毘古《ぬかびこ》、妹の名は努賀毘咩《ぬかびめ》という。時に、妹が家にいると、ある、姓名も知らない男が、いつもやってきて求婚し、夜に来て明るくなると帰った。ついに夫婦の関係となり、一晩で孕んだ。子が産まれる月になり、ついに小さな蛇を生んだ。明るくなるとことばを発せず、暗くなると母と語った。それを母と伯父（努賀毘古）は驚き奇《あや》しみ、心のなかで神の子ではないかと思った。それで、清らかな杯に蛇を置き、壇を準備して置いた。すると一晩のうちに杯のなかにいっぱいになった。それで、瓫《ひらか》に換えて蛇を置くと、また、瓫のうちにいっぱいになった。このようなことが三度四度となり、器を準備しきれなくなった。そこで母が子に告げて云うことには、「お前の入れ物をみると、おのずと神の子であることがわかりました。我が眷属の力では養いきれません。どうぞ、父のいますところへお行きなさい。ここにいてはいけない」と。

その時、子は哀しみ泣き、涙を拭いながら答えて云うことには、「慎んで母のお言葉を承りました。拒むことなどできません。しかしながら、わたしが独りきりで行ったならば、途中、だれも助けてくれる者もいません。願わくば我が身を哀れんで童《わらわ》の一人でも副《そ》えてください」と。母が云うには、「我が家にいるのは、わたしと伯父だけです。このことは、あなたもよく知っているでしょう。だれも従い行く者などいません」と。

それを聴いて、子は恨みの心を抱き、一言も発しなかった。別れの時になって、怒りを抑えることができず、伯父ヌカビコを震《ふ》り殺し、天に昇ろうとした。その時母ヌカビメは驚いて、盆《ひらか》を手に取って投げつけたところ、子に当たって昇れなくなってしまった。それで神の子はこの山の峰に留まることになった。また、神の子を育てる時に入れた瓫と甕《みか》は、今も片岡の村にある。その兄の子孫たちが、社を建てて祭りをし、ずっと続いて絶えていない。

（茨城里　自此以北高丘。名曰晡時臥之山。古老曰、有兄妹二人。兄名努賀毘古、妹名努賀毘咩。時、妹在室、有人、不知姓名、常就求婚、夜来昼去。遂成夫婦、一夕懐妊。至可産月、終生小蛇。明若無言、闇与母語。於是母伯驚奇、心挟神子。即、盛浄杯、設壇安置。一夜之間已満杯中。更易瓮而置之、亦満瓮内。如此三四、不敢用器。母告子云、量汝器宇、自知神子。我属之勢不可養長。宜、従父所在。不合在此者。時、子哀泣、拭面荅云、謹承母命。無敢所辞。然、一身独去、無人共去。望請矜副一小子。母云、我家所有、母与伯父。是亦、汝明所知。当無人相可従。爰、子含恨而、事不吐之。臨決別時、不勝怒怨、震殺伯父、而昇天。時母驚動、取盆投、触子不得昇。因留此峯。所盛瓮甕、今存片岡之村。其子孫、立社致祭、相続不絶）

名は明らかにされていないが、語られるのは、晡時《くれ》臥《ふし》山の峰に祀られる神の鎮座由来譚である。そして、その峰のふもとの村には、蛇の姿をした神を養育した時の瓮と甕が遺されているという。この関係は、山の頂には神が、山のふもとには神を祀る者（ここは祭祀の道具として語られる）が祀られるという、しばしば認められる祭祀形態があらわれている。たとえば、その代表的な神社を挙げれば、京都の上賀茂神社と下鴨神社との関係と同じである（この神の由来譚は、『釈日本紀』に「山城国風土記に曰ふ」として引用された神話に載せられている）。そこから考えれば、ふもとの片岡の村の社には祭具（瓮と甕）とともに神の子を生んだヌカビメが祀られ、兄ヌカビコの子孫が祭祀者となって、山頂の神の子を祀るという構造になる。

ここに語られている話では、「伯」ヌカビコは、天に登ろうとする子神に殺されたとも読めるのだが、妹であり子神の母であるヌカビメが気づき、「盆」を投げて兄を救ったと読むのがいいのではないかと思う。ここに語られる兄妹は、神を祀る者と神を迎える巫女であり、古代社会に広く認められる血縁的な紐帯による「まつりごと＝政・祭」の二重支配体制（ヒメヒコ制と呼ばれる）の典型とみることができる。

クレフシ山の伝承の場合、生まれた神の子（蛇）は外部に送り出され神として祀られており、始祖になるわけではない。つまり、神を祀る者となるヌカビコ（伯）の子孫は神の子の子孫というわけではないということである。神を生んだ巫女ヌカビメの兄の子孫が外戚的な存在として神を祀る資格をもつというかたちになる（図1）。それに対して、神の血を直接受けたものが始祖になるためには、生まれた神の子は人の姿をして人間の世界に留まらなければならない。しかし、そのような神話を必要とするのは選ばれた者たちでしかなく（図2）、父系的な血統を主張するのが一般的である。

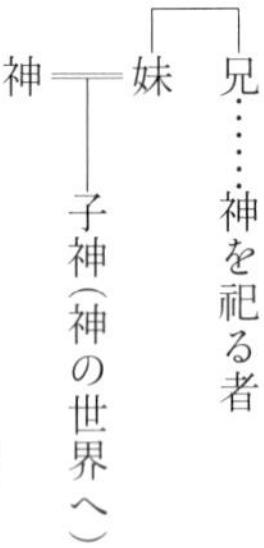

（図1）

（図2）

一方、村落共同体的な集団のなかでは、神の子の子孫であることを誇示する神話を語る必要などなかった。その場合には、必ずしも父系である必要はないから、結婚形態は双系（双方）的あるいは母系的な関係に置かれていたとみてよいはずである。

この系統の神話は、生まれる神の子が異形なる姿をとることになることもあって、排除されやすいという性格をもつ。始祖譚になるためには貴子（神の子）でなければならないが、それも始祖に対する信仰が弛緩してしまうと異形の子として排除される運命に陥りやすい。それは当然、訪れる神自体の神性にかかわってもいる。『日本霊異記』にみられるように、訪れるものが鬼として語られると、聖婚であった神婚譚が、鬼に喰われる悲惨な事件へと展開するしかなくなってしまう（中巻第三三縁）。似たような話は、風土記にも語られている。

褶振《ひれふり》の峰　（略）大伴の狭手彦《さでひこ》の連が、船立ちして任那《みまな》に渡った時、弟日姫子《おとひひめこ》は、この峰に登って、褶を振って別れを惜しんでいた。そのために褶振の峰と名づけた。そうして、弟日姫子が狭手彦と別れてから五日後のこと、ある人が、毎晩やって来て姫子とともに寝て、夜明けとともに帰っていった。顔も姿も狭手彦にそっくりであった。姫子は、それを怪しみ、そのままにしておくことができなかった。そこでこっそりと、紡いだ麻糸をその男の衣の裾に付け、麻糸をたどって尋ねてゆくと、この峰にある沼の辺りに着き、そこには寝ている蛇がいた。体は人のかたちで沼に沈み、頭は蛇のかたちで沼の汀《みぎわ》に臥していた。するとたちまち人の姿になり、次のようにうたいかけた。

しのはらの　をとひめの子そ　（篠原の弟姫の子よ）
さひと夜《ゆ》も　率寝《ゐね》てむしだや　（一晩だけでも共寝をした時には）
家にくださむ　（家に帰してあげましょう）

その時、弟日姫子の侍女が走って山を降り、親族の者に知らせたので、親族は人びとを引き連れて登りきて探すと、蛇も弟日姫子もいなくなっていた。そこで、沼の底を覗くと、ただ人の屍《しかばね》だけがあった。みな口々に、弟日姫子の骨だと言って、すぐさま峰の南に墓を造って安置した。その墓は、今も遺っている。（肥前国風土記松浦郡）

（褶振峯　（略）大伴狭手彦連、発船渡任那之時、弟日姫子、登此用褶振招。因名褶振峯。然、弟日姫子与狭手彦連相分経五日之後、有人、毎夜来与婦共寝、至暁早帰。容止形貌似狭手彦。婦、抱其怪、不得忍黙。竊、用続麻繋其人襴、随麻尋往、到此峯頭之沼辺、有寝蛇。身人而沈沼底、頭蛇而臥沼唇。忽化為人、即語云、「志怒波羅能　意登比売能古素　佐比登由母　為爾弖牟志太夜　伊幣爾久太佐牟也」于時、弟日姫子之従女走告親族、々々発衆昇而看之、蛇幷弟日姫子並亡不存。於茲、見其沼底、但有人屍。各、謂弟日女〔姫とも〕子之骨、即就此峯南造墓治置。其墓、見在）

松浦佐用姫《まつらさよひめ》という名のヒロインとして、後世の文学や芸能にさまざまなかたちで伝えられることになった伝承の原型である。万葉集には、筑前国守・山上憶良がうたった短歌三首（巻五、八六八～八七〇番）および作者のわからない序と歌（同、八七一～八七五番）が載せられており、すでにそこには、オサヨヒメ（佐欲比売）とかマツラサヨヒメ（麻通良佐用比米）という呼称が認められる。この伝承は、オキナガタラシヒメ（気長足姫尊）の新羅遠征を語る話群のなかの、悲恋エピソードの一つとして広く知られていたらしい。

万葉集の序文や歌を検するに、戦地に恋人を送って悲嘆にくれた女性が、山の上から離れていく男にいつまでも袖を振っていた、あるいは悲嘆にくれてついには死を選んだという悲劇的な伝承であったと考えられる。そして、紹介した肥前国風土記の伝承は、見送ったはずの恋人と、三輪山型神婚神話における訪れる神とが重ねられるかたちで変容を遂げた伝承の一つである。

ここでは、恋人との別れを悲嘆して死を選んだ女性の話が、神に魅入られて死んだ女の話へとすがたを変え、怪異譚の様相を呈することになった。女性の死が入水によって物語化されるのは洋の東西を問わないが、その死が、体は人の姿をして蛇の頭をもつ異形なるものの仕業となり、恐ろしき出来事として語られていく。ただし、その姿を目撃したのは弟日姫子の侍女だけで、親族が駆けつけた時に見たのは、沼の底の「人の屍」だけだった。それを「弟日姫子の骨」だと言って墓に埋めたと語られることによって、女の入水は、異常なる出来事として伝承化されることになったのである。

当然のことだが、ここには神の子など生まれようがない。しかし、昔話「蛇婿入り」のように蛇を殺したという展開にならないのは、沼の主である恐ろしきものが人びとのあいだに生き続けているからだ。それが退治譚になるには、ここに語られる共同体の側の恐怖が変貌し、祀られる沼の主が退治すべきものへと変容するのを待たなければならない。

鏡山(褶振の峰)山頂から唐津湾の眺め

浦島子の異界往還

八世紀の風土記に載せられていたかどうか確定できないこともあって、今まで風土記逸文の記事をメインに取りあげたことはなかったが、最後にどうしても取りあげておきたい伝承があり禁を犯す。それが浦島子《うらしまこ》の物語である。

浦島子は島子とも呼ばれ、のちに浦島太郎という名で知られる昔話の主人公。われわれの理解では実在の人物ではないが、古代ではいくつかの書物に登場し、かれはたしかに生存していた。そのなかで、もっともまとまったかたちで伝えられているのが丹後国風土記（逸文）の「浦島子伝」（便宜的にそう呼ぶ）である。当該伝承は、鎌倉時代に書かれた日本書紀の注釈書『釈日本紀』に引用されて遺った。その冒頭部分にこの伝承の成立事情が次のように記されている。

丹後国風土記に云う。与謝《よさ》の郡《こおり》日《ひ》置《おき》の里。この里に筒川《つつかわ》の村がある。ここの住人、日下部首《くさかべのおびと》らの先祖で、名を筒川の嶼子《しまこ》という。人となりは、容姿がすばらしく、風流なことも類がない。この男は、いわゆる水江《みずのえ》の浦嶼子《うらしまこ》と呼ばれる男である。これは、旧《もと》の長官、伊預部馬養《いよべのうまかひ》の連《むらじ》が記した内容と相違がない。そこで、おおよそのよって来たるわけを記述する。

（丹後国風土記曰。与謝郡日置里。此里有筒川村。此人夫日下部首等先祖、名云筒川嶼子。為人、姿容秀美、風流無類。斯所謂水江浦嶼子者也。是、旧宰伊預部馬養連所記無相乖。故、略陳所由之旨）

丹後国に伝えられている筒川の島子という人物は、有名な水江の浦の島子という人物と同じだという（風土記の本文には「嶼子」とあるが、引用以外では一般的な「島子」で統一する）。しかも、伝えられている内容は、以前に丹後国司であった伊預部馬養が書いた作品と相違しないともある。また、主人公である島子という人物は「風流」な人物だったとあり、われわれの知っている若い漁師というのとは違っているが、この前置きに続いて語られるのは、次のような話である。そのまま引用する紙幅はないので、ここでは、箇条書きに要約して紹介する。

1 雄略天皇の時代、丹後の国の筒川の島子が海に出たが、釣果のないままに三日三夜を経て五色の亀を釣った。その亀を船の中に置いて眠っていると、亀はきれいな女になった。
2 女は、自分は仙女だと言い、積極的に島子を誘惑し、結婚して蓬山《ほうざん》（蓬莱山《ほうらいさん》のこと）に行くことを求めた。島子はその美しさに魅了され、女の求めに応じた。
3 女の言うままに目を瞑ると、瞬く間に海の中の島に着く。そこには立派な御殿があり、門前で待つあいだに、スバルやアメフリの精が登場し、その話から女の名が亀比売《かめひめ》であることを知る。
4 家に招き入れられ、女の両親や親族に大歓迎を受け宴会が開かれた。そして島子と仙女は閨《ねや》に入って男女の契りを結び、三年間の結婚生活を送った。
5　島子に郷愁の情が起こり、しばらくのあいだ地上にもどりたいと願う。仙女は心変わりを恨み別れを嘆きながらも、人間界への帰還を許す。そして、帰り際に女は、再び逢いたいのなら肌身離さず持ち、決して開けてはいけないと言って、島子に「玉匣《たまくしげ》」を与えた。
6　玉匣を持ち、女に言われるままに目を瞑って船に乗ると、またたく間に故郷の浜辺へともどった。ところが三年のあいだに故郷はすっかり変わり果てており、村人に尋ねると、古老の伝えでは、島子が海に出たのは三〇〇年以上も前のことだと告げる。島子は放心状態になる。
7　地上で一〇日ほどを経て女のことを思いだし、約束を忘れて玉匣の蓋を開けると、島子の若々しい姿はたちまち天高く飛んでいってしまった。
8　約束を破って神女に逢えないことを悟った島子は嘆き、歌をうたった。神女との歌の贈答。

最後の8は後日談とみなせる部分で、異界訪問の本筋は1〜7で完結している。その発端部分1は次のように語られる。

長谷《はつせ》の朝倉の宮で天下を支配なさった天皇の御世、嶼子は、独り小船に乗って海に浮かんで釣りをしていた。三日三晩を経て、一匹の魚も釣れなかった。たちまち五色の亀を釣った。心で不思議なことと思いつつ船の中に置いてそのまま寝ていたところ、たちまち婦人になった。その顔は麗しく、ほかに比べる者さえいなかった。

（長谷朝倉宮御宇天皇御世、嶼子、独乗小船汎出海中為釣。経三日三夜、不得一魚。乃得五色亀。心思奇異置于船中即寐、忽為婦人。其容美麗、更不可比）

時代はオホハツセワカタケル（雄略天皇）の御世だというから、五世紀後半。釣りをしていたからといって島子は漁師ではなく、「風流」な男だったとある。まったく魚は釣れず、沖のほうまで漕ぎだして三日三晩が過ぎた夢現《ゆめうつつ》のなかで、島子は五色の亀を釣り上げたのである。

そして、亀が変じた神女に懇願されて蓬萊山に船を漕ぎだし、神女と三年間の結婚生活を送る。蓬萊山というのは、神仙思想におけるユートピアであり、水平線のかなたに浮かぶ神の島であった。その発端の出会いから蓬萊山への旅については、日本書紀の雄略天皇二二年条にも記事がある。

秋七月、丹波の国の余社《よさ》の郡の管川の人、瑞《みず》の江の浦島子が、舟に乗って釣りをしていた。とうとう大きな亀を釣った。亀はたちまち女になった。それをみて、浦島子は魅せられ妻にした。ともに連れ立って海に入り、蓬萊山に到り着いて、仙《ひじり》たちを巡り観た。詳細は、別巻にある。

（秋七月、丹波国余社郡管川人、瑞江浦嶋子、乗舟而釣。遂得大亀。便化為女。於是、浦嶋子、感以為婦。相逐入海、到蓬萊山、歴覩仙衆。語在別巻）

編年体である日本書紀が、出かけた部分しか伝えていないのは当然である。なにせ浦島子が地上にもどったのは、丹後国風土記の伝えによれば三〇〇年後であり、日本書紀が撰録されたあと数十年経った八世紀後半になってしまう。その辺りの矛盾についてはほとんど意識されていないのだろうが、「浦島子伝」のもっとも重要なテーマは、蓬萊山と地上とのあいだに横たわる時間の違いという哲学的ともいえる観念である。それは、モータルな(死すべき)人間と永遠の命をもつ神との出会いと別れという、この列島に暮らす古代の人びとにとっては考えたこともない出来事であった。

おそらく、「物語のいでき始めの祖」と評される『竹取物語』の誕生は、「浦島子伝」を経過することなしにはありえなかったはずである。しかも、「浦島子伝」の場合は、その時間の観念というきわめてモダンなテーマとともに、もう一つ、子の誕生という家族や家の持続を究極の目的とした男女の出会いや結婚ではない、享楽的な男女の邂逅、官能的な閨房での秘め事を描くという要素をもっていた。当然それは、漢文を自在に読みこなすことのできる知識層、貴族や高級官僚や僧侶などが秘かに読んで楽しむ文学として書かれたものであった。そして言うまでもないが、その発想は、中国の神仙思想に基づいた神仙伝奇小説と呼ばれる作品に影響されて生まれたものであり、土地に根ざした民間伝承を採録したというようなものではなかったのである。

伊預部(伊与部とも)馬養という人物は、七世紀後半から八世紀初頭に活躍した官僚であり学者であった。丹後国司以外に知られている事績は、持統三(六八九)年に「撰善言司《よきことえらぶつかさ》」(日本書紀)、文武四(七〇〇)年に「律令」撰定の一員(『続日本紀』)となり、『懐風藻《かいふうそう》』に遺された漢詩一首の題詞に「皇太子学士従五位下」「年四十五」とある。撰善言司というのは「善言」を収集する役所で史書編纂(とくに「伝」の撰録)にかかわって設置されたと推察される。また、律令編纂や皇太子の教育係に就いているところからみて漢籍などに優れた学識をもっていたのは明らかだ。『懐風藻』にある年齢は没年で、大宝三(七〇三)年以前に没したらしい。そこから考えると、丹後国への赴任は持統朝の頃かと推測される。

蓬萊山に行った島子は、仙女と結ばれて三年間を過ごすが、ある時郷愁を起こして帰還を申し出る。すると神女は、決して見てはならないと言って「玉匣」を渡す。匣とはクシ(櫛)ゲ(笥《け》[入れもの、容器])だが、開けるなとか見るなという禁忌は、その破棄とセットになった物語パターンであり、お約束の通り島子は箱を開けてしまう。長い歴史をもつ「浦島子伝」のなかで唯一変化しない展開だ。その結果どうなったか。もどってみると故郷はすっかり変わり果て、里人に尋ねると、島子が出かけたのは三〇〇年も前だと言われて呆然自失の状態となる。

ここに嶼子は、先の日の約束を忘れ、たちまち玉匣《たまくしげ》を開けたところ、目にも見ないうちに、若くかぐわしい体が、風雲に引かれて蒼天に翔り飛んでいってしまった。
(於是嶼子、忘前日期、忽開玉匣、即未瞻之間、芳蘭之体、率于風雲翩飛蒼天)

芳蘭《かぐわ》しき体(芳蘭之体)というのは、島子の若々しい肉体をいう。それは、訪れていた蓬萊山が無時間的な世界であることをあらわしている。そして、玉匣の蓋を開けた途端に、雲散霧消してしまった。神仙思想で言えば蟬蛻《せんぜい》のことで、蟬が殻から抜け出すように世俗から出て行くことをいう。つまり、島子の肉体は、こちらの世界から飛び出して、仙人の世界に行ったのである。おそらくそれは蓬萊山ではなく、地仙《ちせん》と呼ばれる仙人たちが何百年かの時間を過ごすという地上のいずこかにある世界だと思われる。
それが可能になったのは、島子の魂が神女の計らいにより、肉体から離れて玉匣のなかに封じ込められていたからである。それによって、地上にもどった島子は、過ぎ去った地上の時間から護られていた。玉匣というのは、まるでタイム・カプセルのように地上における時間の風化から島子の魂を護っていたのである。当然、それを開けるなと言って渡したのは神女の配慮であった。それゆえに、神女は、玉匣を島子に渡す時、「最後までわたしを忘れず、帰って来て会いたいと思うなら、しっかりと匣を持ち、決してお開けなさいますな(君終不遺賤妾、有眷尋者、堅握匣、慎莫開見)」と言ったのである。

開けてしまったために蓬萊山にはもどれない。しかし、神女との約束を破った罰とか制裁として、玉匣や「翮飛蒼天」があったと考えるべきではない。神仙伝奇小説として読むならば、神女が、また会いたいのであればと言ったことばに嘘はなく、再会することを望んで、神女は、島子の魂を玉匣へ移しておいたとみなければならない。約束はいつも破られて願いはかなわないのだが。

ただし、この作品が書かれた当時、だれもがそのように理解したわけではない。この作品を読んで長歌に仕立てた伝説歌人・高橋連虫麻呂《たかはしのむらじむしまろ》は、匣(玉篋《たまくしげ》)を開けるとともに老衰し、そのまま死んでしまったと歌う(万葉集、巻九、一七四〇番)。それもまた、別の時間が流れる異界に行った男の物語が、当時の知識層にいかに衝撃をもって迎え入れられたかということを示しているだろう。

ここに紹介した以外にも、浦島子(浦島太郎)の話は時代を超えてさまざまに語られている。その詳細については、三浦『浦島太郎の文学史』を参照願おう。

出雲の神がみを訪ねて

1　加賀の潜戸

島根県のお勧めスポットはいくつもあるが、まっ先に紹介したいのは、加賀《かか》の潜戸《くけど》（松江市島根町加賀）と名付けられた海蝕洞穴である。加賀の浜から観光遊覧船に乗って一・五キロほど沖合に出た加賀の鼻の先端は東西に貫通しており、船で通り抜けることができる。長さは約二〇〇メートル、その中ほどに北に抜ける穴があり、Tの字をひっくり返したような形をしたトンネルになっている。船が突っ込んでいく西の入り口は幅が狭く船の横腹がゴツゴツした岩に擦りそうで心細いが、内部は大きなドームになっており、北の穴から射し込む明かりが壁面に幾重にも刻まれた地層を浮き上がらせ、神秘的な雰囲気をかもし出す。

この洞窟には、カムムスヒ（神魂命）のむすめキサカヒメ（支佐加比売命）がいますと出雲国風土記は伝えている。ある時、お腹に宿った子の父を知ろうとしたキサカヒメが、暗い洞窟を鉄の弓矢で射抜いたので今のように貫通し、その矢は洞窟の東に浮かぶ的島も射抜いてしまった。そして生まれたのが、佐太《さだ》神社（松江市鹿島町佐陀宮内）に祀られる佐太大神であった。

この神は古事記にも、真っ赤に焼けたイノシシの形をした岩を抱き取ったために大火傷を負って死んだオホナムヂ（大穴牟遅神）を助けるために、母神の要請を受けたカムムスヒ（神産巣日命）が派遣した女神のひとりキサカヒヒメ（𧏛貝比売）として出てくる。古事記ではカムムスヒのむすめとは語られていないが、出雲国風土記を踏まえれば母とむすめとみなすことができる。
キサカヒメ(キサカヒヒメ)というのは赤貝の女神だが(貝の殻にある溝から付いた名)、風土記によれば、こっそり近づくと神が怒って船を覆すので洞窟に近づく時は、音をとどろかせて行かなければいけないと語られている。さすが、弓矢で洞窟を射抜く強力の女神だ。

加賀の潜戸(松江市島根町)

そして興味深いことに、音を立てて洞窟に近づくという習俗は、漁師たちのあいだではずっと受け継がれていたことが、ラフカディオ・ハーン(小泉八雲)の紀行文から窺える。かれは一八九一年九月、妻セツといっしょに御津浦(鹿島町)の老漁師を雇って潜戸を訪れるのだが(銭本健二・小泉凡編「ラフカディオ・ハーン年譜」)、その時の体験として、船が潜戸を進んでいく、その途中、漁師の妻が船に置かれた石で船縁を強く叩きはじめるさまを、驚きと感動をこめて書き遺している(池田雅之訳『新編 日本の面影』一六八頁)。

少なくとも一二〇〇年前には存在したタブーがひっそりと生き続けていたことに、言い知れぬ感動を覚えてしまう。そのハーンの体験から一三〇年、ほんのわずかなあいだにタブーは忘れられたようだが、観光船は石のかわりにエンジンをうならせて洞窟に近づいていくので女神がお怒りになる心配はない。

2 カムムスヒ

出雲国風土記でキサカヒメ(支佐加比売命)の母とされるカムムスヒ(神魂命)は謎めいた神である。古事記の冒頭では、高天の原という天空の世界にはじめて誕生した神のうちの一柱《ひとはしら》とされる。

天《あめ》と地《つち》とがはじめて姿を見せた、その時に、高天《たかま》の原に成り出た神の名は、アメノミナカヌシの神。つぎにタカミムスヒの神、つぎにカムムスヒの神。

(天地初発之時、於高天原成神名、天之御中主神。次高御産巣日神、次神産巣日神)

漢字だけをみると、神魂命と神産巣日神(他の場面では「神産巣日命」)とあって、まるで別の神だが、同一神である。中心となる「ムスヒ」は、「ムス(生む)＋ヒ(霊力を表す語)」の意で、その上にタカミ・カム(カミ)という接頭語(ほめ言葉)が付いて、タカミムスヒとカムムスヒは対の神名になっている。この場面だけに出てくるアメノミナカヌシを別にすると、アマテラス(天照大御神)と並んで高天の原を支配するタカミムスヒに対して、古事記のカムムスヒは、出雲の神がみが手助けを必要とする場面になると姿をみせる。

たとえば、兄たちの策略にかかって大火傷を負ったオホナムヂ(大穴牟遅神、のちの大国主神)を、母神の要請を受けたカムムスヒが、キサカヒヒメ（蚶貝比売）とウムカヒヒメ（蛤貝比売）とを派遣して治療したと語られている。キサカヒとはアカガイ（赤貝）のこと、ウムカヒとはハマグリ（蛤）のことで、どちらのむすめも貝の女神である。

出雲国風土記にもカムムスヒのむすめウムカヒメ（宇武加比売命）は出てきて、ウグイスになって島根郡法吉《ほほき》郷に飛んできたと伝えられている。ウムカヒメという女神は今も、松江市法吉町《ほっきちょう》の法吉神社に鎮座する。なぜホホキと名付けたかというと、法華経を知らない古代には、ウグイスの鳴き声は「ホホキ、ホホキ」と聴きなされていたからである。

カムムスヒのむすめウムカヒメを祀る法吉神社（松江市法吉町）

出雲国風土記には、ほかにもカムムスヒの子が多いのだが、その本拠は、いずれも島根半島の沿岸部に集中している（三浦『出雲神話論』第三章）。貝や海辺と縁のあるカムムスヒが、古事記で高天の原にいるというのはいかにも不自然だ。もともとカムムスヒの本貫《ほんがん》は海であったが、古事記では高天の原に連れ出されてしまった。そのために、ふたりの貝の女神との母子関係を、古事記は消してしまったのではないかとわたしは勘繰っている。

本貫が「海」と考えるのは、子神たちが鎮座する神社は多いのに、カムムスヒを祀る社が出雲のなかに見つからないからである。海のかなたにカムムスヒの住まう異界があったのではないか。

3 寄りつく小さ子

出雲大社に祀られているオホクニヌシ(大国主神)は国作りの神として有名だが、手伝ってくれる相棒がいた。スクナビコナ(少名毘古那神)と呼ばれ、一寸法師の元祖のような小さな神である。

古事記によれば、オホクニヌシが美保の岬(現、松江市美保関町)にいると、ガガイモの実の莢《さや》を舟に、蛾の皮を縫いぐるみのように着て、海のかなたからやってくる神がいた。ガガイモというのはつる性の植物で、その実は秋になると豆の莢のように二つに割れて舟の形になる。地方によっては「舟の木」と呼んで水に浮かべて遊んだというが(斎藤たま『野にあそぶ』一二九頁)、お碗の舟に乗った一寸法師よりもスクナビコナはもっと小さい神だということになる。

この神は名を聞いても答えないので素性もわからない。するとタニグク(多邇具久、ヒキガエルのこと)が、クエビコ(久延毘古、案山子のこと)なら知っているというので、連れてきて尋ねると、小さな神はカムムスヒ(神産巣日神)の子スクナビコナだと言う。そこでカムムスヒに尋ねると、たしかに自分の子だが、掌に乗せていたら指の間からこぼれ落ちて行方がわからなくなったと言い、二人で力を合わせて国作りをしなさいとカムムスヒは言う。そこでオホクニヌシとスクナビコナは国作りに励むが、この小さ子は気まぐれな神のようで、のちには海のかなたの常世の国に行ってしまう。別の伝えでは、粟の茎によじ登り、弾かれて常世の国に飛んでいったと語っている。

二神の国作りは、出雲国風土記や播磨国風土記にも伝えがあり、人びとのあいだで広く語り継がれていたのだろう。民間伝承では、温泉を掘ったり酒を造ったりした神としても二神は有名だが、スクナビコナという小さ子神の話を読んでいると、世界の神話にさまざまに登場するトリックスターと呼ばれる登場人物を思い出す。ある場合にはウサギだったりもするのだが、いたずら好きで、知恵があり、威張っている者をこらしめたり、女性をからかったりもする。

空から見た美保岬と大山

古事記の神話では、そのトリックスターと並んで出てくるのが、ヒキガエルだったり案山子だったりするのも、ほかには例のないおもしろさを醸し出している。ちょっと気取った感じのする王権神話ではない、民間伝承のもつにぎやかさが出雲の神がみの話の真骨頂ではないかと思う。

そうしたスクナビコナを、古事記がカムムスヒの子と伝えているのは、カムムスヒという神の性格や素性を考える上でとても興味深い。前に述べたように、タカミムスヒ(高御産巣日神)と並んで古事記の冒頭にもっともらしく登場するのだが、どうみてもそれは、カムムスヒには似合わないのである。大地母神ならぬ海の母神、それがカムムスヒであった。

4 神魂神社

出雲国風土記によれば、キサカヒメ（支佐加比売命）とウムカヒメ（宇武加比売命）の母はカムムスヒ（神魂命）であった。また古事記ではオホクニヌシ（大国主神）の国作りを手伝ったスクナビコナ（少名毘古那神）の母をカムムスヒ（神産巣日命）と伝えている。漢字はまったく違うが同じ神であり、古事記では高天の原にいるとされるが、元は海のかなたの神の世界に本拠があったのではないかということは前に述べた。

風土記を探すと、島根半島の沿岸各地にカムムスヒの子神が祀られている神社がある。ところが、出雲のなかのどこにもカムムスヒを祀る神社が見当たらない。海のかなたにいます神だから、こちらに住まいがないのは当然ということかもしれないが、異界にいます神であっても、地上のどこかに祀られるところがあるというのは一般的だ。

そこで住まい探しをすると、同じ漢字が宛てられた神魂神社《かもす》（松江市大庭町）に目を向けたくなる。読み方は違うが、カムムスヒとカモスというのも存外近い発音のように感じられるからである。ただし、社務所でもらった由緒書きには、神魂神社は「大庭《オウバ》大宮」とも呼ばれ、出雲国造の祖とされるアメノホヒ（天穂日神）が高天の原から地上に降りて創建し、現在の主祭神は「伊弉冊《イザナミ》大神」とする。また、カモスという名は、「神霊の鎮り坐す所、即ち神坐所《カミマスドコロ》」が、カンマス—カモスと変化したものだとも説明されている。背後の山に磐座《いわくら》があるらしい。

　この神社のことは風土記にも『延喜式』神名帳にも記載がなく、松江藩主の命により編纂された地誌『雲陽誌《うんようし》』(一七一七年成立)に、「大庭社」として出てくる。そこには、イザナミの「神廟なり」とあり、イザナキより先に亡くなったので「神魂《かんみたま》明神ともいへり」と記す(二二〇〜二二二頁)。「神魂」という表記が江戸初期には存在することは確認できるが、それ以上どこまで遡り、カムムスヒ(神魂命)とどうかかわるかなど、まったくつかめない。

神魂神社(松江市大庭町)

　社殿は、現存最古の大社造りで国宝に指定されており、古代の出雲国の中心である大庭の地に鎮座することからみて、古い神社であるに違いない。ここは出雲国造の本貫の地であり、氏神の祭祀が行われる場所と考えられている(石塚尊俊《たかとし》『古代出雲の研究』二四七頁)。その神社にイザナミが祀られるようになったのは中世以降のことで、修験道の影響が考えられるのだが、神魂神社に祀られているのがイザナミという女神であるというのは、その前の祭神を考える上で重要なヒントになるのではないか。
　この地において、のちに出雲国造となる一族の先祖たちが、自らの祖神として、あるいは海のかなたから年ごとに迎える来訪神として祀っていたのが、女神カムムスヒであった。これがわたしの、思いきった推測である。

5　イザナミの神陵

神魂神社の祭神がイザナミ（伊弉冊大神）とみなされるようになったのは、古事記に、火の神を生んだイザナミ（伊耶那美命）が火傷を負って亡くなり、「出雲の国と伯伎《ははき》の国との堺の比婆《ひば》の山」に葬られたと伝えられているところに遠因がある。この伝えがあるために、比婆山とされる場所が、島根県東端の安来市周辺にいくつも探し出されることになった。その墓探しにかかわっていったのが、中世の熊野修験だったと考えられるのである。

そして探し出された比婆山の一つが『雲陽誌』の能義《のぎ》郡《ぐん》日次《ひなみ》（現、安来市伯太町《はくたちょう》日次）の項に出てくる「日波村の山」で、のちに「大庭に遷し祭りて神魂大明神」となったので、「日波村に社なし」という古老の伝えを載せている（二九三頁）。これに従えば、中世末か近世初めに、イザナミは神魂神社に祀られるようになったとみられる。ただし、現在もイザナミの神陵は伯太町日次の比婆山の頂にあり、『雲陽誌』の「岑山三所権現」がそれで、文永三（一二六六）年に紀伊国の熊野神を勧請して祀ったとある（同右）。今も山のふもとには久米神社が祀られている。これは、出雲国風土記意宇郡や『延喜式』神名帳に「久米社」とある古社である。

別に、イザナミの陵墓としては、宮内庁が陵墓参考地として指定しているのが松江市八雲町日吉（旧、八雲村日吉）にある比婆山（神納山《かんな》）である。ここは、「岩坂陵墓参考地」と呼ばれて宮内庁の管理下にあり、今もきれいに守られている(写真参照)。そのほか、広島県庄原市の比婆山も、出雲国と伯伎国との境という説明からは外れているが、神陵候補としては有名どころである。

神魂神社にもどると、イザナミが祀られる前の祭神は不明だが、前項でふれたように、わたしはカムムスヒ(神魂命)が祀られていたのではないかと推測している。それは、社務所で発行されている絵はがき「御本殿内壁画」のなかの一枚からヒントを得ての推測である。実物を拝観することはできないのだが、絵葉書の写真を参照すると、その壁画には、桜が咲きほこる画面の左下に三つの屋根をもつ佐太神社が、右上に加賀の潜戸が描かれている。そして絵はがきの説明文には「当社の神在祭に因む佐太神社及加賀潜戸の図」とあって、この二か所が神魂神社と深い縁をもっていたことが想像できるのである。

イザナミの陵墓とされる岩坂陵墓参考地(松江市八雲町)

前に紹介したように、潜戸に祀られているのはカムムスヒのむすめキサカヒメ(支佐加比売命)で、そのキサカヒメが生んだ子が佐太神社にいます佐太大神なのである。そのふたりが祀られている潜戸と社が、神魂神社の壁画に描かれているのはなぜかと考えると、わたしのなかでは、ふたりにゆかりのある唯一の存在であるカムムスヒという女神が、祭神としてごく自然に浮かび上がってきてしまうのである。

6　佐太の大神

島根半島の中央部に鎮座する佐太神社は、大社造りの社殿三棟が横に並ぶというめずらしい配置になっている。神社発行の由緒書きによれば、三棟にはあわせて一二柱の神が祀られているという。その正中殿の中心を占める神が佐太大神で、この神は、出雲国風土記の伝えによれば、カムムスヒ（神魂命）のむすめで加賀の潜戸にいますキサカヒメ（支佐加比売命）の子として生まれた。

中世になると修験道の影響を受け、サダという名前の近似も影響したのか、佐太大神は天孫降臨の際に道案内をしたサルタヒコオオカミ（猿田毘古大神）であると神社では伝えている。わたしは濁点を付けてサルタビコと呼ぶが、古事記ではあまり目立たない神であったサルタビコが、修験のバックアップを受けて、土着の神と結びついていったとみてよい。ちなみに、この地にイザナミ（伊弉冉尊）の陵墓を遷し祀ったとする伝えが生じたのも中世修験道の影響であろう。

そうしたこととも関係するのか、この神社には興味深い神事や芸能が遺されている。その一つが、二〇一一年にユネスコの無形文化遺産に登録されよく知られるようになった佐陀神能《さだしんのう》である。一七世紀初めに京都から持ち込んだ能楽に起源があるとされている。そのせいか、国譲り神話や大蛇《おろち》退治神話などを題材にしながら、島根県各地に伝わる動きの激しい神楽とは違い、摺り足の静かな舞を特徴とする。現在は定期的な公演も行われて観る機会は多くなったが、もとは、九月二四日夜の御座替祭《ござがえさい》の折の「七座」神事と翌二五日の例大祭のあとの「神能」が神に奉納されていた。

かがり火だけが灯された真っ暗な境内に建つ舞殿で舞われるゆったりとした神能を観ていると、世俗的なことはどこかに消えて、演じられるタケミナカタ（建御名方神）とタケミカヅチ（建御雷神）との力競べ「武甕槌《たけみかづち》」や、スサノヲ（須佐之男命）による「大蛇《おろち》退治」などの演目に入り込んでしまう。無形文化遺産に指定される以前は、氏子さんたちがご祝儀をもって来て、少し観ては帰っていくというような状態で、ほんとうにひっそりとした境内で舞われていたのだが、さすがに最近は、神能を目的の観光客も訪れるようになり、観客のためのテントとベンチも準備されるようになった。それでも街中からは遠く離れているせいもあって、静謐な環境は保たれている。年によってはかなり冷え込むこともあるが、境内の石垣にもたれて鍛えられた舞を観るのは心安らぐひとときだ。

佐太神社（松江市鹿島町）

佐陀神能（国譲りを題材とした演目「武甕槌」）

7 神等去出――佐太神社

神を祀る「神の月」がカムナヅキと発音され、それがカンナヅキ(神無月)になると、出雲は旧暦一〇月をカミアリヅキ(神在月)と呼んで、全国の神がみが寄り集う会議場となる。中世に生じた俗信らしいが、今考えるとなかなか巧みな観光戦略のようにもみえる。

「神迎え」によって神がみを迎え、一定期間もてなした後に「神等去出《からさで》」という神事を行って神がみを送り返す。この神迎えから神送りのあいだの期間を神在祭《かみありさい》と呼ぶ(音読してジンザイサイと呼ぶことも多い)。出雲大社が有名だが、神在祭は出雲地方のいくつもの神社で行われる。その迎え方や送り方はそれぞれだが、神在祭の期間、迎える人びとが忌み慎んで過ごすというのは共通する。イザナミの死とかかわらせた説明はのちのもので、この期間がもともと神を迎えて収穫を感謝する祭りの季節であったことに由来するとみてよい。

今もいくつかの神社の神迎えでは、セグロウミヘビを迎える神の象徴として祀っており、神は海のかなたからやってくると考えられていた。そのように、神が海のかなたから訪れるという観念は、沖縄などの神迎えの信仰ともつながっており、日本列島の基層をなす神観念ではなかったかと思う。

神在祭はそれぞれの神社ごとに特徴があり、出雲大社は稲佐浜《いなさのはま》で行われる神迎えが、一万人以上もの人を集めて壮観であり、夜明け前の斐伊川のほとりでひっそりと行われる万九千《まんくせん》神社(出雲市斐

神等去出翌日の神目山の祭場

川町併川《あいかわ》)の神迎えは厳かな神事といった趣である。そのなかでわたしは、佐太神社の神等去出がとくに興味深い。以前はセグロウミヘビが北の浜から迎えられていたようだが、今は神迎えは境内で行われる。そこから一五日間が神在祭で、期間中は本殿の前に大きな棚を設えて参拝者の奉納品を積み上げ、とぐろを巻いたウミヘビが社務所の座敷に安置され人びとが拝み、ふだんは人けのない参道には屋台が並んで賑わいをみせる。そして最後の日の夜行われる神等去出は、神社の西北方向に位置する神目山《かんのめやま》に、参拝者も含めて提灯を手に行列を作って登り、神を送るのである。山の中腹の広場で行われる神事は真っ暗でほとんど見えないが、神は舟に乗って海のかなたにある神の世界にもどって行くらしい(詳細は、三浦『出雲神話論』二五三頁以下)。

雨でぬかるんだ細い山道を提灯の明かりだけで登るのは、三〇分ほどの道のりでもけっこうきつい。そして、その提灯の火も消した真っ暗闇の空間で厳かに行われる神事に参列し、意味もききとれない祝詞のささやきを聴いていると、信仰心などまるでないわたしもほんとうに神を見送っている気分になる。

8　コトシロヌシとミホツヒメ――美保神社

東西に長く伸びた島根半島の東の端、その南側の小さな入り江の奥に美保神社（松江市美保関町美保関）は建っている。神門を入ると境内には広い板敷きの拝殿があり、その奥に大社造りの二棟の本殿が軒を接して並んでいる。向かって右側の左殿（大御前）にミホツヒメ（三穂津姫命）、向かって左側の右殿（二御前）にコトシロヌシ（事代主神）が祀られている。

コトシロヌシはオホクニヌシ（大国主神）の長男として、古事記にも日本書紀にも、いわゆる国譲り神話のなかに登場し、美保に縁がある神として語られている。古事記の神統譜によれば、母はカムヤタテヒメ（神屋楯比売命）という。

一方のミホツヒメは古事記には出てこず、日本書紀の一書のなかの一つに名がみえる。それによれば、地上をフツヌシ（経津主神）に平定されたオホモノヌシ（大物主神）は、高天の原を取り仕切るタカミムスヒ（高皇産霊尊）の前に連れ出され誓約した際に、反逆心がないことを示すために我が女《むすめ》ミホツヒメ（三穂津姫）を妻にするようにと言われて結ばれた女神である（第九段一書第二）。この部分だけオホナムヂ（大己貴神）はオホモノヌシと同一神とされ、内容も他の伝えとは大きく違った日本書紀のなかでも異質な一書だが、神社ではそれを採用して祭神としたらしい。

この神話に従って美保神社の祭神がミホツヒメとコトシロヌシになったのだとすると、下世話な

美保神社(松江市美保関町)

言い方で失礼だが、継母と継子が仲よく並んで祀られているという関係になるわけで、小心者のわたしはいささか気を揉んでしまう。しかし、どうやらこの組み合わせは、あまり古いものではないらしい。コトシロヌシが美保神社の祭神になったのは江戸時代も後期以後らしいと推測し、二つの屋根が並ぶ「今日の社殿建築はその変移の後の観念に相応したもの」だと和歌森太郎は指摘する。そしてその前の祭神は、「御穂須々美命であるとする方が早く現われ、それがしだいに三穂津姫命説と混淆し平行して行われつつ、とどのつまりは三穂津姫命説に落ちついた」が、その混淆は、「男神と女神、大国主命の御子神と妃神という顕著な相異」を持っていながら生じたと推測するのである(『美保神社の研究』三九〜四〇頁)。

出雲国風土記に登場するミホススミ(御穂須々美命)については次項で紹介するが、出雲制圧の実質的な指揮者であるタカミムスヒのむすめが祀られることになったのは、ミホという神名が地名ミホと響きあったことに加えて、高天の原系の神と関係づけたいという出雲の側の政治的な思惑が絡んだのではなかろうか。

美保神社に限らず、神社の祭神が時代によって変化するのはめずらしいことではない。オホクニヌシ(オホナムヂ)で磐石であるはずの出雲大社も、祭神が揺れた時代はあったのである。

9　ミホススミ

出雲国風土記島根郡に次のような記事が伝えられている。

美保の郷　(略)天の下をお造りになった大神が、高志《こし》の国にいます神オキツクシヰの命《みこと》の子ヘツクシヰの命の子ヌナガハヒメの命を妻にして、お産みになった神ミホススミの命、この神がいます。ゆえに、美保という。

(美保郷　(略)所造天下大神命、娶高志国坐神意支都久辰為命子俾都久辰為命子奴奈宜波比売命而、令産神御穂須須美命、是神坐矣。故、云美保)

美保(松江市美保関町)の名はミホススミという神に由来し、その神は、「天の下をお造りになった大神」と称えられるオホナモチ(大穴持命、大国主神の別名)が、高志の国(北陸地方)の女神ヌナガハヒメを妻にして生まれた子だというのである。そして、前項で取りあげたように、このミホススミがもともとの「美保社」(出雲国風土記)の祭神であったと考えなければならない。

一方、ミホススミの母ヌナガハヒメは、古事記では、オホクニヌシの別名とされるヤチホコ(八千矛神)に求婚されたことが、長い歌謡の贈答によって語られている。そして、その名ヌナガハヒメは「ヌ(石玉)ナ(〜の)カハ(川)」を意味し、新潟県糸魚川市から産出する硬玉翡翠《ひすい》に由来することが、戦後行われた考古学の発掘調査によって明かされたのはよく知られている。

古事記には子神の誕生は語られていないが、オホナモチ(ヤチホコ)とヌナガハヒメとの結婚および子神誕生の神話は、出雲と高志とのあいだの強い交流に支えられていることを窺わせるのであり、その重要な交易品として翡翠があったこともわかってきた。加えて、二神の子ミホススミは、能登半島の先端にある須須神社(石川県珠洲市三崎町寺家)の祭神としても祀られており、そのつながりは、出雲国風土記の「国引き」詞章にも反映している。そこでは、「高志の都都《つつ》の三埼《みさき》」の余りを切り取り、綱をかけ引き寄せて縫い付けたのが、島根半島の「三穂の埼」であったと語るのだが、神話や地名の謎解きというのは、こうした成果を時に引き出してくれる。

松江市美保関町の地主社

対馬暖流を海の道として二つの土地が舟で結ばれていたことを象徴するのが、美保神社の本来の祭神ミホススミであった。この神は今、美保関町の集落の東のはずれの細い道を抜けた山のふもとに立つ小さな祠「地主社」に、ひっそりと祀られている。

近年、このミホススミを復権させようという動きが地元を中心に出ているが、ミホツヒメ(三穂津姫命)との混淆もあってか、すっかり女神ということになっているらしい。

10　美保と大山

美保神社の前の美保関港の先には、海を挟んで雄大な大山《だいせん》が浮いて見える。四月の青柴垣《あおふしがき》神事でも一二月の諸手船《もろたぶね》神事でも、海を挟んで大山が見えないと物足りない感じがする。それはおそらく古代の人びとも同じで、島根半島の先端に位置する出雲国の美保と伯耆国の大山は、律令制下では別の国に属しているが、土地の人びとには一体の世界と認識されていたに違いない。

そのことは、出雲国風土記に載せられた「国引き」神話を見ればよくわかる。島根半島は、ヤツカミヅオミヅノ（八束水臣津野命）という巨軀をもつ神が、四回にわけて海のかなたの土地を切り取り、綱を掛けて引き寄せ縫い付けて作ったと語られているが、その最後に付けられた美保の地は、前項でふれたように、高志の国（北陸地方の総称）の都都《つつ》の地の余りを引いてきたという。そして、その時使った綱が弓ヶ浜になり、縫い付けたばかりの土地が離れないように綱を結びつける杭にしたのが大山（風土記では火神岳《ひのかみだけ》と呼ぶ）だったと語っている。

また『大山寺縁起』（一四世紀末成立）によれば、大山寺を開山した金蓮《こんれん》上人は出雲の国の玉造《たまつくり》に住む猟師だった。ある時、美保の浦を通っていると「海の底より金色の狼」が出現したのであやしいと思って追っていくと、大山にある洞窟の中に逃げ込んだ。あやしいものだが「一矢に射ころさんとしけるに、地蔵菩薩矢前《さき》に現じて見え給へば信心忽ちに発《おこ》りて」、弓をはずして矢を捨てて仏道に目覚めて修行に励み、大山を開いたというのである（『大山寺縁起』一二頁）。なお、大山の開山は養老二（七一八）年とされ、二〇一八年に開山一三〇〇年を迎えている。

玉造に住む漁師がどうして美保までやって来たのか、そして出現した金狼はなぜ美保から大山へと向かうのかと考え込んでしまうと、説明はつかないだろう。国引きにしろ、開山縁起にしろ、美保の地と大山とが一体の風景のなかに存在するからこそ、このような語りが生じるのだ。

と言いながら、神話や伝説がどのようにして生みだされるか、その秘密を探ってみたくはなる。おそらく、海からの風景がこれらの話を育んだのに違いない。そして、古来、神のいます大山（火神岳）に祀られているのはオホナモチ（大穴持命）であり、美保の地に祀られるミホススミ（御穂須々美命）の父神であることを踏まえれば、結ばれて当然ということになるのは口を挟む余地もない。

現地に立つと、空想の国引きもリアルな景観として立ち上がる。

国引きを思わせる雲が山腹にたなびく大山

大山を前に行われる諸手船神事

11　熊野大社

松江駅から南へ一〇キロあまり、意宇川上流の谷間に静かに建つ熊野大社（松江市八雲町熊野）は、出雲国風土記では杵築《きずき》大社（出雲大社）とともに「大社」とあり、『延喜式』神名帳には「名神大」とあって高い格式をもっていた。神社でもらった「熊野大社由緒略記」には、祭神は「伊射那伎日真《いざなぎのひま》名子《なご》加夫呂伎《かぶろぎ》熊野大神櫛御気野命《くしみけぬのみこと》」とあり、これは「スサノヲノミコトの別神名」とする。

風土記や神名帳に祭神名はないが、歴代の出雲国造《いずものくにのみやつこ》が就任儀礼の際に天皇の前で奏上した「出雲国造神賀詞《かむよごと》」（おなじ『延喜式』の別の巻に収める）には、「由緒略記」と同様、「伊射那伎の日真名子、加夫呂伎熊野の大神櫛御気野の命」とある。とすると、この称え名の由緒は七世紀末まで遡る可能性があり、その名は出てこないが、スサノヲを指しているとみてよいと思われる。

「ひまなご」とは最愛の子をいうほめ言葉、「かぶろぎ」はカムロキと同じく神の尊称、「くしみけぬ」はクシ（霊妙なる）ミ（尊称）ケ（食べ物）ヌ（神格をいう）の意味となる。ほとんどがほめ言葉で、意味をもつのは最後のところの「ケ（食）」だけである。一方、スサノヲという神は、古事記によれば、高天の原から追われたと語られてはいるものの、イザナキ（伊耶那岐命）の大切な子のひとりであり、ヲロチ退治神話をみればわかる通り、地上に五穀の種をもたらした「食《け》」の神でもあった。まさに、スサノヲにふさわしい称え名であると言えよう。

そのスサノヲだが、元をただせば「根《ね》の堅州《かたす》の国」と呼ぶ海のかなたの根源の世界をつかさどる神とみなすことができ、地上の熊野がスサノヲの本源の地というわけではなかろう。また熊野のほかにも、古事記や日本書紀ではヲロチ退治のあと、クシナダヒメ（櫛名田比売／奇稲田姫）とともに須賀の地に鎮まったと語られており、出雲国風土記では須佐の地を選んで御魂を鎮めたと伝えている（飯石郡）。雲南市大東町の須我神社、出雲市佐田町の須佐神社がそれである。

熊野大社（松江市八雲町）

そのように考えれば、海のかなたにある根の堅州の国という異界に本貫をもつスサノヲの、地上での鎮座地はあちこちに伝えられており、熊野の地もそのなかの一つだったとみればいい。そして、熊野大社は、中世になると紀伊国（和歌山県）の熊野に出自をもつ熊野信仰の影響を大きく被ることになり、その性格を変えていったものと思われる。現在の鎮座地の前を流れる意宇川を上流（南）へ五〇〇メートルほど行くと、「上《かみ》の宮」と呼ばれるもう一つの社跡があり、そこには、中世以降熊野の神がみが祀られ、現在の「下《しも》の宮」と並んで、二つの社地において祭祀が行われていた。

そうした熊野信仰の影響を受けて、スサノヲの力が荒神的な側面を強めていったように思う。

12 亀太夫神事

毎年一〇月一五日、熊野大社では亀太夫《かめだゆう》神事が行われ、多くの見学者を集める。出雲大社の使者が、「古伝新嘗祭」で用いる火を起こす道具（燧臼《ひきりうす》と燧杵《ひきりぎね》）を借りに来るという儀礼である。

使者は道具を借りるお礼として、長方形に整えた二枚重ねの大きな餅を持参して借用を願うのだが、出迎えた亀太夫と呼ばれる熊野大社の神職が、その餅を吟味しながら、形が悪いだの汚れているだのと何かとけちをつけて道具を貸し渋る。そのあいだ使者は何も言わず、頭を下げて我慢する。もちろん最後には薦《こも》に包んだ火きり道具を借り受け、餅を入れてきた長櫃に納めて帰ってゆくという手筈は決まっている。

亀太夫がつける難癖の内容もほぼ同じだが、担当する亀太夫役の神職によって粘り方などに違いがあるらしく、わたしが見学した数年前の神事の際は、記録されたものなどに比べるとずいぶんあっさりしているという印象を受けた。

神事の背後には、熊野大社と出雲大社との歴史的な関係性などが秘められているらしい。というのは、出雲大社を祀る出雲国造家の元をたどると、熊野大社が鎮座する意宇郡を本拠とした一族であり、そのことと神事は無縁ではないからだ。

ところが、前にも引用した地誌『雲陽誌』（一七一七年成立）によると、その頃の新嘗祭は大庭社（現

亀太夫神事の難癖をつけるくだり

在の神魂神社のこと）に国造が来て行われ、火きりの道具は、熊野から宮太夫（亀太夫とは呼ばない）が大庭社に持参したとある。そのお礼に国造は「鰤《ぶり》」を渡し、太夫はそのブリの大小についてあれこれと難癖をつけた（「魚の大小をぬきらふ」とあるが、ヌキラフは労うか）。

三〇〇年前のことだが、場所もお礼の品も今とはまるで違っている。祭りというのは古来変わらないと思いこみがちだが、知らないうちに変化する。それでも、新嘗祭の火きり道具を熊野大社から借りるという要は不変だし、熊野大社の神職があれこれ難くせを付けるのも変わっていない。

ただ『雲陽誌』には、「杵築国造、此の宮に来り新嘗祭を遂げおこなはる。是、古来よりの神事なり。百番の舞、火切りあり」（二二一頁）ともある。そのまま解すれば、現在、出雲大社でもっとも重んじられている古伝新嘗祭と火きりの神事が、かつては大庭社（神魂神社）で催行されていたということになる。古伝新嘗祭でしか舞われないという国造の「百番の舞」が、今も熊野大社の亀太夫神事の際に舞われるのは、その証しなのか。変わるものと変わらないもの、そのあたりの見極めが、この種の祭祀を考える上では大事だと思うが、よくわからない。

国造が大きな袖をひらめかせ、ゆったりと手を上下させて唱え舞う「百番の舞」を見学していると、弥生時代の絵に出てくるシャーマンが両手を広げて祈っているらしい姿に重なってしまう。

13 揖夜神社と一ツ石

今は松江市に編入された東出雲町揖屋《いや》の地に鎮座する揖夜《いや》神社は、古い由緒をもつ社である。出雲国風土記の意宇郡条に「伊布夜《いふや》社」とあり、『延喜式』には現在の神社名と同じ「揖夜神社」とある。今は地名も神社名もイヤだが、古くはイフヤと発音されていた。

古事記は、火の神を生んだイザナミ（伊耶那美命）は「出雲の国と伯伎《ははき》の国との堺の比婆《ひば》の山」に葬られたとし、黄泉の国と繋がる黄泉比良坂《よもつひらさか》も、「出雲の国の伊賦夜坂《いふやさか》」とする。一方、日本書紀の斉明天皇五（六五九）年「是の歳」条には、狗《いぬ》が死人の腕をくわえてきて「言屋《いふや》の社」に置いたという記事を載せ、割注に、これは天皇が死ぬ「兆《きざし》」だという解釈を記す。斉明天皇は、七年七月に百済《くだら》救援に向かう途中の朝倉宮（福岡県）で亡くなるから、予言は的中したことになる。

こうした記事と連動させれば、揖夜神社が祀られる地は死の世界に繋がっていると考えられていたと解釈できる。今、揖夜神社の祭神をイザナミとするのも、そうした伝えを反映しているのだろう。ただし、揖夜神社の祭神が元からイザナミであったかというと、どうも疑わしい。『雲陽誌』意宇郡の「揖屋大明神」の項をみると、「本社、大己貴命なり。少彦名命・事代主命をあはせ祭る」（二〇七頁）と記されるばかりでイザナミの名はどこにも出てこない。出雲では、ある時あちこちの神社がイザナミを祭神として迎え入れるということが生じたようにみえる。そしてそれは、古事記というよりは、中世に重んじられた『先代旧事本紀《せんだいくじほんぎ》』（九世紀成立、物部氏がかかわる氏文《うじぶみ》）が修験道の広がりとともに定着していったことを背景にしているのではないか。

現在の揖夜神社は、中海の埋め立てもあって海岸からは隔たっている。しかし古くはすぐ前が浜で、海を生業とし、海の神を祀る人びとが住む里であったとみてよい。その名残は、今も「一ッ石神幸祭」という祭りに遺っている。

揖夜神社（松江市東出雲町）の神事の舞台となる一ッ石

神社から北に二キロほど離れた崎田鼻と呼ばれる岬の先の海面に、ちょこんと頭を出している岩礁が一ッ石である。祭りの日、神社のそばの浜で神輿を舟に乗せた人びとは、石のそばまで船を連ねて出て行き禊ぎをするのだという。おそらく、海のかなたから訪れる神を迎えるために、神が寄りつく一ッ石へと向かうのだろう。現在は八月二八日に行われているようだ。

陸路で一ッ石の見られるところまで行くには、産業用機械を造っている会社の敷地の端っこを通らせてもらって海辺に出なければならない。工場の裏手はすぐ中海で、写真のように目の前には、しめ縄に囲まれた小さな岩が海面から顔を出していた。

14　毘売埼とワニ

ＪＲ山陰線の揖屋駅から東へ二つ行くと安来駅で、ここが出雲国の東の端である。駅前を北に行くと港があり、中海に突き出して円錐形をした十神山《とかみ》（風土記では砥神島《とかみ》）が立っている。また、線路を挟んで向きあう南の丘陵上には毘売塚《ひめづか》古墳（安来市黒井田町）がある。今は陸続きの十神山は古代には島だったが、中海に突き出た北側の磯が毘売埼と呼ばれていたらしい。その毘売埼で起こった興味深い出来事が出雲国風土記（意宇郡安来郷）に載せられている。

天武天皇の時代、語臣猪麻呂《かたりのおみゐまろ》の娘が、毘売埼で水遊びをしていると和爾《わに》（サメのこと）が現れ、娘を噛み殺してしまう。足一本を喰いちぎられた遺体を前に、悲しみ歎く父の猪麻呂は、海の神に向かって、わたしのむすめを殺した和爾を殺させてくれと祈願すると、たくさんの和爾が一匹の和爾を取り囲むようにして現れる。猪麻呂は、手にした鋒《ほこ》でその和爾を刺し殺し、腹を割いてみたところ、むすめの脛《すね》が一本出てきた。猪麻呂は、墓を造って娘の亡骸を納めた（詳細は、三浦『風土記の世界』一三八頁以下参照）。

猪麻呂という人物は、漁撈を生業とし海の神を祀る土地の豪族であるとともに、出雲臣に仕える語り部でもあった。その語り部の一族が、自分たちの宗教的な呪力を語るための霊験譚として伝えていたのがこの伝承であり、実際に起こった事件と考える必要はない。それよりも、むすめがワニに喰われるという伝承の背後には、海の神であるワニを、海の民である猪麻呂の一族のシャーマン（巫女）が迎え祀るという、年ごとに繰り返される神事があったことを窺わせる。本書一六一頁に紹介した仁多郡恋山《したいやま》の、川を遡るワニとタマヒメ（玉日女命）との関係に重ねてみることができるだろう。訪れる神が拒まれてしまうという構造である。

毘売塚古墳（安来市黒井田町）から十神山の眺め

毘売埼がある中海（古代の呼び名は「入り海」）にワニが入ってくることは、出雲国風土記島根郡条の産物のなかにイルカとともにワニの名が挙がっていたことをみても明らかだ（一四二頁）。前項で紹介した揖夜神社の一ツ石の神事に神迎えの儀礼があるのではないかと考えたのは、毘売埼の伝承に同じ構造をもつ儀礼の痕跡が見いだせるからである。中海に面した浜辺に住む人びとにとって、神は海のかなたから訪れる、そのように考えられていたのだと思う。

むすめを葬ったと伝えられる毘売塚古墳だが、舟形石棺には壮年の人骨があり、鉄剣や漁具などが埋納されていたと安来市教育委員会の立てた案内板には書かれていた。むすめではなく、海の民であり語り部でもあった一族の長が葬られているのだろう。

15　黄泉比良坂

ＪＲ山陰線揖屋駅から二〇分ほど、東に歩いて国道を渡った先の丘の中腹にある黄泉比良坂《よもつひらさか》（松江市東出雲町揖屋）を訪ねた。そこは、火の神を生んで死んでしまったイザナミ（伊耶那美命）を連れ帰るために黄泉の国に出かけたイザナキ（伊耶那岐命）が、約束を破ってイザナミの腐乱した姿を覗き見てしまったためにイザナミの怒りをかい、逃げ帰ってきたという坂である。その所在を日本書紀は特定していないが、古事記には「黄泉比良坂は、今、出雲の国の伊賦夜坂《いふやさか》」と記し、出雲国にあると伝えている。

すでにふれたように（5「イザナミの神陵」）、イザナミの葬所を「出雲の国と伯伎《ははき》の国との堺」とするなど、古事記の認識では死者の国と出雲は隣りあって存在する。そのこともあって、伊賦夜坂が揖屋（昔は揖夜と書いてイフャと読んだ）の地とされるのは自然なことであった。そして、それを踏まえて、今から八〇年ほど前、実際に黄泉比良坂が作られたのである。

細い道をたどった先の、今やパワースポットとして知られる黄泉比良坂は、千引《ちびき》の石とされる岩《いわ》が門のように立ち、その手前には、「神蹟［黄泉平坂　伊賦夜坂］伝説地」と刻まれた石碑が建っている。裏面を見ると「紀元二千六百年七月　佐藤忠次郎建之」という字が読める。

神蹟を造り碑を立てた佐藤忠次郎氏は一八八七年生まれ、土地では知られた立志伝中の人物で、足踏みのサトー式稲麦扱機の製造販売で財を成し、佐藤造機株式会社を興した。のちに三菱農機(現在の三菱マヒンドラ農機)へと発展する。実業家となった佐藤氏は、揖屋町長を経て島根県議会議員も務めた。そして、名を成した一九四〇年、私財を投じて黄泉比良坂を作ったのである。

一九四〇(昭和一五)年というのが、初代天皇カムヤマトイハレビコ(神武)が橿原宮《かしはらのみや》で即位して二六〇〇年に当たるというので、日本中でさまざまなイベントが行われ、数えきれない記念碑(石碑や鳥居などの奉納、その他)が作られた。初代天皇カムヤマトイハレビコの東征ルートに顕彰碑を建立する事業を、文部省が当時の学者たちを総動員して実施し(『神武天皇聖蹟調査報告』)、人びとは浮かれて聖蹟観光に出かけた(ケネス・ルオフ『紀元二千六百年』)、そのような時代であった。

黄泉比良坂(松江市東出雲町)

そうした国威高揚の動きのなかに、佐藤氏の神蹟造りもあったのである。だからといって、佐藤氏が特段の国粋主義者であったというわけではなかったのだと思う。おそらく、その行為は氏の郷土愛から出たものと思われるのだが、今から考えると、そうした善意から出た活動が国威発揚の下支えをすることで、国家は泥沼の戦争へと突き進んでいったのである。

そんな歴史は忘れられ、太古以来の遺跡として黄泉比良坂は映画の舞台になり、パワースポットとして人びとを迎える。

16　稲田神社

ＪＲ木次《きすき》線の出雲横田駅から東南方向に二キロ弱行った丘陵地に稲田神社がある。近年、社務所で地元産のおいしい蕎麦を食べさせる店が営業していることもあって、訪れる人がふえているようだ。そのせいだろうか、本殿が建て替えられ雨漏りで傷んだ拝殿も修復され、二〇一八年には遷宮が執り行われたという。久しぶりに訪れてみた。

場所は仁多郡奥出雲町稲原、祭神は稲田姫である。有名なヲロチ退治神話で、危ういところをスサノヲ（須佐之男命／素戔嗚尊）に助けられたヒロインの生誕地だと地元では伝えている。神社の所在地の大字は稲原だが、これは明治の初めに稲田村と原口村とが合併してできた新地名で、江戸時代からあった稲田村には稲田姫の誕生伝説が伝えられていたという。そのために、古事記で櫛名田比売《くしなだひめ》、日本書紀では奇稲田媛《くしいなだひめ》と呼ばれるヒロインの名が、地名に基づいて稲田姫と呼ばれているのである。土地の伝承がどこまで古く遡るかはわからない。

元は小さな祠と産湯を使ったという小さな池があるだけの地に、莫大な私財を寄進して稲田神社を造った人物がいた。広島県と境を接する島根県邑智《おおち》郡邑南《おおなん》町（旧、高原村）に生まれ、九州に渡って炭鉱労働などの下積みで苦労を重ねたのちに土木事業で巨財を築いた小林徳一郎氏である。前項の佐藤忠次郎氏と同様、郷土愛にあふれた氏も、「大国主命の母神である櫛稲田姫を祀るお宮としては、あまりお粗末」だと考え、社殿の建立を決意したと述べている（米津三郎筆録『聞書小林徳一郎翁伝』六三頁）。ちなみに、出雲大社の神門通りに建つ白い大鳥居も氏の寄進である。

「大国主命の母神」とあるのは、小林氏が日本書紀第八段正伝の「八岐大蛇《やまたのをろち》」退治神話の知識を受けていたからで、「櫛稲田姫」に「櫛」の字を宛てるのは談話を筆録した米津氏の知識が混じっているからだろう。それはともかく、氏は広い土地を取得すると一九三一年に建設に着工し、中断を挟みながらも紀元二千六百年が目前に迫った三九年暮れに、道路の拡張を含めた神域の整備を成し遂げたのである（同前書、六四頁）。一八七〇年生まれの氏は、この時七〇歳だった。

稲田神社（仁多郡奥出雲町）の拝殿（左）と本殿（奥）

広島県境に近い山深い地に建つ社としては破格の規模をもつ稲田神社は、時代が移ると維持するのも困難になる。一時は改修もできない状態でこのまま荒廃するのかと気を揉んでいたので、小さくはなったが新しい本殿を拝して安心した。そして、あまりに身の丈に合わないものをもらうと、のちのち苦労する人が出てしまうという教訓を得たのだった。

社務所の座敷に上がり、庭を眺めながらいただいた蕎麦はとても美味だった。ただ、庭に立つスサノヲと稲田姫の石像は、どうにもアンバランスな感じがした。生誕地なのだし、稲田姫はもっと大きくていいのではないか。

17　鮭神社

雲南市大東町川井に、鮭神社がある。島根県民でも知っている人は少ないだろう。斐伊川の支流、赤川から分かれた阿用川上流の川沿いにある小さな祠だ。境内は広く、以前はもっと大きな社殿があったのかもしれないと思わせるような石鳥居と石灯籠が川に沿った道路に面して立っている。鳥居の柱には「鮭大明神」の文字と文化一三(一八一六)年の年号が、石灯籠には寄進者の名と文久元(一八六一)年の年号が彫られ、江戸時代後期には相当の信仰があったことを想像させる。

出雲国風土記や『延喜式』に名は出てこないが、『雲陽誌』(一七一七年成立)の大原郡川井の項に、「鮭大明神　神号いまだ考ず、社一間余、造営年暦しれず、祭礼九月九日」(四三五頁)とある。江戸時代の中期以前までは遡る神社である。

名称からみて阿用川を遡上するサケに対する信仰とかかわっているはずで、『雲陽誌』は神の名はわからないとするが、現在の祭神は豊玉姫である。全国的にみても鮭の名をもつ神社はめずらしく、よく知られているのは、遠賀《おんが》川《がわ》上流の鮭神社(福岡県嘉麻《かま》市《し》大隈)だが、その祭神も豊玉姫である。あるいはサケの遡上を祈願するために、九州から勧請されたとも考えられようか。

先に紹介したように、出雲国風土記には斐伊川(出雲郡条の「出雲の大川」)や神門川(神門郡)に、アユ・サケ・マスが遡上することが記されており(本書、一六五〜一六六頁参照)、ことに日本海側ではかなり西のほうの河川までサケは遡上していた。鮭神社の祀られている福岡県の遠賀川にも当然サケは遡上していたのである。

今も斐伊川には、まれにサケが遡上するようだが、洪水の多かった斐伊川の川筋が一七世紀前半に付け替えられ、宍道湖に流れ込むようになると、日本海から遡上するサケは斐伊川に入りにくくなり、上流で鮭神社を祀る人びとは影響を受けたのではなかったか。あるいはそうした土木事業の進行と、上流での鮭神社の勧請は連動しているのかもしれない。豊富に獲れる時は何もしないが、獲れなくなってはじめて神に頼むというようなことは起こりそうだと思うからである。

鮭神社(雲南市大東町)

川の付け替え、埋め立てや淡水化事業、取水堰の設置など、知らないところで行われる工事が原因で、上流に異変が起きていることがわかる時代であれば反対運動もできる。そうした事業が大規模に行われはじめる江戸時代、蚊帳の外に置かれた人に何ができたかということだ。

道路の脇に建てられた阿用地区の案内板には、鮭神社の例祭は一〇月三〇日、この例祭の日には神社の前の阿用川をサケが遡上し、例祭直後に下ると言われていると書かれていた。『雲陽誌』にある旧暦九月九日は新暦になおすと一〇月中旬から下旬、それはちょうど、サケが川を遡る時期である。

18　玉日女神社

斐伊川の支流の一つ大馬木川に「鬼の舌震《したぶるい》」と呼ばれる峡谷があり、県立公園になっている（仁多郡奥出雲町三成）。およそ二キロにわたり、切り立った谷底に巨石が転がったり積み重なったりしている。新緑や紅葉の美しさと、巨石のあいだを流れる渓流のさわやかさに誘われて、整備されたバリアフリーの遊歩道を歩く人が多く訪れる。

峡谷の下流に架けられた「舌震の恋吊橋」を渡って右岸の遊歩道を上流に少し進むと、崖の上に巨岩が聳え、その岩陰に小さな祠（玉日女神社）が建っている。多くの人は崖下の巨石群と清流を眺めながら歩いているので気づかないかもしれないが、この祠に祀られている女神が峡谷を造ったと、出雲国風土記には伝えられている。その伝えは、すでに紹介したので、本文についてはそちらをみてほしい（二六一頁）。

ワニとタマヒメとの関係をどのように読めばいいかということについても、すでにそちらで述べたので参照していただくとして、ワニが女神を「したって」遡上したという、そのシタフ（慕）が「舌震」になったとすると、オニ（鬼）はワニ（和爾）が訛ってオニになってしまったというのだろうか。それとも、鬼の舌震という名称と、川を石で塞いでワニの遡上を拒んだという話とはまったく別のものと考えたほうがいいのだろうか。

玉日女神社(仁多郡奥出雲町)

一六二頁に掲げた写真をみていただければわかると思うが、川の中に転がる岩は、言われてみればたしかに鬼の舌のようにも見える。見た目のイメージから連想は展開するのか、ことばの音から連想は広がっていくのか、どちらもあると思うのだが、ちょっと考えにくいような転がり方をするところに伝承のおもしろさはあるのだ。

タマヒメというのは神を迎える巫女の名だが、そのタマヒメを祀る阿伊の村の人びとは、昔は海辺に住み、海の神であるワニを始祖として祀っていたのではないかというようなことを前に書いた(一六〇頁以下)。ところが、何らかの事情でかれらは上流に生活の場を移し、そのために、海の神から別の神へと祭祀対象を変えることになって、石で塞き止めるという話はできた。

その、女神がワニを拒んだ場所に、今は「恋吊橋」という、高さ四五メートル、長さ一六〇メートルもある吊り橋が架かっている。棄てたいと思っている高所恐怖症の男を連れてくるのにはいいところかな、などと考えながらひとりでおっかなびっくり吊り橋を渡った。

19　意宇の杜

出雲国風土記意宇郡条に、ヤツカミヅオミヅノ（八束水臣津野命）という神が、北の海のかなたにある土地の余りを切り取り、綱を掛けて引き寄せて島根半島を作ったという壮大な神話がある。神話も神の名も風土記にしかみられず、四回の繰り返しを用いた長大な詞章は他に例がない。

童女《をとめ》の　胸鉏《むなすき》取らして　（ふくらみ初めたおとめの胸の、鋤を手にして）
大魚《おふを》の　キダ衝き別けて　（大きな魚の、鰓《えら》を目がけて銛《もり》を突き刺し）
はた薄《すすき》　ほふり別けて　（穂の出たススキのホのごと、屠《ほふ》り別けて）
三身《みつみ》の　綱うち挂《か》けて　（三つ編みの、頑丈な綱を掛けて）
霜黒葛《しもつづら》　繰《く》るや繰るやに　（つる草を引くごと、くるくると手ぐり寄せ）
河船《かはふね》の　もそろもそろに　（川舟を上流に引くごと、そろりそろりと）
国来《くにこ》国来《くにこ》と　（国よ来い、国よ来いと）

農具の鋤で土を深く掘り返すように、大きな魚の鰓を銛で突き刺すように大地を切り分け、丈夫な三つ編みの綱を掛け、国よ来い国よ来いと言いながら引き寄せ、島根半島の四か所に縫い付けたという。大きな神だ。今なら日韓関係が気にかかるが、それはひとまずお許しいただくとして、この整えられたみごとな詞章は、出雲を治める王に仕えるプロの語り部が、世襲的に受け継ぎながら、王の即位儀礼などの場で唱えてきた詞章であったらしい。

そして、神はその大事業を終えると、「（意宇の杜に）お持ちの杖を突き立てて、「意恵《おゑ》」と発せられた（御杖衝立而、意恵登詔）」と詞章の末尾にある。オヱというのは仕事を終える際の祝福のことばらしい。その杜は、郡家の東北辺りにある田の中の小山だという注が付いている。

意宇の杜（松江市竹矢町）

興味深いことに、オミヅノという神が杖を立てた杜と伝えるところが、現在も遺されている。場所は松江市竹矢町、国分寺跡と国庁跡を直線で結んだ中間点からやや東に寄った辺り。古代には国の中心部だが、今は広い田園の中を南北に走る農道の脇にある直径数メートルの木の繁みが意宇の杜と伝えられたところである。

比定地は他にもあって確定はできないが、本当ならよく遺ったものだと驚かされる。狭いながらも、杜にはタブの古木などが繁り、ここが神聖な場所として大切にされ、手をつけてはいけないと言い伝えられてきたというのがよくわかる、そんな場所である。

案内板によれば、今も一〇月一日に里の人による祭りが営まれているとあった。

20 オミヅノ

　前項で取りあげたヤツカミヅオミヅノ（八束水臣津野命、オミヅノはオミヅヌとも）は、島根半島を造ったと語られる出雲国風土記独自の国作り神話に登場する神である。それゆえに今も地元では大事にされていると思ったのだが、神話のほうは国引き大橋、くにびきメッセ、ちょっと古いがくにびき国体（一九八二年）、特急くにびき号など、よく使われるのに、国を引いてきた神の名のほうは存外知られていないようにみえる。

　オミヅノという名は「大水主《おほみづぬし》」を意味し、たくさんの水をほめるヤツカミヅという枕詞を付けた神名で、水を守る神という性格をもつのだろう。やはり、宍道湖、中海を出雲国風土記では入り海と呼ぶが、その入り海の神がヤツカミヅオミヅノと考えられていたのかもしれない。

　最初に国を引いた時に使った綱が浜になったという薗ノ長浜に近い出雲市西園町上長浜には、この神を主祭神とする長浜神社があるが、意宇の杜の近辺（出雲国の東部）に祀られていると都合がいい。「国引き」詞章の最後で意宇の杜に杖を立てて国引きの終了を宣言しており、四回に分けた国引きも島根半島を西から東へと移動するかたちで語られ、詞章の全体が東部の意宇地方を基点にして俯瞰的に語られているからである。ところが東部には、この神を祀る神社は見当たらない。
西園町にある長浜神社だが、『雲陽誌』神門郡の西園に「妙見社」が出てきて、そこに、「意美定《いみさだ》

長浜神社(出雲市西園町)に飾られている綱引きの綱

努《ぬの》命をまつる(略)園松山神社といふべきを妙見社とは如何なるゆへにや」とあるのを見つけた(六七一頁)。祭神の意美定努に「いみさだぬ」という振りがなが付いているが、「定」は別の字を誤って伝えたもので、国引きをしたオミヅノ(オミヅヌ)とみて誤るまい。ただ、風土記にも『延喜式』にもそれらしい神社は見つからず、どこまで遡るかはわからない。

「国引き」詞章が、王に仕える語り部によって儀礼の場で唱えられていたことは前項でふれた。その王こそがヤマト(倭)の勢力に制圧されヤマトに服属する以前の出雲国造家の先祖だったらしい。国造家の前身は、意宇地方を拠点として広範な地域に勢力を築いたオウ(意宇/淤宇)と呼ばれる一族であり、その祖先神のひとりがオミヅノだったのかもしれない。

あるいは同一神かと思われる神が古事記に出てくる。スサノヲ(須佐之男命)とクシナダヒメ(櫛名田比売)との結婚から始まる系譜の五代目に登場するオミヅヌ(淤美豆奴神)である。オホクニヌシ(大国主神)の二代前にあたるが、スサノヲも含めていずれも巨大な神として語られているところからみても、国引きの神がここに名を連ねているのは納得できる。

長浜神社の拝殿には、毎年一〇月に行われるジャンボ綱引き大会の綱が飾られていた。

21 アメノホヒ

神に護られて人は幸せに暮らすことができるし、神は人に祀られることによって穏やかに過ごすことができる。人と神とは相互に依存しあう関係にあって、そのバランスがとても重要である。その点で、国引きという大事業を成し遂げたオミヅノ(臣津野)への対応にはもう少し誠意があってもいいのではないか。そしてもう一柱、アメノホヒ(天菩比神/天穂日命)の扱いも気にかかる。

高天の原のアマテラスが地上を欲しくなり使者を何度も派遣する、近代になって「国譲り」と名付けられた神話において、高天の原から最初に遣わされるのがアメノホヒだ。この神は、古事記でも日本書紀でもオホクニヌシ(大国主神)に簡単に丸め込まれて地上に留まりながら、日本書紀ではアメノホヒが、古事記ではその子タケヒラトリ(建比良鳥命)が出雲臣の祖になったと伝えている。

ところが現在、アメノホヒは能義《のぎ》神社(安来市能義町)の主祭神として祀られるほかは、ほとんど知られていない。タケヒラトリに至っては、島根県内で祭神として祀る神社は存在しないのではないか。どうしてそのような扱いになってしまうのだろう。

能義神社は、出雲国風土記や『延喜式』に出てくる野城《のぎ》社のことだが、出雲国造家の本拠は古くは意宇の地にあり、出雲臣は元はオウ(意宇/淤宇)と呼ばれる一族らしいので、地理的には圏内にあって問題はない。しかし、出雲国風土記「野城の駅《うまや》」条に登場する野城大神とアメノホヒとの関係がわからない上に、アメノホヒが降りてきたのは、国造家の本貫である神魂神社（松江市大庭町）の辺りとするのが有力なので、アメノホヒとその子タケヒラトリが祀られるとすれば、大庭の近辺がもっともふさわしいようには思う。

国造家の祖神でありながら、現在の能義神社のさまは、県内の主要な神社の賑わいを目にすると、どうにもやるせない。大祭の折には、今も出雲大社から千家宮司が参拝するということだが、祖神に対する祭祀という点では物足りない。

能義神社（安来市能義町）

たしかに、古事記に語られるような、高天の原から地上に派遣されながら、「すぐにオオクニヌシにへつらい靡《なび》いて、三年を経るまで報告もしなかった（乃媚附大国主神、至于三年不復奏）」という神では、祀る気も失せそうだが、国造家が自らの縁起として伝える「出雲国《いづものくにの》造《みやつこの》神賀詞《かむよごと》」では、みごとに任務を果たしているではないか。

そのようなことを考えると、アメノホヒは国造家の元来の祖神ではなく、ヤマトによる出雲制圧ののちに、「国造」という栄誉を授かるのと引き換えに、ヤマトの側から押しつけられた新たな祖先神かもしれないと考えてみたりする。

22　銅鳥居

出雲大社（出雲市大社町杵築東）の参道を進み、手水舎から荒垣正門に立つ銅鳥居をくぐって拝殿に向かう。この鳥居は、寛文の造営時に長州藩第二代藩主の毛利綱広が寄進したもので（一六六六年造立）、左右の柱には鳥居の意味や造立の次第が漢文で彫られている。その冒頭部分、日本書紀を元にイザナキ（伊弉諾尊）とイザナミ（伊弉冊尊）が日・月神とスサノヲの三神を生んだことを述べたあと、「素戔嗚尊は雲陽大社の神なり（素戔嗚尊者雲陽大社神也）」と彫られている（写真、右）。

中世史や神道史の研究者は、この雲陽大社を出雲大社のこととみなし、彫られた文章を一つの証拠として中世には出雲大社はスサノヲを祀っていたと主張する。たしかに中世文献にはそうした説が広く認められるが、出雲大社の神官までもがすべてそう認識していたかどうかは定かではない。少なくとも、一七世紀半ばに彫られた銅鳥居の雲陽大社を出雲大社とみる解釈は間違っているとわたしは主張している。それは鳥居の文章全体を読めばわかるはずである。

鳥居に彫られた漢文の後半部で、毛利氏が銅鳥居を寄進したいきさつを記す部分に、「今ここに幕府の命あり出雲大社を改造するは誠によろこばしい（今茲有台命改造出雲大社誠哉乎）」とあり、雲陽大社とは別に「出雲大社」という名称が出てくるのである（写真、左）。全体で二〇〇字あまりの文章のなかで、同一の神社を二つの名で記すとは考えにくい。漢詩などの場合、同字重出を避けるという規則はあるが、ここは説明の文章であり、同じ神社を別の名前で書き記すと混乱が生じてしまう。とすれば当然、スサノヲを祀るという雲陽大社は、出雲大社ではないと考えるべきだ。

雲陽というのは、甲斐国を甲陽というのと同じく出雲国をほめた呼び名だが、出雲大社を除いて出雲国を代表する大社はどこかと言えば、熊野大社以外には考えられない。しかも、現在、熊野大社の祭神は、「出雲国造神賀詞」以来変わることなく「伊射那伎日真名子加夫呂伎《いざなぎのひまなごかぶろぎ》熊野大神櫛御気《くしみけ》野命《ぬのみこと》」であることは、前に「熊野大社」の項で述べた(二四〇頁)。松江城下に近く一宮でもある熊野大社が、スサノヲを祀る雲陽大社だとみるのは誰が考えても妥当な見解だ。

それなのに、雲陽大社を出雲大社とみるような単純な誤読が研究者から始まり、今や出雲大社のボランティアガイドの解説にまで波及しているのはなぜなのか。わたしには不思議でならないことの一つだが、おそらく鳥居の文章全体を読まずに、最初の部分に出てくる「素戔鳴尊者雲陽大社神也」をみて、鳥居が立っているのは出雲大社だから、雲陽大社は出雲大社だと思い込んでしまったのではないか。そんなばかなと思いつつ、ありそうな早とちりだと我が身を自戒する。

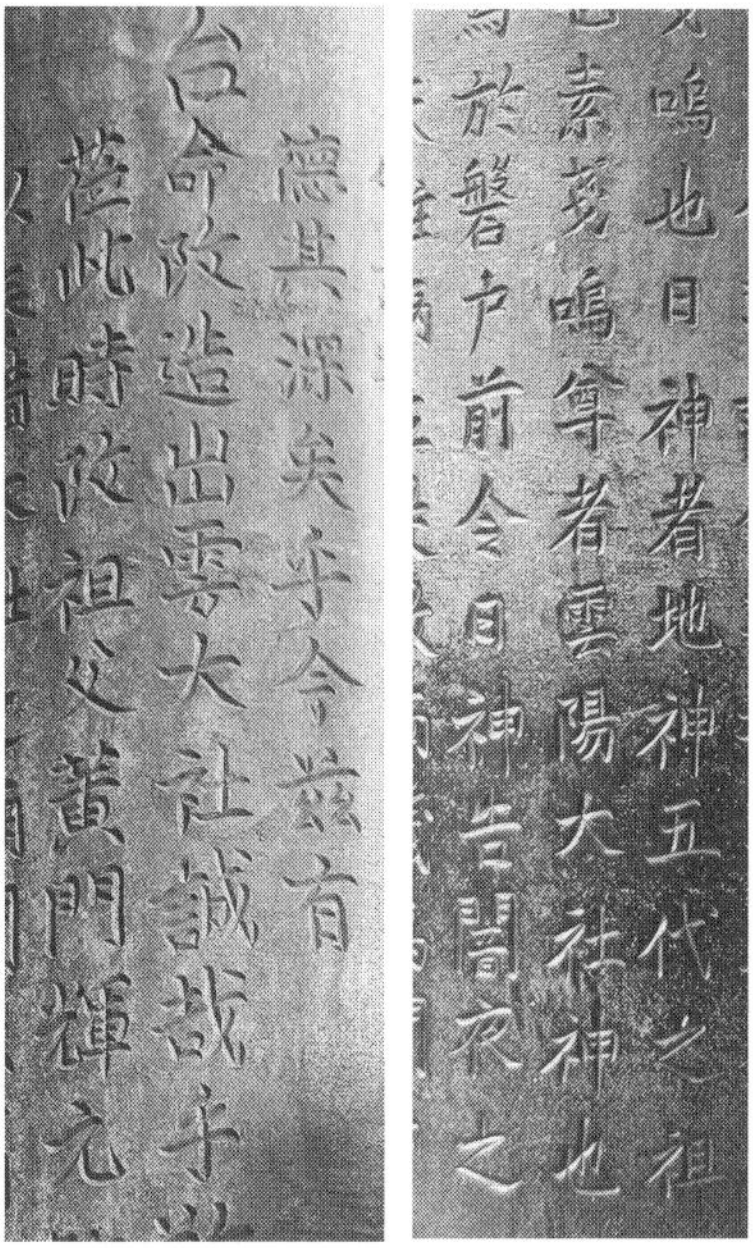
出雲大社(出雲市大社町)の銅鳥居

23 オホクニヌシの住まい

二〇〇〇年四月二九日の朝刊各紙は、前日、杉の大木三本を一本に束ねた巨大な柱が、出雲大社本殿前の地下から出土したことをトップニュースで報じた。考古学者や建築史家も驚いたが、古事記を研究するわたしにも、証拠の品が出たというのは衝撃的な出来事であった。出土したのは鎌倉時代一二四八（宝治二）年造営時の柱だとしても（松本岩雄「大社造と九本柱建物遺構」）、神話に描かれた世界が眼の前に現れたように思えたからである。

古事記によれば、兄神たちによるいじめを避けて根の堅州の国に出かけたオホナムヂ（大穴牟遅神）は、スサノヲ（須佐之男命）から課せられたさまざまな試練をスセリビメ（須勢理毘売命）やネズミの援助を受けて克服すると、スサノヲの神宝を奪って地上に逃げ出す。するとスサノヲは、遠く逃げるオホナムヂに向けて、神宝の大刀と弓矢で兄や弟の神たちを倒し、お前がオホクニヌシ（大国主神）となり、娘スセリビメを正妻として、「宇迦《うか》の山のふもとに土を深く掘りさげて底の磐根《いわね》に届くまで宮柱を太く突き立て、高天の原に届くほどに屋の上の氷椽《ひぎ》を高く聳やかして住まえ（於宇迦能山之山本於底津石根宮柱布刀斯理、於高天原氷椽多迦斯理而居）」と祝福する。そのことば通りに兄たちを倒し、はじめて国を作った、そのように古事記は語っている。

この、地上の王者オホクニヌシ誕生の謂われを語る神話に照らせば、スサノヲに祝福された通りに自らの居所として建てたのが出雲大社のはじまりだということになる。一方、日本書紀の異伝の一つでは、地上の統治権を要求した高天の原の神がみが、その交換条件として申し出て建てたのが出雲大社だと伝えている（第九段一書第二）。正伝では社殿の建立などの交換条件は出てこないわけで、編纂段階においては副次的な神話であったはずの日本書紀一書の考え方が大方の支持を集め、現在の出雲大社の見解もそれに従っている。しかし古事記では、地上を制圧にきたタケミカヅチ（建御雷神）に屈したオホクニヌシは、住処を建ててくれというような条件は出しておらず、わが住所《すみか》を「治め賜《たま》はば（治賜者）」としか述べていないのである。些細なことのようだが、古事記が語る内容は、イヅモとヤマト（倭）との関係を考える場合に、あだやおろそかにはできない場面だと思う。

出雲大社本殿前の三本柱出土跡

出雲大社は南面しており、参拝者は北に向かってオホクニヌシを拝むかたちになっている。ところが、神殿のなかでオホクニヌシは西に向いており（三浦『古事記の神々』一一二頁以下）、参拝者にはそっぽを向いて鎮座しているのである。それを知っている参拝者は、西の側面にまわってオホクニヌシを拝んでいるし、小さいが賽銭箱もそこには準備されている。なぜオホクニヌシは西を向いているかは謎だが、わたしはその先に根の堅州の国があるのではないかと思っている。

24 粟島神社

鳥取県の米子駅から空港に向かって中海沿いの道を少し行くと、左手に小山が見える。国境の島、粟島《あわしま》(米子市彦名町)である。といっても今は粟島は島ではないし、鳥取県に所属することに横やりを入れる者などいない。ところが奈良時代まで溯るとややこしい。

出雲国風土記をみると、意宇郡にある島を列挙した項の最初に、「粟島 [シイ・マツ・アワキ・オオタケ・マサキらのカズラがある]」(粟嶋 [有椎・松・多年木・宇竹・真前等葛])」とあって、出雲国に所属していた。ところが粟島に関して『釈日本紀』巻七が、伯耆国風土記(逸文)会見(相見)郡の記事として、粟島のことを次のように記しているのである。

郡家《ぐんけ》の西北に余戸《あまりべ》の里があり、粟島がある。少日子《すくなひこ》の命が粟を蒔くと、粟穂がたわわに茂った。すると粟に登り、弾かれて常世国に渡った。それで、粟島という。

(郡家西北有余戸里、有粟嶋。少日子命蒔粟、莠実離々。即載粟、弾渡常世国。故、云粟嶋也)

出雲と伯耆がともに粟島を自国領とするのは、風土記が編纂された当時、粟島は中海(出雲国風土記では「入り海」)に浮かぶ島で、人も住んでいなかったためかと思う(「余戸里」とあるのは、粟島がその里に所属しているということで人が住んでいたということではない）。領土争いがあったかどうかはわからないが、出雲も伯耆も自分のところに所属すると考えて記載したのだろう。

古事記の神話をみても、スクナビコナ（少名毘古那神）がどこから、どのようにして常世国に渡ったかは記していない。一方、例外的に出雲の神がみの神話を載せる日本書紀第八段一書第六は、「熊野の御碕」から常世に渡ったと伝えるが、そのあとに「亦曰《またいは》く」として、スクナヒコナ（少彦名命）は淡島に行き粟の茎に登り、弾かれて渡ったとも記す。

粟島（米子市彦名町）の山頂から中海の眺め

そもそも、粟島・淡島と名付けられた島は全国にあり、粟の粒のような、海面の泡のような小さな島というので名付けられている。だからどこにあってもいいが、カブトムシの角のように突き出した弓ヶ浜半島の付け根がまだ海だった時代、中海にぽかりと浮かぶ粟島は、小さな神スクナヒコが活躍する神話の舞台としてとても似つかわしく、有力な比定地の一つとはいえるだろう。

現在の粟島は、粟粒というよりは米粒のような形をした標高三六メートルの小山で、島全体がスダジイやタブノキ・モチノキなどの照葉樹林に覆われ、百数十段の石段を上った頂に粟島神社が建ち、少彦名命が祀られている。西に広がる中海は埋め立てられて狭くなってはいるが、山頂に立って木のあいだから海を眺めていると、西のほうに飛んで行きたい気分になる。

25 宗形神社

米子駅の南東、米子南インターから数百メートル南に行った丘の麓に宗形神社(米子市宗像)がある。大山《だいせん》を神の山として祀る大神山《おおがみやま》神社(西伯郡大山町大山)とともに、『延喜式』神名帳の会見郡条に「胸形神社」の名で登録されている古社である(会見郡で登録されているのは二社のみ)。

それよりも前、斉衡《さいこう》三(八五六)年八月五日に、朝廷は伯耆国の六神にそろって神階を与えており、「宗形神」も従五位上に叙せられている(『日本文徳天皇実録』)。大山神は一階上の正五位下であったが、この時の、伯耆国の六神に限って神階を与える理由は何も記されていない。前の月に何度も地震が起こっており(場所は不明)、呪者たちを神泉苑に集めて占いをさせたりもしているので(八月一日)、地震の鎮静祈願とかかわるのではないかと想像するばかりである。

宗形神社の祭神は、田心《たぎり》姫命・湍津《たきつ》姫命・市杵島《いちきしま》姫命の姉妹三神である。その本拠は、世界遺産として有名な玄界灘に浮かぶ沖ノ島をはじめとした三か所に別れて祀られる宗像大社(福岡県宗像市)であり、海の民である宗像氏が斎き祀る神である。宗像氏は、玄界灘を中心として、朝鮮半島との航海の一翼を阿曇氏とともに担い、日本海にも瀬戸内海にも勢力をもつ海の民の最有力の一族である。その海の民の一族である宗像氏は、米子市宗像の地にも古代以来住んでいたらしい。

宗形神社の建つところから南東に位置する丘陵には、弥生時代から古墳時代にかけての大きな集落（福市遺跡・青木遺跡）があった。そして、古代の米子平野は海がずっと奥に入り込んでおり、今は内陸に位置する宗像の辺りは海に近く、海の民の拠点があったというのは納得しやすい。

古事記は、オホクニヌシ（大国主神）が三女神のなかのタキリビメ（多紀理毘売命）と結婚してアヂスキタカヒコネ（阿遅鉏高日子根神）とその妹タカヒメ（高比売命）が生まれたという出雲の神と宗像の女神との結婚を伝えている。この系譜がわれわれに教えてくれるのは、日本海を通して九州と出雲とは深くつながっていたということである。律令制度のなかでは、宗形神社があるのは伯耆国だが、古い時代には、出雲と伯耆とは一つの文化圏を構成していたと考えたほうがいい。

宗形神社（米子市宗像）

出雲国風土記の「国引き」詞章では、新羅《しらき》や高志（北陸地方）は、日本海を挟んで出雲の対岸にある地と認識されている。そうした発想は、それらの土地が海を挟んでつながっていたと考えなければありえない。われわれは通路というと陸の道を考えてしまうが、古代の日本海沿岸は、海こそが道として存在し離れた土地をつないでいたのである。

中央集権的な国家ヤマトが成立する以前、列島の日本海側の地域が、海の道を通して大陸の各地とつながっていた時代を考えたいわたしにとって、宗像の神がここに祀られているというのは、とても重要な証拠が遺されているようにみえる。

26 高層神殿

なんども、島根県とその周辺の神社や遺跡を歩いてきて思うのは、ラフカディオ・ハーンが「神の国」と呼んだ出雲国は、たしかに神がみの群れる世界だということに尽きる。出雲国風土記によれば、国内には三九九の社があって、そのうちの一八四社が、中央の神祇官《じんぎ》に登録されていると記されている。

この数字を、同時代（八世紀）の他の諸国と比較する資料はないが、本書でもたびたび利用させてもらった『延喜式』には全国の神社が網羅されており、一〇世紀頃の実態については知ることができる（その巻を神名帳《しんめいちょう》、登録された神社を式内社《しきないしゃ》と呼ぶ）。それによると出雲国の神社数は一八七座とあって奈良時代とほとんど変化がない。平城京のあった大和国に二八六座、天皇家の祖先神が祀られる伊勢国に二五三座が登録されていて圧倒的な数を誇るが、中央から隔てられた出雲がその二国に続く第三位の多さである。

神名帳の山陰道諸国のうち因幡国以西をみると、因幡国五〇座、伯耆国六座、石見国三四座、隠岐国一六座とあり、出雲国の神社数が桁外れであることはよくわかるだろう。畿内とその周辺の大国を除けば、山陰道に限らずどこの国も神社数は二桁である。

しかも数が多いというだけではなく、昔も今も出雲を代表する出雲大社は、出雲国風土記にも神名帳にも「杵築大社」とあって、「大社」の称号が与えられている。出雲国風土記にはもう一社「熊野大社」(神名帳には「熊野坐神社」とあって大社ではない)の名が見えるが、神名帳で大社と称するのは全国でも杵築大社しか存在しない(現在は大社を名乗る神社は多い)。その背後に、古事記や日本書紀に語られる高天の原の神がみによる出雲の神の制圧という神話(いわゆる国譲り神話)が響き合っているのは明らかであろう。

角田遺跡(米子市淀江町)出土の大壺(上淀白鳳の丘展示館)

名前が大社というだけではなく、実際の杵築大社が、他に例をみない威容を誇る高層神殿をもつ社として、古代以来、出雲の地に聳えていた。西暦二〇〇〇年に発掘された三本柱が中世に遡ることは前にもふれたが、その起源は弥生時代にまで遡る。というのは、米子市淀江町の角田《すみた》遺跡で発掘された大きな壺(一九八〇年出土、弥生時代中期)に描かれた高層建造物は、日本海沿岸のどこかに実際に建っていたと考えられるからである。それは日本海沿岸地域に特徴的な文化の一つであり、その長い歴史の上に、今に続く出雲の神がみは存在するのだと思う。

手弱女《たわやめ》なので「天《あめ》の神庫《ほくら》」に登ることはできないといって神祀りを拒む女性がいるが(日本書紀、垂仁八七年二月条)、写真にあるような長い梯子を昇り降りして神を祀らなければならないとすれば、シャーマンとはまさに命懸けの仕事である。

あとがき

それぞれの土地に伝えられた話を、過不足なく紹介することはできただろうか。

印刷所から上がってきたゲラを読みはじめて、ずいぶんたんたんとしていると思った。漢字を宛てるなら坦坦か淡淡か、いずれにしても静謐な感じがして、今の騒がしい世に出す本としていかがなものかと思う。ただ、内容を勘案して「博物誌」と名付けた書物がざわついていたり起伏がありすぎたりするのはまずいから、その点で本書は、潭潭として深淵に臨むがごとき境地に達して、書名にふさわしい内容と文体に満ち満ちていると自讃してよかろう(いささか回りくどい)。

この本は、岩波書店広報誌『図書』に書き継いだ「風土記博物誌」(二〇一八年二月～二〇年一月、二四回)と、『朝日新聞』朝刊島根版の連載「出雲の神がみを訪ねて」(二〇一九年四月～二一年一一月、二九回のうちの二六回)とを連結し、推敲をかさねて一冊に仕上げた。

前者は、ある程度の分量(一回あたり原稿用紙一二枚ほど)があったので、必要なところでは専門的な議論に入りつつ、わたしの読みを優先して風土記の伝承から掘り出せる七、八世紀の列島のさまを、多面的に紹介できるように心がけた。後者は二枚ほどの短い文章に写真を添えるという体裁だったので、通い続けた出雲への感謝をこめた紀行エッセイをめざし、島根総局長の小西孝司さんと、次長の塩原賢さん、記者の清水優志さんにご面倒をおかけしつつ、楽しく書かせてもらった。偶然にも、若い清水さんが、わたしの大学・大学院時代のゼミの後輩（というか研究室の野球チームのバッテリー）のご子息だったというのは、大社さんのいたずらか。残念だったのは、新型コロナウイルスの感染拡大のために、連載中、二度しか島根県へ行けなかったことである。

『図書』の連載および書籍化に関しては、最初から最後まで渡部朝香さんに細やかな配慮をいただいた。しばらく前から一箱店主として書店営業をはじめ、本を売ることの困難さを身をもって味わわされているわたしには、「現代の流行」から外れ、「自己の狭隘なる趣味を以て他人に強ひんとする」（柳田国男『遠野物語』）がごとき不作法なる一書を世に出していただく岩波書店には、頭を垂れて感謝するほかに術がない。とりわけ、まとめ役の渡部さん、校正および装丁に腐心していただいた制作の方がた、続いてご助力いただく広告や営業担当のみなさんに衷心より御礼を申し上げる。その厚情に報いるべく、弱肩《よわがた》に太襷《ふとだすき》取り掛けて販促に邁進する所存である。

また、連載中あるいはそののちに、何人もの読者から批正、教示、質問などを頂戴し、それらは今回の見なおしに際して大いに参照させていただいた。いちいちお名前を掲げることはできないが、この場を借りて謝意を添えさせていただく。

八世紀のはじめ、あちこちの土地の伝えが拾いあげられ、一三〇〇年の時を経て現在に遺された。その奇蹟のことばたちに向きあい、そこから授けられた刺激を『風土記の世界』『風土記博物誌』という二つの書物にまとめることができた幸運を、今ここに嚙みしめている。

二〇二二年、七七回目の八月二一日に

三浦佑之

参考文献一覧

【本文】

風土記　日本古典文学大系『風土記』秋本吉郎校注、岩波書店、一九五八年［略称、大系本風土記］
新編日本古典文学全集『風土記』植垣節也校注・訳、小学館、一九九七年［略称、全集本風土記］
旧版角川文庫『風土記』小島瓔禮校注、角川書店、一九七〇年［略称、小島本風土記］
『風土記　常陸国・出雲国・播磨国・豊後国・肥前国』沖森卓也・佐藤信・矢嶋泉編、山川出版社、二〇一六年［略称、山川本風土記］

古事記　日本古典文学大系『古事記　祝詞』倉野憲司校注、岩波書店、一九五八年
日本思想大系『古事記』青木和夫ほか校注、岩波書店、一九八二年
新編日本古典文学全集『古事記』山口佳紀・神野志隆光校注・訳、小学館、一九九七年

日本書紀　日本古典文学大系『日本書紀』上・下巻、坂本太郎ほか編、岩波書店、一九六五・六七年［略称、大系本日本書紀］
新編日本古典文学全集『日本書紀』三冊、小島憲之ほか校注・訳、小学館、一九九四・九六・九八年

その他　『万葉集　全訳注原文付』四冊、中西進、講談社文庫、一九七八〜八三年
『続日本紀　一』新日本古典文学大系、青木和夫・稲岡耕二・笹山晴生・白藤禮幸校注、岩波書店、一九八九年
『日本文徳天皇実録』国史大系、黒板勝美・国史大系編修会編、吉川弘文館、一九七四年
『先代旧事本紀　訓註』大野七三校訂編集、批評社、二〇〇一年
『延喜式』国史大系、普及版三冊、黒板勝美・国史大系編修会編、吉川弘文館、一九七四年
「出雲国造神賀詞」（日本古典文学大系『古事記　祝詞』武田祐吉校注、岩波書店、一九五八年）
『釈日本紀』国史大系、黒板勝美編、国史大系刊行会・吉川弘文館、一九三二年

『三宝絵詞』上、江口孝夫校注、現代思潮社、一九八二年
『詞林采葉抄』(宮内庁書陵部蔵本、https://kotenseki.nijl.ac.jp/biblio/100018241)
『塵袋』1・2、大西晴隆・木村紀子校注、東洋文庫、平凡社、二〇〇四年
『大山寺縁起』佐々木一雄編、稲葉書房、一九七一年
「元禄七年九月一〇日付杉風宛書簡」(日本古典文学全集『松尾芭蕉集』井本農一・堀信夫ほか校注・訳、小学館、一九七二年)
『雲陽誌』黒沢長尚編、歴史図書社、一九七六年

【辞典・事典類】

『広辞苑』第七版(岩波書店)、『大漢和辞典』(大修館書店)、『角川　新字源　改訂新版』(KADOKAWA)
『時代別国語大辞典　上代編』三省堂、一九六七年
『国史大辞典』第四巻・第一一巻、吉川弘文館、一九八四年・一九九〇年
『大阪府の地名Ⅱ』日本歴史地名大系28、平凡社、一九八六年
『兵庫県の地名Ⅱ』日本歴史地名大系29Ⅱ、平凡社、一九九九年
『鳥取県の地名』日本歴史地名大系32、平凡社、一九九二年
『佐賀県の地名』日本歴史地名大系42、平凡社、一九八〇年
ウェブ・サイト「ジャパンナレッジ(パーソナル)」https://japanknowledge.com/personal/

【注釈書・研究書・研究論文、その他】

赤坂憲雄『性食考』岩波書店、二〇一七年
――『性食の詩学へ』(二〇一九年から「WEB岩波」連載、現在休載中)
赤坂憲雄・三浦佑之『列島語り　出雲・遠野・風土記』青土社、二〇一七年
網野善彦『無縁・公界・楽　日本中世の自由と平和』平凡社選書、一九七八年
――『網野善彦著作集　第一〇巻　海民の社会』岩波書店、二〇〇七年
飯泉健司『播磨国風土記神話の研究　神と人の文学』おうふう、二〇一七年

石川理夫『温泉の平和と戦争　東西温泉文化の深層』彩流社、二〇一五年
――『温泉の日本史　記紀の古湯、武将の隠し湯、温泉番付』中公新書、二〇一八年
石塚尊俊『古代出雲の研究――神と神を祀るものの消長』佼成出版社、一九八六年
稲村賢敷『宮古島旧記並史歌集解』琉球文教図書株式会社、一九六二年
井上通泰『播磨国風土記新考』大岡山書店、一九三一年
――『豊後国風土記新考』巧人社、一九三四年
――『肥前国風土記新考』巧人社、一九三四年
岩田芳子「『播磨国風土記』「異剣伝説」をめぐって」(『風土記研究』第三七号、二〇一五年)
内田賢徳「「目一つの鬼」という潤色　出雲国風土記述作の一面」(『風土記研究』第三四号、二〇一〇年)
大塚初重編『史話　日本の古代四　巨大古墳を造る　倭王の誕生』作品社、二〇〇三年
岡本雅享『千家尊福と出雲信仰』ちくま新書、二〇一九年
折口信夫「古代生活の研究　常世の国」(『古代研究(民俗学篇1)』所収、『折口信夫全集』第二巻、中央公論社、一九五五年)
亀田修一「播磨の渡来人」(播磨学研究所編『播磨国風土記　はりま1300年の源流をたどる』神戸新聞総合出版センター、二〇一六年)
ケネス・ルオフ『紀元二千六百年　消費と観光のナショナリズム』木村剛久訳、朝日新聞出版、二〇一〇年
小島瓔禮「精進魚類物語と口承文芸」(『日本民俗学　会報』第三六号、一九六四年)
――「オホクニヌシと因幡の白兎」(門田真知子編『比較神話から読み解く　因幡の白兎神話の謎』今井出版、二〇〇八年)
西郷信綱『日本の古代語を探る』集英社新書、二〇〇五年
斎藤たま『野にあそぶ　自然の中の子供』平凡社ライブラリー、二〇〇〇年
斎藤成也『核DNA解析でたどる日本人の源流』河出書房新社、二〇一七年
佐竹昭広「起源説話の謎」(日本古典文学大系『風土記』月報、岩波書店、一九五八年)
島根県古代文化センター編『いにしえの島根ガイドブック　第4巻　暮らしを探る』島根県教育委員会、一九九六年

——『出雲国風土記——地図・写本編』八木書店、二〇二二年
島根県立古代出雲歴史博物館編『倭の五王と出雲の豪族　ヤマト王権を支えた出雲』島根県立古代出雲歴史博物館、二〇一四年
島根県立八雲立つ風土記の丘編『出雲型子持壺の世界』島根県立八雲立つ風土記の丘、二〇一一年
瀬川拓郎『縄文の思想』講談社現代新書、二〇一七年
関　和彦『『出雲国風土記』註論』明石書店、二〇〇六年
関敬吾編『一寸法師・さるかに合戦・浦島太郎——日本の昔ばなし(Ⅲ)』岩波文庫、一九五七年
関敬吾・野村純一・大島広志編『日本昔話大成』第一一巻、資料篇、角川書店、一九八〇年
銭本健二・小泉凡編「ラフカディオ・ハーン年譜」(『ラフカディオ・ハーン著作集』第一五巻、恒文社、一九八八年)
高橋克壽「人物埴輪の登場と大和政権」(島根県立古代出雲歴史博物館編『倭の五王と出雲の豪族』所収)
瀧音能之『風土記説話の古代史』桜楓社、一九九二年
田中荘介『播磨国風土記とところどころ』編集工房ノア、二〇〇三年
谷川健一『日本の地名』岩波新書、一九九七年
辻尾榮市『舟船考古学《ふねのこうこがく》』ニューサイエンス社、二〇一八年
出口晶子「日本の伝統的船舶の系譜」(『海と列島文化　第一〇巻　海から見た日本文化』小学館、一九九二年)
——『ものと人間の文化史98　丸木舟』法政大学出版局、二〇〇一年
中西　進『古事記を読む4　河内王家の伝承』角川書店、一九八六年
中村羊一郎『イルカと日本人　追い込み漁の歴史と民俗』吉川弘文館、二〇一七年
西本豊弘「ブタと日本人」(西本豊弘編『人と動物の日本史1　動物の考古学』吉川弘文館、二〇〇八年)
野本寛一『自然災害と民俗』森話社、二〇一三年
——『生きもの民俗誌』昭和堂、二〇一九年
——『採集民俗論』昭和堂、二〇二〇年
野村純一「「鮭の大助」の来る日」(『野村純一著作集　第一巻　昔話伝承の研究〈上〉』清文堂、二〇一〇年)
広瀬和雄編『考古学の基礎知識』角川選書、二〇〇七年

深津正・小林義雄『木の名の由来』東京書籍、一九九三年
福井卓造・鈴木勉「古代文学と技術移転(2) 刀匠を驚かした申屈する剣(播磨国風土記讃容郡条より)」(『文化財と技術』第五号、工芸文化研究所、二〇一三年)
藤川裕司「宍道湖刺網漁業実態調査(宍道湖・中海水産振興事業)」(『平成一七年度 島根県内水面水産試験場事業報告』島根県内水面水産試験場、二〇〇六年)
藤田富士夫『古代の日本海文化 海人文化の伝統と交流』中公新書、一九九〇年
古市晃「弓削大連と播磨の物部」(坂江渉編『風土記からみる古代の播磨』神戸新聞総合出版センター、二〇〇七年)
古橋信孝「古代英雄物語と歌謡──「祭式と神話」と「英雄の物語」そして歌謡」(『講座日本の神話6 古代の英雄』有精堂出版、一九七六年)
毎日新聞西部本社学芸部「沖ノ島の素顔」(『海の正倉院 沖ノ島』毎日新聞社、一九七二年)
間壁忠彦・間壁葭子『日本史の謎・石宝殿』六興出版、一九七八年
益田勝実『火山列島の思想』筑摩書房、一九六八年
増田寧『風土記ロマン 読む 歩く 見る『常陸国風土記』入門ノート』崙書房出版、二〇一七年
松井章『環境考古学への招待──発掘からわかる食・トイレ・戦争』岩波新書、二〇〇五年
松本岩雄「大社造と九本柱建物遺構」(千家和比古・松本岩雄編『出雲大社 日本の神祭りの源流』柊風舎、二〇一三年)
丸山巌『出雲国風土記の植物』島根県立八雲立つ風土記の丘友の会、一九八七年
三浦佑之『浦島太郎の文学史 恋愛小説の発生』五柳書院、一九八九年
──「話型と話型を超える表現──ホムチワケとサホビメ」(『古代叙事伝承の研究』勉誠社、一九九二年)
──「オケとヲケ──シンデレラ・ボーイの物語」(『古事記講義』文春文庫、二〇〇七年)
──『平城京の家族たち ゆらぐ親子の絆』角川ソフィア文庫、二〇一〇年
──『日本霊異記の世界──説話の森を歩く』角川選書、二〇一〇年
──『古代研究 列島の神話・文化・言語』青土社、二〇一二年
──「西のワニと北のサケと」(『古代研究 列島の神話・文化・言語』青土社、二〇一二年)

――『風土記の世界』岩波新書、二〇一六年
――「鯨を獲る人と舟」(『古事記学者《コジオタ》ノート　神話に魅せられ、列島を旅して』青土社、二〇一七年)
――『出雲神話論』講談社、二〇一九年
――『古事記の神々　付古事記神名辞典』角川ソフィア文庫、二〇二〇年
――「ゑらく神がみ――ヱムとワラフとのあわい」(『神話と歴史叙述［改訂版］』講談社学術文庫、二〇二〇年)
――『増補　日本古代文学入門』角川ソフィア文庫、二〇二一年
溝口睦子「記紀神話解釈の一つのこころみ」上・中の一・中の二・下(『文学』一九七三年一〇月・一二月・七四年二月・四月)
茂在寅男『古代日本の航海術』小学館、一九七九年
文部省編『神武天皇聖蹟調査報告』文部省、一九四二年
柳田国男「二十五箇年後」(『雪国の春』所収、『柳田國男全集』第三巻、筑摩書房、一九九七年
――「ダイダラ坊の足跡」(『一目小僧その他』所収、『柳田國男全集』第七巻、筑摩書房、一九九八年)
――「大人弥五郎」(『妖怪談義』所収、『柳田國男全集』第二〇巻、筑摩書房、一九九九年)
――「根の国の話」(『海上の道』所収、『柳田國男全集』第二一巻、筑摩書房、一九九七年)
矢野憲一・矢野高陽『ものと人間の文化史151　楠』法政大学出版局、二〇一〇年
山賀　進『科学の目で見る　日本列島の地震・津波・噴火の歴史』ベレ出版、二〇一六年
山本　清「出雲国風土記」(上田正昭編『日本古代文化の探究　風土記』社会思想社、一九七五年)
吉川宗明『岩石を信仰していた日本人――石神・磐座・磐境・奇岩・巨石と呼ばれるものの研究』遊タイム出版、二〇一一年)
米津三郎筆録『聞書小林徳一郎翁伝』小林徳一郎翁顕彰会、一九六二年)
ラフカディオ・ハーン『新編　日本の面影』(池田雅之訳)角川ソフィア文庫、二〇〇〇年
和歌森太郎『美保神社の研究』国書刊行会、一九五五年

引用資料索引

＊本文を引用した資料のみを掲げた。項目の並べ方は、それぞれの書物の構成順である。各国風土記の順序は日本古典文学大系本に従った。「出雲の神がみを訪ねて」については、該当する個所に置き、概要に項目名を掲げた。

常陸国風土記

出雲国風土記

播磨国風土記

豊後国風土記

肥前国風土記

逸文風土記

古事記

日本書紀

万葉集

その他

三浦佑之

1946年，三重県生まれ．専門は古代文学・伝承文学研究．千葉大学名誉教授．成城大学文芸学部卒業，同大学院博士課程単位取得退学．『村落伝承論——『遠野物語』から』(五柳書院，上代文学会賞受賞)，『口語訳 古事記［完全版］』(文藝春秋，角川財団学芸賞受賞)，『古事記を読みなおす』(ちくま新書，古代歴史文化みやざき賞受賞)，『風土記の世界』(岩波新書)，『古代研究——列島の神話・文化・言語』(青土社)，『出雲神話論』(講談社)，『「海の民」の日本神話——古代ヤポネシア表通りをゆく』(新潮社)等，著書多数．

風土記博物誌——神，くらし，自然

2022年10月13日　第1刷発行
2022年12月15日　第2刷発行

著　者　三浦佑之《みうらすけゆき》

発行者　坂本政謙

発行所　株式会社 岩波書店
〒101-8002 東京都千代田区一ツ橋2-5-5
電話案内 03-5210-4000
https://www.iwanami.co.jp/

印刷・理想社　カバー・半七印刷　製本・牧製本

ISBN 978-4-00-061560-0　Printed in Japan

風土記の世界

三浦佑之

岩波新書
定価九二四円

〈岩波オンデマンドブックス〉
日本古典文学大系2
風土記

秋本吉郎 校注

A5判五四四頁
定価九〇二〇円

柳田國男自筆
原本遠野物語

原本遠野物語編集委員会 編

A4判二二二頁
定価五五〇〇〇円